現代社会学叢書

海外帰国子女のアイデンティティ
＊生活経験と通文化的人間形成＊

Understanding Identity of Japanese Children Overseas and Reentering:
Their Life Experiences and Inter-Cultural Development

南 保輔　Minami Yasusuke

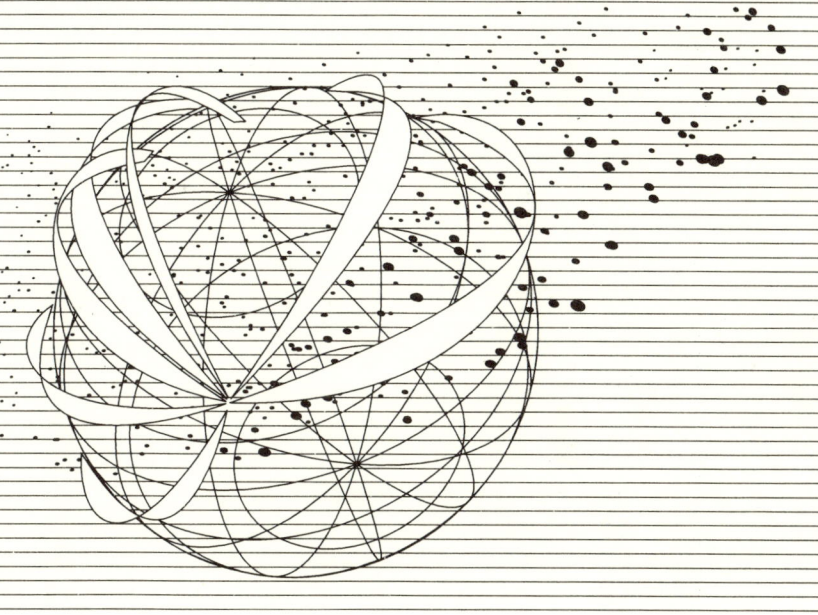

東信堂

東信堂『現代社会学叢書』刊行の趣旨

　21世紀を射程に入れて、地球規模、アジア規模そして日本社会の大きな社会的変動が刻々とすすみつつあります。その全貌について、あるいは特定の局面についてであれ、変動の諸要因、方向などを解き明かす社会科学的パラダイムの形成がいま切実に渇望されております。社会科学の一分肢である現代社会学もまた新しい飛躍が期待されています。

　しかし、現代日本の社会学には、混乱と一種の沈滞がみられます。それを流動化、拡散化、分節化、私化、商品化状況と見ることもできましょう。この事態を一日も早く脱却し、社会科学としての社会学の確立、発展のための努力が払われなくてはなりません。

　そうした中で、東信堂といたしましては、それに応えるべく斬新な社会学的研究の成果を『現代社会学叢書』として、逐次刊行していく企画をたてました。形式は、単著、共著、編著、共編著とさまざまになりましょうが、内容的には、理論的にも実証的にも、これまでの実績を、一歩でも二歩でもこえる著作の刊行を目指しております。各著作ともに明確なポレミィークとメッセージがふくまれ、またリアリティを持った主張がふくまれるものとなるように心掛けたいと考えます。この叢書が地道でも堅実な研究の発表の機会として、誠実な社会学関係の研究者に、とりわけ優れた博士論文などを執筆した若い研究者に、広くその成果を公表できる場として活用されるなら非常に幸いです。

　このため当社としては当面下記の諸先生方に、編集参与として新しい研究の発掘、指導、ご推薦などを賜り、ゆるやかであっても、レフェリー的役割を果たして下さるようお願いし、内容の向上のため、なにほどかのお力添えを得ることができるようにいたしました。幸い諸先生方から多くのご指導をいただき、いよいよ本叢書の刊行ができる段階に達しました。

　叢書は、その性格からして、刊行は不定期となりますが、質の高い業績を集めて刊行し、斯学界のみならず、社会科学全体の発展と、現代社会の解明のために資し、いささかなりとも学術的・社会的貢献を果たす所存です。本叢書の刊行の意図をご理解の上、大方の多様かつ多面的なご叱正とともに厚いご協力を、ひろくお願いいたします。簡単かつ卒辞ながら、刊行の辞といたします。

　　1998年11月3日

　　　　　　　　　　　　　　　　　　　　　　　　株式会社 東信堂

編集参与（敬称略）
　　編集参与代表　北川隆吉
　　飯島伸子、稲上毅、板倉達文、岩城完之、奥山真知、川合隆男、北島滋、厚東洋輔、佐藤慶幸、園田恭一、友枝敏雄、長谷川公一、藤井勝、舩橋晴俊、宝月誠

本書を、著者の研究生活を物心両面で支援してくれた両親、南禮輔と鶴子に捧げる。

海外帰国子女のアイデンティティ──生活経験と通文化的人間形成：目次

献　辞
インタビュー一覧（v）
図表一覧（viii）
用語一覧（x）
凡　例（xiii）
付表1　追跡調査対象家族一覧（N＝15）（xv）
付表2　帰国後接触家族一覧（N＝16）（xvi）
付表3　追跡調査対象の子供一覧（N＝19）（xvii）

第1章　イントロダクション──問題と調査方法 ……………… 3
　1　トモヤは代表的な帰国子女か──初発の調査疑問 ……… 4
　2　調査の年代記──調査対象と方法 ……………………… 9
　3　トモヤは例外か──受け入れ校と時代、そして自己呈示 … 14
　4　調査法と本書の構成 …………………………………… 17
　5　海外帰国経験と日本人アイデンティティ
　　　──7章の内容 ……………………………………… 23
　　注(26)

第2章　アメリカ生活への不安
　　　──S市へ向かう日本人家族 ……………………… 29
　1　S市の日本人家族 ……………………………………… 30
　2　アメリカ生活に向けての準備 ………………………… 34
　3　ある総合職駐在員家族の母親の話から ……………… 40
　2章のまとめ ……………………………………………… 45
　　注(46)

第3章　S市における日本人の子供たち
　　　──二重生活の負担 ……………………………… 49
　1　アメリカ社会における日本人の子供 ………………… 51
　2　滞米期間とアメリカ化 ………………………………… 55
　3　滞米3年以内の子供──優子と直子 ………………… 60

4　ESLと機能的成員 ………………………………… 67
　　5　二重生活の負担──滞米が3年から5年の子供 ………… 74
　　6　滞米が5年を越える子供──祥子 ……………… 81
　　7　日本人の子供のS市での生活時間 ……………… 85
　　3章のまとめ ……………………………………… 87
　　　　注(88)

第4章　家族の帰国戦略──日本の学校への帰還 …………… 91
　　1　帰国子女受け入れ校 ……………………………… 92
　　　　1　受け入れ校タイプ1(93)　2　受け入れ校タイプ2(95)
　　　　3　受け入れ校タイプ3(96)　4　大学の帰国子女受け入れ
　　　と国際学校(97)
　　2　帰国中学生 ……………………………………… 99
　　　　1　帰国時期(100)　2　いじめと校内暴力(102)　3　学習態度
　　　(105)　4　高校進学(107)　5　英語──海外経験の得失(111)
　　3　中学・高校卒業の帰国子女 ………………………113
　　4　帰国小学生 ………………………………………115
　　4章のまとめ ………………………………………116
　　　　注(117)

第5章　子供の帰国経験と教師のストラテジー …………123
　　1　帰国後5カ月の家族──ある父親の見方を中心に ………125
　　2　小学校における児童の参加の奨励
　　　　──帰国小学生の教室経験の観察 ………………………135
　　3　中学校における講義中心の授業
　　　　──帰国中学生による日米の教室比較 ……………………144
　　4　「転校生」としての帰国子女
　　　　──小学校教師が帰国子女理解に使用する文化モデル ………149
　　5　海外生活経験の理解
　　　　──人間関係に関しての周囲からの注文 ……………………155
　　6　友人関係と生活環境の変化
　　　　──帰国子女の「再適応」を規定する要因 ……………………160
　　7　勤労精神と受験勉強──帰国子女の動機づけ ……………166

5章のまとめ …………………………………………174
　　　　注(175)

第6章　日本の中学校と帰国子女
　　　　——元帰国子女の自己分析を中心に……………………179
　1　社交的な帰国子女と人見知りする帰国子女
　　　　——元帰国子女交換留学生の自己分析 ……………180
　2　「いつもビクビクしてた」中学校時代
　　　　——体罰の恐怖といじめ ……………………………190
　3　対人関係のスキルと中学校経験……………………………197
　　6章のまとめと元帰国子女のアメリカ再発見 ……………205
　　　　注(207)

第7章　アイデンティティの再生産と浸食 …………………209
　1　アイデンティティの再生産と浸食……………………………211
　2　英語力の獲得と日本語力 ……………………………………216
　3　機能的成員性とアイデンティティの浸食
　　　　——昌子の事例 ………………………………………224
　4　言語使用についての自己報告………………………………232
　5　他者の予期と機能的成員性…………………………………239
　6　バイリンガルの相互作用……………………………………242
　　7章のまとめ ……………………………………………………248
　　　　注(250)

第8章　結　語——海外帰国子女の生活経験と通文化的人間形成 …255
　　　　注(263)

付　論　方法論に関する覚え書き……………………………265
　1　アクセスの取得とインフォームドコンセント ………265
　2　インタビューデータの利用について………………………269
　3　リアリティとの距離……………………………………………273
　4　生態学的妥当性 ………………………………………………276
　5　本研究の知見の代表性について……………………………278
　6　本研究の理論的背景……………………………………………281

7　発達・社会化のメカニズム──なにが習得されるのか …283
8　人びと自身の説明と社会科学者……………………………286
　　注(289)

文　献………………………………………………………………291
付　録………………………………………………………………305
　　1　S市での帰国前調査のインタビューガイド(307)
　　2　S市からの帰国家族への郵送調査で使用した質問紙(310)
　　3　S市において調査協力を要請するために家族に配布したあいさつ状(313)
　　4　S市において調査協力を要請するために家族に配布したおねがい状(314)
　　5　S市において調査協力家族に署名してもらった趣意書と同意書(315)
あとがき……………………………………………………………317
事項索引……………………………………………………………320
人名索引……………………………………………………………323

インタビュー一覧

2-1 「家庭学習の強制力として期待」——研究者家族が子供をなぎさ学園へ通学させることにした事情（39）

2-2 「子供は泣いて行きたくないって大変だった」——総合職駐在員の妻の出発前の関心(1)（41）

2-3 「帰国後の受験が心配」——総合職駐在員の妻の出発前の関心(2)（44）

3-1 「宿題があることがわからない」——子供の英語力が未発達なことを知った母親の驚き（61）

3-2 「日本人でもどっちでも良い、気が合えば」——友人選好において言語が占める比重の低下（65）

3-3 「子供が英語で考えることができるようになったとき」——ESLからの卒業基準（70）

3-4 「日本人の子供は間違いを恐れて英語を話さない」（72）

3-5 「アメリカ人の友達とのつきあいを重視」——現地の子供と遊ばせる親の方針（75）

3-6 「毎日少しずつきちんきちんと勉強しない」——学習習慣の欠如（78）

3-7 「平日はほとんど遊ばない」——海外子女中学生の平日（82）

4-1 「数カ月でも待てない」——日本の中学校は大切な時期（101）

4-2 受け入れ校を選択した理由——いじめ・進学・校内暴力（103）

4-3 「日本をひきずって歩いている」——自己主張がない（104）

4-4 「考えがあまく、受験を経験させたい」——受験勉強の態度陶冶効果への期待（106）

4-5 高校受験の回避——荒れた学校・英語教育（111）

4-6 海外で「得たもの」の保持（112）

5-1 「学校のトイレで大便ができない」——生活習慣の違い（130）

5-2 「いやなことも我慢してできるようにさせたい」——帰国後の父親の教育関心（132）

5-3 「心配してたほどのことはなかった」――子供の学年と海外帰国経験 (134)

5-4 「授業はみんなが参加するべきもの」――小学校の国語の授業における教師の指示 (138)

5-5 「自分たちの修学旅行なんだという気持ちで」――話し合いについての教師の指示 (140)

5-6 「聞かれるとどうしても返事しちゃう」――帰国中学生の教室行動(帰国中学生による日米教室比較1) (146)

5-7 「アメリカの教室では、発言しなきゃいけないという気持ちが強かった」――授業に臨む姿勢の違い(帰国中学生による日米教室比較2) (147)

5-8 「日本の教室のルールは、体験入学のときに学んだ」(帰国中学生による日米教室比較3) (148)

5-9 「みんなでやるときになかなかなじまない」――クラスの約束事への参加(帰国小学生についての担任教師のコメント1) (150)

5-10 「転校生が慣れるのに半年はかかる」――転校生カテゴリーの適用(帰国小学生についての担任教師のコメント2) (151)

5-11 「特別アメリカから帰ってきたというかんじは受けない」(帰国小学生についての担任教師のコメント3) (152)

5-12 「細かいことはほとんど注意してない」――観察学習への期待(帰国小学生についての担任教師のコメント4) (153)

5-13 「仲間として入っていく努力が不足」――担任教師の帰国子女への注文(帰国小学生についての担任教師のコメント5) (156)

5-14 「違和感がなく、同じようなことを要求する」――子供たちの受けとめ方(帰国小学生についての担任教師のコメント6) (157)

5-15 「生活環境が違うのはハンディ」――まわりの児童への指導(帰国小学生についての担任教師のコメント7) (158)

5-16 「モティベーションが重要」――帰国子女教育についての帰国子女受け入れ専門高校の教員の見方 (171)

6-1 「日本人以外と友達になるのはむずかしい」――自分が日本的であることの再認識 (181)

インタビュー一覧　vii

6-2　人見知りするのは渡米時期の違い——アメリカ経験と「性格」の関係についての帰国子女の自己分析（184）
6-3　帰国時期の違い——日本の中学校経験と「性格」の関係についての帰国子女の自己分析（186）
6-4　「はみ出ないようにと必死だった」——帰国後の変化について（189）
6-5　「いつもビクビクしてた」——体罰の恐怖(1)（190）
6-6　「疑問をもったらたたかれる」——体罰の恐怖(2)（192）
6-7　「わくに近づこうと努力した」——仲間集団の同調圧力（193）
6-8　「いわれたとおりにやるほうが楽になった」——再日本化について（196）
6-9　「こういう場でこういう態度をとれというのがわからない」——受け入れ中学校に通った帰国子女の不満（200）
6-10　「アメリカはユートピアじゃなかった」——元帰国子女のアメリカ再発見（206）

7-1　「でも、こっちもいいじゃない」——社会文化的アイデンティティの言語報告（211）
7-2　「イネがお米だっていうこともピンと来ない」——日本人学校の子供は社会が不得意（220）
7-3　「普通に会話をしてるから、なんでもわかってるかな思う」——生活に関連する語彙知識の欠如（222）
7-4　「中途半端にわかるからよけいわからない」——帰国直後のコミュニケーション上の不満（226）
7-5　「『インターへうつりたい』っていったら、親はゆるしてくれるかな」——コミュニケーション上の不満と学校選択（228）
7-6　「一緒になろうとして英語をしゃべる」——使用言語変更の動機（233）
7-7　「言葉のハンディが大きかった」——帰国がいやだった理由（237）
7-8　「日本語だったらウニャウニャになっちゃう」——主張内容と言語使用（244）
7-9　「普通の日本人がいて、外人と一緒にいると混乱しちゃう」——混合相互作用のむずかしさ（246）
7-10　「英語でしゃべりだすといきなり人格が変わる」——使用言語と性格

(247)

8-1 日本で生まれたら日本の学校で成長するほうが簡単」——通文化的な生活経験の苦労 (262)

図表一覧

表2-1 父親の滞米目的（職種）別に見た母子の滞米期間 (N=31) (31)
表2-2 追跡調査対象家族の父親の滞米目的（職種）別最終学歴 (N=15) (33)
表2-3 アメリカ駐在の知らせを聞いた時の駐在員妻の反応（母親にインタビューした駐在員家族 N=20）(34)
表2-4 渡米に際しての母親の心配（母親にインタビューした家族 N=26）(35)
表3-1 渡米時の子供の年齢（学年）と性別 (N=68) (51)
表3-2 父親の滞米目的（職種）別に見た子供の渡米時の年齢と滞米期間 (N=68) (52)
表3-3 S市での生活に関して子供について母親が持っている心配 (N=66) (53)
表3-4 兄弟姉妹間の使用言語 (N=66) (56)
表3-5 よく見るテレビ番組の言語 (N=66) (57)
表3-6 好んで読む本の言語 (N=66) (58)
表3-7 よく一緒に遊ぶ友達 (N=66) (59)
表3-8 父親の滞米目的（職種）別に見た滞米が3年以内の子供の渡米時の年齢 (N=18) (60)
表3-9 渡米時の年齢別に見た滞米が3年から5年の子供の英語力についての母親のコメント (N=22) (68)
表3-10 なぎさ学園を帰国などの理由以外で退学した児童生徒の退学時の学年 (N=88) (83)
図3-1 海外子女小学生の生活時間 (86)

表 4-1 帰国子女受け入れ校の3つのタイプ (92)
表 4-2 調査対象の子供の滞米期間と帰国時の学年 (N=129) (99)
表 4-3 帰国に際して子供について母親が持っている心配 (N=30) (100)
表 4-4 帰国中学・高校生の在籍中学・高校 (N=33) (109)
表 4-5 追跡調査対象の帰国中学・高校生の在籍校 (N=11) (110)
表 5-1 帰国後の生活における問題 (10家族19人) (161)
表 6-1 元帰国子女の2つのタイプ (187)
表 6-2 元帰国子女大学生の中学校経験 (198)
表 7-1 英語検定試験:帰国子女の英語力 (N=10) (217)
表 7-2 帰国時の学年と問題を感じた教科 (N=90) (221)

用　語　一　覧（50音順）

ESL　　　　　English as Second Language の略。「イーエスエル」と読む。アメリカの学校で、英語を母語としない児童や生徒、学生を対象とする英語教育プログラムを指す。

一時帰国　　　対語は「本帰国」。現地校の夏休みなどに、日本に帰国することを指す。この機会に、子供を体験入学させる家族は少なくない。

一　般　生　　「国内生」とも言う。帰国生と区別するために使用される。とくに編入学試験において、帰国子女入試と区別する意味で、「一般生入試」や「一般入試」などと使われる。

受け入れ校　　帰国子女受け入れ校のこと。帰国子女に対するなんらかの制度的な特別措置が行われている学校。詳しくは、4章1節参照。

お泊まり会　　子供たちが週末に友人の家に集まって泊まることが、アメリカではさかんに行われている。"slumber party" や "pajama party" と呼ばれ、寝袋を持って集まることもある。日本人の子供の間でも行われており、お泊まり会と称されている。

海　外　子　女　海外に在住している日本人の子供のこと。その教育が問題とされる文脈では、現地永住家族の子供は含まれない。

『海外子女教育』　海外子女教育振興財団が発行し、海外在住家族に会員企業を通じて頒布している月刊誌。海外生活や海外での教育、帰国子女受け入れ校などについての情報が載せられている。

海外子女教育振興財団　海外子女教育の振興事業を行う公益法人（財団法人）として1971年1月に設立された。『海外子女教育振興財団20年史』は、その事業別に見た活動を以下のように整理している。「出国者を対象にした活動」として、1.教科書給与事業、2.教育相談事業（出国）、3.講習会等運営事業、「海外滞在者を対象にした活動」として、4.通信教育事業、5.海外巡回指導援助事業、6.コンクール事業、7.学校募金援

助事業、8.教材整備・教材斡旋事業、9.施設の整備充実に関する援助事業、10.スクールバス寄贈援助事業、11.図書・教育機器等寄贈援助事業、12.派遣教員等に対する医療給付事業、13.海外学校障害保険斡旋事業、14.事務職員援助事業、15.現地採用教員斡旋事業、「帰国者を対象にした活動」として、16.教育相談事業（帰国）、17.帰国子女教育等推進事業、18.外国語保持教室事業、19.スピーチコンテスト、「出版広報活動」として、20.月刊『海外子女教育』、21.刊行物の発行、22.調査活動、など。東京に本部事務所があり、大阪に関西分室がある。

帰 国 子 女 　文部省の規定によると、海外に1年以上滞在して、帰国後3年以内の子供のこと。しかし、地方自治体や私立の受け入れ校では、独自の規定を設けているところもある。4章1節や4章の注10を参照。

帰国子女枠　編入学に際して選抜を行っている学校において、帰国子女に割り当てられている在籍者枠のこと。

帰 国 生　　「帰国子女」という言葉が持つ性差別的な響きをきらって、「帰国児童」や「帰国生徒」などを使用する動きがある。1章の注1参照。

ギフティッドプログラム　アメリカの公立小学校にある一種の「英才教育」のプログラム。MGM (Mentally Gifted Minor) や GT (Gifted Talented) プログラム、GATEなどとと呼ばれることもある。類似のものとして、中学校では「オーナー honor クラス」と呼ばれるものがある。

教 科 書　　海外の全日制日本人学校や日本語補習授業校で使用される教科書は統一されている。国内で採択率が一番高い教科書が各教科選ばれている。海外に在住する日本人子女には、在外公館を通じて無償配布されている。

キ ン ダ ー　アメリカの初等中等教育は、キンダーグレードから12年生までの13年となっている。キンダーは、小学校1年生の前の学年であり、日本の幼稚園年長組にあたる。小学校に併設され

ており、義務教育となっている。

現 地 校　日本人学校や補習校ではなく、現地のカリキュラムに従って授業が行われている公立の学校のこと。私立の学校や国際学校（インターナショナルスクール）も含まれることがある。

現地採用教員　海外の日本人学校や補習校で教えている教員のうち、現地で採用された教員を派遣教員と区別して指す言葉。補習校で教壇に立つのは、基本的には現地採用教員である。

体 験 入 学　海外からの「一時帰国」中に、体験を目的として日本の学校に在籍すること。

通 信 教 育　海外子女教育振興財団が行っているもの。1972年に開始された。教科書の内容に沿って学習を進め、それを支援するものとなっている。1990年代に入り、福武書店の通信添削など民間教育産業による通信教育も海外子女へのサービスを開始している。

日本人学校　全日制日本人学校のこと。文部省の教育指導要領に則った授業が行われている。授業は、週5日ないし6日で、現地語の授業などが行われている学校もある。教員は、派遣教員が大半を占める。

派 遣 教 員　文部省派遣教員の略。3年間の任期で、海外の日本人学校および補習校へ派遣される。日本人学校では、普通に児童生徒を指導するが、補習校では、学校の管理運営や現地採用教員の指導などにあたる。近年では、毎年400人あまりが派遣されている。4章の注7参照。

補 修 校　日本語補習授業校のこと。授業は、週に1回土曜日に行っているところが多い。

本 帰 国　「一時帰国」との対比で使用される。海外生活を引き払って帰国すること。

凡　例

1. 英語文献の著者名は、本文中では基本的にカタカナ表記にした。初出の場合や引用文献を挙示する場合に、英語表記を付した。
2. インタビューでの発言を文字化してデータとしたが、本書では、これをIX-1として表示した。その前後での議論のみならず、別の場所からの言及を可能とするためである。調査協力者とのインタビューは、できるだけテープレコーダを使用して録音するように努めた。使用したのは、ソニー製のWM-AF67である。

    インタビューは、最初手書きで文字化した。テープを文字化するときは、シクレル教授のアドバイスに従って、テープのオリジナルからコピーをつくり、そちらを使用した。

    本書に収録した部分は、ソニー製のテープトランスクライバー（BM-76）を使用して、該当部分を当該テープの冒頭からの経過時間で表示した。
3. 各引用部分は、その表題に加えて、インタビューの年月日と場所（SはS市；Jは日本；Gは学校）、インタビュイーを家族番号を使用して示している。2桁の家族番号の次のFは父親、Mは母親を指す。"FM"は、両親がインタビューに参加したという意味である。家族番号と家族の基本データについては、前掲の**付表1・2**を参照のこと。最後の数字は、録音テープ中の該当部分を時間（分：秒）で指している。

    例えばインタビューI 2-1の［910109S；08M；029：26～030：13］は［91年1月9日S市；家族番号8母；29分26秒～30分13秒］という意味。
4. インタビューの文字化に際しては基本的に正書法に従ったが、漢字の使用は最低限に留めた。とりわけ、「言う」を「ゆう」、「私」を「あたし」などと発話している場合は、語り口を伝えるために、発話にできるだけ忠実に文字化した。また、言い間違いもそのままにして、必要と思われる場合に［　］で正しいと思われる発話を補った。
5. 英語の単語を日本語的に発音しているか、それとも英語風にしているかは、きちんと判定しようと思うとかなりの困難を伴う。母親たちとのインタビューでは、それほど英語的な発音は見られなかった。子供には、わりと見られたが、かなり明瞭なもののみを英語的として、アルファベット表記することにした。相づちでも短いものは、厳格に1つの発話順番として取り扱っていない場合が多い。

インタビューのトランスクリプトで使用している記号は以下のとおりである。

［　］　　著者が文意を明瞭にするために補ったり、発言内容を要約して提示するために使用している。個人情報秘匿の見地から、地名などの固有名を言い換えるために［駅名］などとして示している場合もある。

太　字　　発話が強調されている部分を示す。

×××　　聞き取り不能箇所を示す。×の個数でその部分の相対的な長さを表す。

（　）　　2秒以上の発話の間の長さを秒数で示す。短い間は、読点（、）で示している。

／　　　　先行する発話に割り込むようなかたちで行われていることを示す。だが、できるだけ、割り込みや同時発話は表記しない方針でトランスクリプトを作成している。

―　　　　直前の音の母音を伸ばされていることを示す。個数でその部分の相対的長さを表す。

付表1　追跡調査対象家族一覧（N＝15）

家族番号	家族仮名	子供数	子供性別	母子滞米期間	母子渡米年月	母子帰国年月	父親渡米目的	帰国後の居住都府県
01	牧野	3	BBB	4：06	8608	9101	技術	神奈川
02	和田	2	B(B)	4：05	8610	9102	技術	大阪
03	宮田	3	BGG	3：09	8707	9103	技術	愛知
04	木下	1	G	6：10	8406	9103	総合	神奈川
05	橋本	1	G	4：08	8608	9103	技術	栃木
06	畠山	2	GG	3：08	8708	9103	総合	兵庫
07	江川	3	GBB	2：09	8807	9103	技術	神奈川
08	北村	2	GG	1：07	8909	9103	研究	兵庫
09	深田	2	BG	1：04	8912	9103	研究	東京
10	沼田	2	GB	4：01	8705	9105	技術	大阪
11	小口	2	BG	2：07	8812	9106	総合	神奈川
12	田島	2	BG	4：09	8610	9106	技術	大阪
13	岡村	4	BGBB	4：07	8612	9106	技術	兵庫
14	藤村	2	BG	3：11	8708	9106	技術	神奈川
15	三村	2	GB	4：03	8705	9107	技術	愛知

子供の性別：出生順に性別で示す（B：男，G：女）
母子の滞米期間：日本出国月と帰国月の両月を含んで計算している（年：月）
母子の渡米・帰国年月：西暦と月（8608は，1986年8月の略）

付表2　帰国後接触家族一覧（N＝16）

家族番号	家族仮名	子供数	子供性別	母子滞米期間	母子渡米年月	母子帰国年月	父親渡米目的	帰国後の居住都府県
16	沖田	2	GG	9：10	7309	8206	技術	神奈川
17	岡野	3	BBG	5：01	8003	8503	技術	大阪
18	坂井	2	BG	4：09	8107	8603	技術	大阪
19	黒田	2	BG	5：06	8202	8607	技術	栃木
20	田沼	2	BB	7：08	7901	8603	技術	兵庫
21	大川	3	B(GB)	12＋	74??	8707	研究	和歌山
22	佐伯	2	BB	5：05	8205	8709	技術	愛知
23	奥村	3	BBB	3：00	8504	8803	技術	兵庫
24	戸山	2	BG	3：09	8410	8806	総合	愛知
25	川本	3	G(GB)	6：09	8303	8911	総合	神奈川
26	加藤	2	GG	4：08	8507	9002	技術	東京
27	山村	2	GG	3：05	8607	9006	技術	大阪
28	浅井	2	GB	4：00	8608	9007	技術	神奈川
29	石本	2	BG	3：00	8709	9008	研究	千葉
30	倉本	2	BG	0：09	8912	9008	研究	東京
31	石川	2	BG	1：00	9004	9103	研究	神奈川

子供の性別：出生順に性別で示す（B：男，G：女）
母子の滞米期間：日本出国月と帰国月の両月を含んで計算している（年：月）
母子の渡米・帰国年月：西暦と月（8608は，1986年8月の略）

付 表 xvii

付表3 追跡調査対象の子供一覧（N＝19）

子供番号	仮名	生年月	滞米期間	渡米年月	渡米学年	帰国年月	帰国学年	帰国後の学校
01 A B	俊 弘	8005	4：06	8608	幼3	9101	小4	公立
01 B B	和 之	8204	4：06	8608	幼1	9101	小2	公立
01 C B	雄 介	8403	4：06	8608	2	9101	小1	公立
02 A B	敏 男	7707	4：05	8610	小3	9102	中1	公受入2
03 A B	君 彦	7712	3：09	8707	小4	9103	中1	私受入1
03 B G	晴 子	7910	3：09	8707	小2	9103	小5	公立
03 C G	一 美	8012	3：09	8707	小1	9103	小4	公立
04 A G	祥 子	7711	6：10	8406	小1	9103	中1	公受入2
05 A G	美佐代	8001	4：08	8608	幼1	9103	小5	公立
06 A G	麻 子	7606	3：04	8708	小5	9011	中2	国受入1
06 B G	聖 子	7910	3：08	8708	小2	9103	小5	公立
07 A G	美枝子	7904	2：09	8807	小3	9103	小5	公立
07 B B	裕 太	8107	2：09	8807	小1	9103	小3	公立
07 C B	正 人	8309	2：09	8807	幼2	9103	小1	公立
08 A G	優 子	8106	1：07	8909	小2	9103	小3	公立
08 B G	直 子	8407	1：07	8909	幼2	9103	6	公立
09 A B	康 幸	7910	1：04	8912	小4	9103	小5	公立
09 B G	綾 子	8104	1：04	8912	小2	9103	小3	私立
10 A G	沙弥加	8112	4：01	8705	幼3	9105	小4	公立

帰国後1カ月以上経過してインタビューした10家族
子供番号：家族番号＋出生順（A，B，C）＋性別（B：男，G：女）
滞米期間：日本出国月と帰国月の両月を含んで計算している（年：月）
生年月および渡米・帰国年月：西暦と月（8608は，1986年8月の略）
渡米・帰国学年：数字のみは満年齢
帰国学年：3月帰国の場合はその学年で日本の学校には行っていない。
帰国後の学校：受入校については，4章のタイプ分類を参照せよ。

海外帰国子女のアイデンティティ
―― 生活経験と通文化的人間形成 ――

第1章 イントロダクション
――問題と調査方法

> トモヤは、アメリカのフロリダに7年間滞在したのち、帰国して東京の公立中学校の2年生となった。彼は、そこで無視されることから始まり、暴力へとエスカレートしていく一連のいじめを受けた。最後には、集団による暴行を受けて肛門にボールペンのキャップを詰め込まれた！その夜、トモヤは血を吐いて入院することになった。神経性の潰瘍だった。結局、トモヤは母親と一緒にフロリダへと戻っていった。
> 　　　　　　　　　　　　　　　　　　　　　（NHKドラマ『絆』）

　1999年5月1日現在、外務省によると、学齢期の日本人の子供48,951人が海外に滞在している。また、文部省の学校基本調査によると、1997年4月から1998年3月にかけての1年間に、海外に1年以上滞在した後、帰国して日本の小学校、中学校、あるいは高等学校に編入学したのは、12,569人であった。海外子女の数は、1992年に50,977人と史上最高を記録した後、1994年には49,397人へと減少した。その後は1997年まで年々微増し、1998年に再び減少に転じている。帰国子女はと言えば、1992年度に13,219人を記録して以降微減傾向が続いていたが、1997年度には増加に転じている[1]。

　海外帰国子女の教育が緊急の「問題」であったのは、厳密に言えば、1980年代のことと言うべきかもしれない。父親の海外駐在に伴って海外に数年間滞在した家族が、帰国してから出会う「帰国危機」を、マスメディアが大きく取り上げたのは1980年代後半のことであった。学校で子供たちが出会ういじめ、近所の人たちから母親へ向けられる陰口、職場で居場所を失った父親などが話題となった。とりわけ、子供たちが直面する困難が注目を集め、研

究対象ともなった（例えば、小林 1978、斎藤 1988、White 1988）。帰国子女たちの「適応問題」に照準することで、これらの研究は、「日本人らしさ」を失った「欠陥ある」子供というイメージを創出することになっている。簡単に言えば、日本を離れて海外で暮らしたために、これらの子供たちは日本的な価値を喪失したというのである。これらの研究は貴重なものではあるが、使用しているデータが抽象度の高い数量データだったり、分析が不十分な逸話だったりして、子供たちの**日常生活経験**を十分には捉えているとは言いがたい。実際、帰国子女がどんな子供たちであり、帰国後どんな体験をするのかについて体系的な研究はあまりなされていないのである[2]。

　近年、いくつかの新しい研究が、この点を取り上げている（例えば、Goodman 1990＝1992、恒吉1992）。なかでもグッドマンは、帰国子女に対して「特別な同情を必要とする『かわいそうな』子供たちというイメージ」が広く持たれていることに疑義を提出する。多くの「帰国子女」を受け入れている日本のある私立高校において「1年間人類学的な参与観察フィールドワーク」を行って、「帰国子女が出会う問題の合計は、日本の普通の高校生が出会う問題の合計となんら変わらない」と彼は結論づける[3]。グッドマンによると、帰国子女の親が社会においてエリートの地位にあり、そのために子供たちの問題が不当に大きく取りざたされることになっていると言うのである。さらに、この歪曲は、「日本人論」の文脈でよく理解されるという。日本文化がユニークであると信じられているがために（例えば、土居 1971、Gorer 1962、Nakane 1970）、日本をしばらく離れていた帰国子女は問題なく帰国できるはずがないし、そうすべきではないと言うのである[4]。

1　トモヤは代表的な帰国子女か──初発の調査疑問

　NHKで放映されたテレビドラマ『絆』は、海外在住家族や帰国家族のみならず、普通の人びとにも大きな衝撃を与えた。主人公であるトモヤは、アメリカから帰国して中学生となったが、級友から無視されいじめられる。教師

の対応はまずく、いじめはエスカレートし、最後は級友のリンチにあって肛門に異物を挿入される。1987年10月24日に放映されたこのドラマは、関東地区で12.8％、関西地区で15.8％の視聴率をあげた（『海外子女教育』1988年2月号）。海外駐在家庭に配布される月刊誌『海外子女教育』に特集が組まれたことからも、このドラマが海外在住家族に与えた衝撃の大きさはうかがわれる。

このテレビドラマの元となったのは、帰国子女の母親が書いた1冊の本、『たったひとつの青い空：海外帰国子女は現代の棄て児か』（大沢 1986）である。大沢は、6年間のニューヨーク滞在後、3人の子供を連れて1982年に帰国した。書物では、3人の帰国子女（タツヤ、アキラ、マイコ）が帰国後に日本の学校で体験する困難が描かれている。大沢によれば、3人の体験談は、複数の子供の体験を組み合わせたものである。テレビドラマの主人公トモヤの体験は、さらにこれら3人の体験を組み合わせたものになっており、考えられる最悪の事態を組み合わせたシナリオとも言える。その意味で、ドラマも元になった書物も問題提起を目的としており、科学的な研究というわけではない。しかし、多くの疑問を喚起したことは間違いない。トモヤが体験したようなことは、現実にどのぐらいの頻度で起こるのか。ドラマで描かれているような経緯で生じるのか。もし、そうだとすれば、それはなぜか。なにがまずかったのか。このような悲劇は避けられないのか。そして、今日の帰国子女にも同様の運命が待ち受けているのか。

本書の元となった調査研究は、このような問題群に触発されて行われた。日本人の子供が、海外、とりわけアメリカ合衆国においてどのような生活を経験しているのか、そして、帰国後どのように日本の生活を再構築しているのか、について探求することが目的とされた。調査は、とりわけ、以下の2つの疑問を念頭にすすめられた。

(1) 帰国子女は、全員がトモヤと同じ程度に滞在国の文化に同化して、帰国するのだろうか。
(2) 帰国子女は、全員がトモヤのような深刻な「帰国問題」を経験するのだろうか。もし、そうだとするならば、それを異文化への同化という要

因によって説明することができるのだろうか。

トモヤは、多くの人びとが持っている帰国子女イメージを表象している。流暢に英語を話し、自分の英語に絶対の自信を持っている。教室での自己主張も強い。英語教師の英語を批判する。他方、日本の学校の決まりを知らず、授業開始時に「起立、礼」をしない。日本語を話し、容貌は日本人だけれども、実際は「アメリカ人」としてトモヤは描写されている。

調査に際して著者が明らかにしようとした第1の問題は、トモヤの程度にまで滞在国の文化に同化してしまった子供は多いのだろうか、というものだった。生まれ育った文化以外の文化への同化に関する研究は多くないが、なかでは箕浦によるものが参考になる[5]。箕浦（1984）は、「対人関係行動の意味空間体得に影響する諸要因」として、渡航時年齢と滞在期間、性別・パーソナリティ、家庭環境、学校環境、同輩集団の6つを挙げている。著者は、これらを以下の3つにまとめて考えることにした。在外期間、在外時の年齢、そして、在外経験の種類である。

例えば、トモヤはフロリダに7年間滞在したことになっていたが、これほど長期に海外滞在をした帰国子女はそれほど多くはない。著者が調べた131人の子供のうち、滞米が5年を超えていたのは、約4分の1（25.2％）にあたる33人にすぎなかった。また、トモヤがフロリダで生活したのは7歳から14歳までと設定されていたが、例えば同じ7年間の滞米といっても、生後すぐから7歳まで、あるいは10歳から17歳までとでは、その海外帰国経験がかなり違ったものになるであろうことは想像に難くない。さらに、フロリダでどんな生活をトモヤが送っていたかはドラマでは説明されていないが、本書欄筆（1999年）の時点までに、フロリダに全日制の日本人学校が存在したことはない。そのため、トモヤは現地の学校（以後、現地校と呼ぶ）にアメリカ人の子供と一緒に通学していたという想定だったのだろう。週末の補習授業校通学や通信教育を活用して日本の学校の教科の学習は行っていたかもしれないが、帰国後のことをあまり意識していなかったということも考えられる。

先に挙げたグッドマンの研究は、参与観察に基づいた社会科学者による帰

国子女研究として数少ない、貴重なものである。研究者自身が帰国子女の学校生活を直接観察したものとして、その民族誌データは信頼性が高いものと思われる。しかし、残念なことに、この研究には大きな制約がある。それは、彼が英語を教えながら直接観察をした高校が私立の進学校であり、そこに在籍している「帰国子女」の大多数が、海外在住時には全日制の日本人学校（以後、日本人学校と呼ぶ）に通学していたことである（「藤山学園」とされているこの学校は、その記述から比較的容易に特定することができる）。このような進学校の入学試験においては、「帰国子女」といえども特別な受験枠はなく、日本の小中学校での学習内容の理解を試す問題が出題されている。そのため、トモヤのように海外で現地校に通った子供が合格することはむずかしい（4章の注5と注10を参照）。「海外経験」の内実が、帰国子女1人ずつ異なっていることは言うまでもないことだが、海外で日本人学校、あるいは現地校のいずれに在籍したかは、著者の見るところ最も重要な要因である。先にも引用した「帰国子女が出会う問題の合計は、日本の普通の高校生が出会う問題の合計となんら変わらない」というグッドマンの結論は、海外在住中は日本人学校に在籍していた「帰国子女」の観察研究に依拠して得られたものなのである。

　2番目の調査疑問（research question）も、トモヤの事例の代表性にかかわるものである。つまり、彼が帰国してから受けたいじめなどは、どれだけの帰国子女に起こっているのだろうか。トモヤは、中学校の教室で自分の意見を表明し続けた。英語教師の英語を批判したりして、「アメリカ化（Americanize）」している様子が描かれた。まさに、アメリカの学校そのままのスタイルで行動したのである。日本の教室での行動パタンを知らず、そのためにいじめの標的となったと言わんばかりに描かれている。

　いじめが大きな教育問題となって久しいが、テレビドラマ『絆』が放映された1980年代後半には、普通の子供へのいじめはすでに大きな「社会問題」となっていた[6]。そんな中で、トモヤが遭遇したような帰国子女へのいじめが大きく取り上げられ、その理由として、普通の子供とは異なる行動パタンが言及されたりした。しかし、トモヤのように在外期間が長く、現地の文化

に同化してしまった帰国子女がほんの一握りにすぎないのならば、帰国子女へのいじめのすべてを「異なる行動パタン」で説明することは適当ではないだろう。なにか、別の要因があると考えられる。

例えば、ドラマ『絆』の原作である『たったひとつの青い空』のアキラが帰国して編入した公立中学校は、校内暴力問題を抱えている「荒れた」中学校であり、アキラは「荒れた」生徒の「餌食」となったと考えられる。マイコが入学した私立高校は、あまり勉強熱心な生徒の集まるところではなかった。そのために、真面目に一生懸命勉強したマイコが浮き上がっていじめの対象となった。そして、タツヤは帰国して公立小学校の6年生に編入したが、クラスのリーダーの地位を脅かすことになり、いじめられることになった。

日本の学校の教室、とりわけ小学校の学級は、本書5章で紹介するように、微妙で (subtle) 暗黙の (implicit) 規則にあふれている。ある子供へのいじめや排除に発展する芽となりうるものには事欠かない。「帰国子女」、あるいは「アメリカ帰り」というレッテルは突出し、人目をひく。微妙な行動上の差異が、帰国子女であることに帰属され、いじめの標的となる。「アメリカかぶれ」などの表現に見られる、すっかり「アメリカナイズ」した帰国子女というイメージがこの過程に拍車をかける。

これと関連するのが、子供はすぐに異文化になじむと人びとが広く信じていることである。とりわけ、この信念は言語習得に関して根強い。「アメリカに1年も住んでいれば、英語はペラペラでしょう」などといった発言は著者もよく耳にした。学校英語に苦しめられ、それでも「英語が話せない」という劣等感を持っている人びとは、「苦労せず」英語を習得した帰国子女に嫉妬の念を抱くことになる。

著者の調査結果からは、帰国子女「問題」やその解決は、帰国子女と接触する人びとが持っている知覚や期待に依存するところが大きいという結論が強く示唆されることになった。いわゆる「帰国子女受け入れ校」では、帰国子女の「適応」もスムーズにいっているようで、それまで帰国子女が1人もいなかったような地方の学校に帰国した子供よりも、いじめなどの報告数は

相対的に少ない。教師や級友が帰国子女に慣れていて、アメリカからの転校生だからといって特別扱いしないということが、帰国子女の「適応」を助けていると考えられるのである。

　海外における、子供を中心とした日本人の生活については、当事者である母親の体験記的なものが多く、その教育については、日本人学校の教師や補習校の教師などによるものが多いということは注2でも紹介した。ここでも社会科学者による研究は多くない(例えば、Kunieda 1983、Minoura 1979、Okamura 1981など。恒吉 1992の研究は、日米の小学校4年生の教室活動の比較研究であり、アメリカの小学校に通う日本人の子供を対象としているわけではない)。なかでは、箕浦によるものが子供の日常生活にまで関心を広げた研究であるが、その重点は言語習得に置かれている。本書で問題とするのは、子供たちの日常生活経験である。前掲の調査疑問にあるように、日本の学校において、帰国子女は普通の子供とは異なる行動パタンを見せるのだろうか。そして、それは海外生活経験を反映したものと言えるのだろうか。

2　調査の年代記——調査対象と方法

　本書が依拠しているデータは、著者の長期間にわたるフィールド調査を通じて収集されたものである。「海外で生活している日本人の子供たちとはどんな子供なのだろう」という素朴な疑問から、アメリカ西海岸S市にある日本人補習授業校なぎさ学園を初めて訪れたのは1987年秋のことであった。その後、翌年春にかけて土曜日の授業日にかなりの回数観察に出かけた。同時に、マスメディアなどに見られる海外帰国子女に関連する情報の収集を始めた。

　アメリカ西海岸では、現地印刷の『朝日新聞』国際衛星版が1987年11月から読めるようになっていた。これには海外地方欄があり、海外在住家族向けに子供の教育に関する情報が掲載されていた(「インタナショナルスクエア——海外と国内を結ぶ触れ合いの場(米州版)」というタイトルで毎週火・金曜日付で掲

載。「付」を強調しているのは、時差の関係でアメリカでは「翌日」の日付の新聞が読めるためである)。テレビでは、ロサンジェルスの日本語の放送局 KEMPO TV が、毎週月曜日「教育シリーズ」という10分間番組を放映しており、日本人子女が海外滞在中や帰国してから直面する教育関連の情報を取り上げていた。

なぎさ学園での調査に著者が本格的に取り組みだしたのは、1990年3月のことであった。Ph.D. candidate になるための試験に合格し、Ph.D. 研究に専念することができるようになったからである。4月の新学年の最初の授業から小学校1年生の1クラスにしばらく入り込むことにした。結局、運動会を含めた年間の授業日43日中、日本に帰国したため観察できなかった夏休み前後の数日を除く37日、なぎさ学園の授業が行われていた現地の中学校に足を運んだ。また、なぎさ学園の校長先生に事務所への訪問を許可され、そこで月刊誌『海外子女教育』やその他の資料に接することができるようになった。

3章とも深く関連することでもあり、調査の出発点のフィールドであるなぎさ学園について簡単に紹介しておこう。なぎさ学園は、現地在住の日本人が中心となって運営している日本語補習授業校である。1979年に開校され、1990年度は小学校1年生から高校3年生までの12学年23学級に約400名の児童生徒が在籍していた。教職員は、文部省派遣教員1名と、現地採用の教員23名、事務職員3名の総勢27名であった。授業は毎週土曜日に行われ、全学年が45分の授業を午前4時間、午後2時間の計6時間受けていた。夏に6週間、冬と春に2週間ずつの休みがあり、授業は年間42日、それに6月後半の日曜日に行われる運動会を加えて43日であった。

授業は現地の中学校の校舎を借りて行われており、日常業務用には事務所が別にあった。ここでは、火曜日から金曜日まで、文部省からの派遣教員である校長と事務職員1名とが、授業準備と日常業務にあたっていた[7]。なぎさ学園の事務所には、現地採用の教員も授業の教材作りのために、週に1日前後顔を出していた。児童生徒の家族が、編入や退学の手続き、校長との教育相談のために訪れることもあった。著者は、資料を閲覧しながら、空いた

時間を見つけて、校長や事務職員、現地採用教員たちの話を聞くことができた。また、校長が現地校を訪問したときには通訳として同行し、日本人の子供たちを教えている現地校の教師が、日本の教育について校長に質問するやりとりを直接観察することもできた。

1990年6月末から9月上旬にかけて、著者は日本に帰国した。海外帰国子女関係の日本語文献を集めるとともに、帰国子女を受け入れている小中学校への訪問を試みた。教育委員会を通じて紹介してもらったり、受け入れ校に飛び込みで出かけたりしたが、一番効果的だったのは、著者のかつての恩師の紹介にたよる方法だった。そのおかげで、小中学校での授業風景の観察やビデオ録画も、少しだが行うことができた。また、S市からすでに帰国していた家族の母親1人とインタビューすることもできた。さらに、家族についての情報を得るため、「帰国子女の会フレンズ」という帰国家族のボランティア組織に出かけて、新しく帰国した家族を紹介してもらって話を聞いたりした。東京学芸大学海外子女教育センター主催の派遣教員対象セミナー（第11回海外子女教育セミナー「海外派遣教員をめざす教師のために」）にも参加することができた。

秋にS市に戻ると、なぎさ学園での観察対象の学級を次第に拡大していった。現地校教員を招待して開催されるオープンハウスのために各学級のビデオ撮りをなぎさ学園校長から要請され、これをきっかけとして、著者自身の研究用にもビデオ撮りすることにした。小学校1・3・5年生の各1学級を午前中4時間ビデオカメラを回しっぱなしにして録画した。

11月には家族との接触を開始した。間もなく日本へ帰国するという家族を対象に、雪だるま式に調査協力者を確保していった。これと平行して、ビデオ撮りした学級の児童の家族からもインタビュー協力者を募った。これらのインタビューは、付録1として載録したインタビューガイドに則って行い、テープ録音した。また、現地採用教員や過去に教員をしていた人たちからもできるだけ話を聞くように努めた。

子供たちの生活経験の中で、なぎさ学園の外の世界については、著者の調

査はあまりおよんでいない。家庭での生活については、インタビューのために訪問した際に様子をうかがう以外は、母親による報告が主たる情報源だった。また、現地校や習い事の様子については、ほとんどインタビューだけが頼りだった。ただ、現地の小学校については、1991年2月から3月にかけてS大学の近くのD小学校で、各学年少なくとも1クラスずつ観察することができた。なぎさ学園の校長の通訳としてこの小学校を訪問したときに、ESL担当のエマーソン教諭と知り合いになったのがきっかけである（3章4節参照）。また、著者の調査に協力してくれた北村家の子供たちがこの学校に通学しており、北村夫人が教師の手伝い（「ヘルプ」と呼ばれていた）に行っているという関係からも、見学する機会をつくることができた（3章3節参照）。

1991年4月から7月にかけて、日本で帰国子女の追跡調査を行った。S市でインタビューをした15家族のうちの13家族を訪問して、帰国後の様子を聞くことができた。残りの1家族は手紙で帰国を確認できたが、もう1家族は帰国後連絡を取ることができなかった（付表1 xv頁）。家族によっては2回以上訪問したり、子供が通学している学校に出かけて観察することができた家族もある。受け入れ校を中心に家族の同意を得て訪問したが、難色を示されたところも少なくなかった。父母に対して常に開かれているアメリカの小学校との落差を痛感させられたものである。

S市から追跡した家族だけでは対象者数が少なく、とりわけ帰国直後の家族に限定されるという制約がある。対象を広げるために、郵送法による質問紙調査を実施した。なぎさ学園退学者のうち日本での住所がわかっていた157家族に対して、付録2の質問紙を送付した。そのうち21通は転居先不明で返送されてきた。家族の元に届いたと想定される136通中、40通が記入回答されて著者へと返送されてきた。質問紙の末尾においてインタビュー調査への協力を要請したのだが、40家族中15家族からインタビューに協力してもよいと回答があり、そのうち11家族と会って話を聞くことができた。質問紙を返送せずに、電話などでインタビューへの協力を申し出てくれた家族がほかに2家族あり、両家族ともインタビューを行った。また、なぎさ学園でかつて

第 1 章 イントロダクション 13

現地採用教員として教えたということで、著者のほうから特に要請をしてインタビューに協力してもらった家族が 2 家族あった。前年の1990年夏にインタビューした 1 家族を加えて、S 市滞在中には接触できなかったが帰国後に初めてコンタクトをとりインタビューした家族は合計16家族となった（付表 2 xvi頁）。そして、質問紙に回答してもらったがインタビューをしなかったのが29家族であった。

以上は、すべて S 市に滞在してなぎさ学園に子供を通わせた家族であるが、少数ながらそれ以外の家族のデータも収集した。受け入れ校を訪問し教員の話を聞いた際に、よく引き合いに出される児童生徒がいた。海外在住が長く、なんらかの意味で特徴的な「帰国子女」であるという印象を受けた。特徴的な事例を収集することで、トモヤの事例がどれだけ代表的であるかを判断する情報が得られると考えて紹介を依頼した。その結果、母親から直接話を聞くことができた家族が 3 家族あった。また、受け入れ校出身の大学生から話を聞くこともできた。彼女の友人にも帰国子女が多く、グループインタビューとなった。この学生が、後に交換留学生として S 大学に 1 年間在籍することになり、帰国子女のその後を探る上で興味深く、滞米中にも 2 回話を聞いた。 6 章は、彼女の事例を中心にして議論が進められる。

著者の調査対象となったのは、合計で71家族131人の帰国子女である。これまでの記述から明らかであるように、その情報量は家族や子供ごとに大きく異なっている。本書の議論が示すように、その海外帰国経験にも大きな個人差が見られ、普遍的で一般的、全体的なまとまりを持った像をどう提示するかは大きな問題である。本書で主張される命題の普遍性や一般性がどれだけであるかは今後の研究をまつほかないが、著者の主張の根拠が明らかになるような立論を紙幅の許す限りで心がけている。とりわけ、談話データを提示して、それを解釈する過程で民族誌データを導入し利用するという記述スタイルは、 1 つにはこのことを目的としている。

インタビューは、事情が許す限りテープレコーダーで録音して文字化（transcribe）した。インタビューにおける使用言語は、現地校の教師と 1 人の

帰国子女を除いてはすべて日本語である。教室での観察は、ビデオ録画やテープ録音できたものもあるが、大部分はフィールドノートによる記録のみである。教師とのインタビューも、状況によって録音できたものもあるができなかった場合もある。

　さまざまな理由から、本書のデータは逸話的なものが多い。体系的なものではないが、提示して分析するに十分に値するものであると考えている。人びとがどのような経験をしてきたのか、あるいは、しているのかを理解する手がかりを提供してくれる。読者には、「問題」についての談話が穏やかな口調だったり、報告される「問題」が直截的でなく暗示的だったりという不満があるかもしれない。そこには、調査者に対して「問題」を強く感情的に訴えることは、「身内の恥をさらす」ことであり、「はしたない」ことであるという規範が見えかくれする。逆に、「ものごとをはっきり言う」ことが帰国子女の問題点であることは、しばしば指摘されるところである（南 1996）。とりわけ、このような「問題」の「呈示」を統制する規範が強く感じられたのが、15-16にも見られるように、学校へのアクセス獲得の交渉場面においてである。個人的なつてがない場合のアクセス獲得のむずかしさは、「よそ者」への排除の現れなのだろうか。いずれにしても、「問題」の内実とその語り口の両方を同時に考えることが必要であり、本書の方法はこれを満たすことをねらったものになっている（なお、方法と方法論にまつわる点については、付論でも論じている）。

3　トモヤは例外か——受け入れ校と時代、そして自己呈示

　1年半にわたる調査とその後の分析を通じて明らかになったのは、日本人家族の海外帰国経験が多様なものであるということであった。著者の初発の調査疑問それぞれが、是か非のいずれかで簡単に答えられるようなものではないということが痛感された。しかし、全体的な印象としては、トモヤの程度までに「アメリカ化」される子供は少数であり、また彼のような「いじ

め」を受ける帰国子女は少ないという結論にいたった。テレビドラマ『絆』や『たったひとつの青い空』の成り立ちについて述べたように、トモヤは「最悪のシナリオ」の組み合わせを表象しているのである。だが、著者が調査した帰国子女にまったく問題が見られなかったというわけではない。学習面で級友から「遅れ」ており、追いつくのに苦労している子供がいた。教師による講義を中心とする授業に違和感を覚えている中学生もいた。友達づくりがうまくいかず、放課後一緒に遊ぶ友達がいない小学生もいた。これらの「問題」の原因と言えるものは子供ごとに異なり、「アメリカ化」と一口でくくれるようなものではない。「アメリカ化」と呼ぶべきアメリカ文化への同化という現象があるとしても、その現れは子供によって違うのである。

　トモヤは極端な事例ということだが、その悲劇的結末の理由の一端は、滞米7年の後に帰国してから編入したのが普通の公立中学校だったことにあると考えられる。トモヤの帰国は1980年代前半と設定されているようだが、著者の調査時点である1991年には、4章で紹介するように、大都市圏ではかなりの数の帰国子女受け入れ校が設置されていた。公立の受け入れ小中学校には担当の教員が置かれ、家族との相談にあたったり、学校内の帰国子女教育研究組織のまとめ役をしたりしていた。必要がある場合は、帰国子女を在籍学級から取り出して指導している学校もあった。特別指導がとりわけ手厚かったのが、国立の受け入れ小・中・高等学校である。私立の学校でも帰国子女の受け入れを目的とするものが1980年ごろからつくられるようになり、特別指導の体制が整っている国際基督教大学高等学校のような受け入れ専門高校が帰国家族の人気を集めていた。

　トモヤのような帰国子女に対するいじめが社会問題となっていたせいか、著者の調査対象で滞米が比較的長期の家族は、帰国子女受け入れ校へ子供を通わせようとしていた。いじめのみならず、将来の受験対策や「つまらない」公立中学校の英語授業などが、選択の理由として挙げられた。受け入れ校といっても対応はさまざまだが、帰国子女の仲間がおり、教師や一般生が帰国子女に慣れているというだけでもかなりの違いを生み出すようである。

そのような意味で、時代による違いも感じられる。トモヤのような存在、大沢たち母親の努力によって、「帰国子女問題」が広く日本社会に知られ、人びとが「帰国子女」に対して一定の「理解」を持つようになったと考えられる[8]。1990年代の帰国子女は、そのような日本社会の変化の恩恵をこうむっており、トモヤのケースのような極端ないじめは見られなくなった、ということではないだろうか。他方、海外帰国子女の側の努力、変化も指摘できる。帰った時に困らないように、アメリカ滞在中にも日本語や日本の学校教科の学習に精を出す。日本人在住者の多いアメリカの大都市には日本の学習塾も進出しており、帰国後の受験に備えて子供たちは塾に通う。夏休みには日本に一時帰国して体験入学をする。調査中に、帰国子女教育に関係してきた多くの人間から「以前と比較して、帰国子女の英語力が低下している」という言葉を何度か聞いたが、海外滞在中の日本語学習熱の高まりと無縁のことではないのだろう。

また、先に指摘したように、「問題」つまり「語られるべき」ことがらの基準が、母親や教師、子供といった語り手、そして語られる対象としての子供ごとに異なるということがある。クラスでグループ分けをするときに、1人取り残されても意に介さない子供もいるのだ。教師は、学級運営上やりにくい子供だと苦々しく思い、それを聞かされた母親は心配する。個人の行動が文脈に依存したものであり、また、その「評価」も文脈の参加者によってなされるのだとしたら、「アメリカ化」も日本への「再適応」も「客観的」に把握することは不可能ということになる。この問題が特に端的に表れるのが「いじめ」問題であろう。「いじめ」の「加害者」は「そんなつもりではなかった」と弁明し、「見ていた」教師も「いじめ」とは思わなかったということが多い。ある子供に向けられた言動が「いじめ」にあたるかどうかは、「被害者」の自殺などといった抗議行動をきっかけに遡及的に (retrospectively) 決定されることになる。「被害者」の受け取り方に「いじめ」となるかどうかの基準があることになるわけが、それを周囲にうまく申し立てることができないと、「隠れたいじめ」として可視化されないままになってしまうことに

もなる。

　つまり、海外帰国経験と、それによる行動上の変化（アメリカ化）を取り扱う方法そのものとが問題となってくるのである。同じ経験や現象が生じていても、それが語るに足る「問題」であると感じるかどうかに個人差があるという点に、著者はこの調査を通じて思いいたった。さらに、インタビューにおける「問題」の報告をゴフマン流に自己呈示として捉えるなら（Goffman 1959＝1974)、相互作用場面におけるふるまいそのものも「自己呈示」ということになる。自分の英語力をひけらかすようなことが、教師や級友の反感を買うとわかると、できるだけ目立たないようにする帰国子女もいるのである。類似の海外経験をしてきたとしても、日本の教室にすばやく「合わせ」られる子供とそれができない、あるいは、しようとしない子供とがいるということなのである。

4　調査法と本書の構成

　著者の調査を通じての発見を別の観点から見れば、調査の方法論が根本から問い直されているということになる。「アメリカ化」といった構成概念を立てて、それを客観的に「測定」して、後の行動の説明変数として使用するという考え方そのものが、不適切であるということが明らかになったと言うことができるだろう。先に挙げた2つの調査疑問は、実は一連の現象を観察者の立場から恣意的に分割したものである。なぜなら、日本に帰国して「適応」に問題が生じ、周囲の人間と「葛藤」を経験しているトモヤの様子から、その原因を彼の「アメリカ化」という内的属性に帰属するという論理をたどっているからである。「問題」があるという状況を「アメリカ化」の指標としているわけで、実は、被説明変数と説明変数とが相互に参照しあう循環論的な議論となっている。

　「漢字が読めない」、「跳び箱が跳べない」、「おかしな日本語を使う」などといったことが、帰国子女の「問題」として報告されている。そして、これら

は、日本の学校制度とは異なる経験を積んできたということと結びつけられる。つまり、異なる社会文化への同化、「アメリカ化」というわけである。逆に言うと、「漢字が読めない」、「跳び箱が跳べない」、「おかしな日本語を使う」などといった、帰国してからの状況とは切り離された独立の測度が、「アメリカ化」の指標として使用されて初めて、著者の調査疑問は2つの別個の問いとなりうるということである。

　それでは、帰国する前にアメリカにおいて子供の「アメリカ化」の程度を測定しておいて、それを日本に帰国してからの「適応」プロセスとつき合わせるということを考えればよいのだろうか。本書の3章は、基本的にはこのような立場から、言語習得に照準して議論を行っている。日常生活の各場面において、日本語と英語とどちらの言語を使用しているかということを、「アメリカ化」の1つの目安として考えたわけである。家庭で兄弟姉妹と話すときに使用する言語や、読書やテレビ視聴時の言語、そして、よく一緒に遊ぶ友人と使用する言語から、子供の「アメリカ化」を描き出すように努めている。

　言語習得の測定と言うと、語彙力のテストや文法のテストなどといった、教育場面においてよく使用されているものがまず頭に浮かぶかもしれない。しかし、本書では、そのような測定方法に頼ることはしなかった。著者にそのようなテスト理論の知識が不足していたという事情もあるが、より積極的な理由もある。測定するという営みそのものが測定する状況と密接に関連しているものであるならば、測定結果を数字などで縮約したものを提示することにどれほどの意味があるのだろうかという反省である。「アメリカの小学校3年生レベルの語彙がある」というテスト結果は、アメリカの小学校3年生に求められている語彙がどんなものであるかという情報と合わせて、初めて適切に評価できるものとなる。本書が、生態学的妥当性（ecological validity）という規準にこだわるのは、このような問題意識と強く結びついている。

　生態学的に妥当な研究とは、研究対象の生活世界に忠実なものである。問題となるのは、「研究者の使用するテストや概念などの装置が、研究対象の

日常生活の状況、意見、価値、態度や知識基盤などを自然な生息環境（natural habitat）に見られるままに捉えることができるか」（Cicourel 1982 : 15）という問いである。「単純化された、人工的な社会環境」である教室におけるテストの結果から、アメリカ生活全般との「同化」を語ることは、生態学的妥当性を欠くものなのである（Cicourel 1996 は、「白い部屋 white room」という言葉で、実験室などの生態学的妥当性を欠いた研究状況を呼んでいる）。

　ここまで、ある行動が「できる」、「できない」というレベルで「アメリカ化」のような「変化」を調べることを念頭に置いてきた。しかし、さらに大きな問題として、「する」と「しない」という意志や価値、動機づけのレベルがある。例えば、授業中に質問をするといった行動は、意識的なコントロールが比較的容易である。目立ちたくない、自慢していると思われたくないからと、英語の授業中にわざと「日本人」のような発音でテキストを読むという帰国子女の話はよく耳にする。アメリカの学校で、わざと英語がわからないふりをする日本人の子供はいないであろうが、家庭では、子供が英語のほうが自分では話しやすいと感じていても、両親からの圧力のために、日本語を話すということは普通に行われている。ある場面においてどのように行動することが適切であるかという知識は、「できる」行動を「する」、あるいは「しない」ことと密接に結びついている。

　ここでも、生態学的妥当性の問題が関係してくる。ある場面がどのような場面であると理解するかという「状況の定義（definition of situations）」が、その場面での「適切な」行動を規定している。そして、「不適切」な行動、つまり「問題」や「不安」などとして報告されるものは、調査対象者が日常生活において「自明」としているものを基準として判断されているものなのである。

　以上の問題関心より、本書では民族誌的記述がデータの主要な部分を占める結果となっている。著者によるインタビューや観察、あるいは、他の研究者が行った調査報告など、できるだけその形態と調査方法とを生かした議論を心がけた。さまざまな制約から、母親や教師による言語報告が、データの大部分を構成することになったが、その提示や分析には配慮した。著者が参

照している背景情報を民族誌情報として記述することを通じて、談話データの解釈プロセスの明示が行われるスタイルになっている。

　2章から6章までは、日本人家族の海外帰国経験を描き出すことを目標としている。2章においては、調査の対象となった人びとが、調査の方法と合わせて紹介される。先に海外での生活経験を規定する3つの要因を挙げたが、どんな家族がどんな子供を同伴して海外へ行くのかということがこれら3要因の根底にある。とりわけ、父親の職業が根本要因の1つとなっている。

　第1の調査疑問である「帰国子女は、全員がトモヤと同じ程度に滞在国の文化に同化して、帰国するのか」に対する回答が3章で提示される。本研究の調査対象となった日本人家族の多くは、帰国の意図を明確に持っており、子供たちが英語を習得することを望む以上に、「日本人としてのアイデンティティ」を保持することを熱望している。そのために、子供たちは、平日は現地校に通い土曜日には補習校という、2つの言語で2つの学校の学習をするという「二重生活」を送っている。すぐに「アメリカナイズ」してしまうような、アメリカ人の子供とまったく同じ生活を送っているわけではないのである。3章では、民族誌的記述を多く盛り込んでこのことを示している。

　まったく同じ帰国子女であっても、帰っていく環境によってその帰国経験が異なるであろうことは容易に予測できる。帰国後の生活環境の中でも一番大きな部分を占めるのが、学校である。1980年代に帰国子女の「適応教育」の必要性が叫ばれ、多くの帰国子女受け入れ校が指定されたり設立されたりした。「受け入れ校」と一口に言っても、帰国子女に対する「特別措置」は多様なものである。帰国を控えた家族は、これを考慮しながら帰国戦略をたてることになる。学区の公立学校ではいじめが心配であるからと私立の受け入れ校を選ぶ家族がいる。補習授業が期待できるからと公立の受け入れ校を選ぶ家族もいる。また、将来の受験がないからと大学付属の受け入れ校を選ぶ家族もいる。4章は、受け入れ校を概観して、帰国に際しての海外家族の学校選びについて検討する。

「帰国子女は、全員がトモヤのような深刻な『帰国問題』を経験するのだろうか。もし、そうだとするならば、それを異文化への同化という要因によって説明することができるのだろうか」という第2の調査疑問への間接的な回答を示唆するのが5章である。極端な出来事を組み合わせたトモヤのような事例は、大変にまれである。大抵の場合、帰国子女は日本の教室でどう行動すべきかをすぐに学習し、トモヤのような極端な行動を見せることは少ない。教師もどう対応すればいいかをある程度は心得ている。もちろん、小さな摩擦は生じる。その大半は、日本の学校とアメリカの学校が、異なる原理、スタイルで動いていることに起因している。その意味で、この違いに配慮し帰国子女のニーズに敏感である受け入れ校は、帰国子女にとって快適な環境を提供している。いずれにしても、帰国子女1人1人が独自の海外経験を積んで、それぞれの環境へと帰国していくのであり、その「帰国経験」をひとくくりにすることは不可能である。多様な事例の中に見られる規則性の芽を指摘する作業が中心となる。

　5章ではまず、帰国後5カ月を経過した家族の状況を詳しく見る。子供3人は全員が小学生だが、心配していたいじめにあうこともなく安心している。だが、まったく問題がないというわけではない。「大らかでものおじしない」という「性格」をアメリカ生活で身につけてきた。これは評価できるものだが、その反面、「苦労を避けて通れる」と子供たちが思っているようで問題だと父親は考えている。「日本での生活ができるような人間にならない」のではないかと心配しているのである。この父親が関心を持っているのは、教科学習面での「遅れ」よりも、このような人間形成の側面なのである。

　次に、著者自身が観察して記録した教室でのやりとりを提示して分析する。S市から追跡調査している江川美枝子が編入した小学校の学級を訪問したのだが、修学旅行での係り決めの際に彼女の係りがなかなか決まらなかった。かなりの時間を割いてなんとかこの問題は解決されたが、美枝子の友達づくりがうまくいっていないことが感じられた。また、この件でさらに級友と気まずくなるのではないかとも案じられた。班やグループといった集団を多用

し、児童の授業参加を促進しようとする教室のルーティンには、帰国子女がなじみにくい面があることがこの出来事から示唆される。

　日米の授業風景は、かなり異質なものとして帰国子女には映っているようである。アメリカから帰国して中学校2年生となった木下祥子にとっては、授業に臨む姿勢がかなり異なるものと感じられた。積極的に発言することが求められているアメリカの教室と、教師の講義を一方的に聞く存在でいられる日本の教室という対比である。だが、祥子は小学校1年生の1学期しか日本の学校を経験していないにもかかわらず、その後の「体験入学」などで日本の教室の様子は知っており、帰国して特に問題を感じるということはない。滞米中の二重生活のバランス取りが、家族の努力もあって成功した例であると思われる。

　普通の公立小学校の教師は、帰国子女を受け入れるにあたって、国内の他の学校からの「転校生」というモデルを使用している。「転校生が慣れるのに半年はかかる」のであり、帰国子女「再適応」に時間がかかるのはとりたてて問題とするようなことではない。クラスの「約束事」もわざわざ個別に指導する必要があるものとは考えられていない。つまり、海外生活経験を積極的に理解しようという姿勢は、級友にも担任教師にもあまり見られないのである。「特別視」が常に望ましい結果を生むとは限らないが、「普通」の子供とまったく同じ行動が期待されるのだとすれば、帰国子女にとっては過重な負担となることもあるだろう。

　このように見てくると、帰国「再適応」というプロセスがさまざまな場面や経験から成り立っているものであることが明らかとなってくる。そこに一般像を見出すことが困難であることもわかってくる。個々の帰国子女が個別の環境で個別の「再適応」課題に対処しているわけだが、その軌跡を左右する要因としてなにも共通するものが見られないということではない。滞米期間や帰国時の年齢・学年、性、家族のサポートといった個人的要因や、編入する学校が受け入れ校かどうか、地域にどれぐらいの帰国子女がいるかなどの状況的要因を、関係する要因として指摘することができる。トモヤのよう

な「悲劇的」な状況にある帰国子女は特に見あたらなかったが、時代差や地域差のためであるとも考えられる。

　5章は、帰国後の生活経験に即しての議論を中心としているが、7節で長期的な効果を論じて締めくくる。ある帰国子女受け入れ専門高校の教師が「帰国生徒教育と受験指導は両立しない」と発言したのだ。この教師によると、帰国子女は「画一的な勉強」ができないという。与えられた課題を言われたとおりにこなすということが苦手であり、「動機づけ」に苦労するというのである。日本の受験勉強が、勤勉の価値を教え勤労精神を植え付けるという働きをしているという側面がここからうかがわれる。

　両親や教師など子供の周囲の人間による観察の報告が、本書のデータの大部分を占めている。「当事者」である子供の肉声が聞かれないという指摘が聞こえてきそうである。だが、具体的な生活経験を別にすると、海外経験や帰国経験についての子供自身の考えを聞き出すのは容易なことではない。6章で取り扱う、大学生となった「元帰国子女」とのインタビューは、経験の当事者の考えを提供するものとして貴重である。ある帰国子女が、自己の「性格」変化と日本での中学校生活とを結びつけているインタビューデータから、中学校生活の意義について考察する。

5　海外帰国経験と日本人アイデンティティ
——7章の内容

　2章から6章は、「ミクロな民族誌」とも呼ぶべき立場で海外帰国子女の経験を報告し分析している。本書を締めくくる7章では、これらの子供たちの経験を踏まえて、「日本人アイデンティティ」について1つの考え方を提出する。

　帰国子女のアイデンティティ研究をレビューした小沢（1995：87）は、東（1982）と小島（1988）を引用して、「帰国子女が経験する心理的葛藤を理解する鍵概念として、これまでアイデンティティが重視されてきた」と言う。だ

が、著者の見るところ、「あなたは日本人ですか、それともアメリカ人ですか」という問いに対する回答をもって「アイデンティティ」とするという、かなり乱暴と思われる操作的定義を前提とした質問紙調査やインタビュー調査が大多数であって、アイデンティティとはなにかといった理論的検討はほとんど行われていない。小沢のレビューは、「アイデンティティ」として研究されてきた現象やデータを分析することによって、「このキー概念を帰国子女問題の研究者、帰国子女受け入れにあたる教育実践者、あるいは帰国子女自身がどのような意味で捉えてきたであろうか」という問いに答えようとしている。いろいろな研究者が、各自の問題意識から「アイデンティティ」という用語を使用しているのにもかかわらず、そこに共通性があるはずだと思いこんでいるかのようである。

　本書7章は、「アイデンティティ」という用語が指示しようとしている現象、経験の内実を明らかにすることを究極の目標としている。「私は日本人です」と言うことができる、感じることができる裏にはどのような生活経験があるのだろうか。相互作用場面での経験、コミュニケーションの観点から考察していく。相互作用にうまく参加しているという実感が必要であると考えて、これを「機能的成員性」と呼ぶことにする。コミュニケーションがうまくいかず「いやだ」、「居心地」がよくないときに機能的成員性が脅かされる。これが、相互作用場面の選好や友人の選好、日本に帰りたくないなどといった、社会文化的アイデンティティレベルの現象へと結びついていくと考える。

　相互作用場面における機能的成員性に欠かせないものとして、言語能力と文化的知識とが考えられる。まず、帰国子女の英語力を見た上で、国語力に関連する語彙力を生活経験と結びつけて検討する。次に、コミュニケーションに支障があるという状態が、どのようにして、ある帰国子女にインターナショナルスクールへの転校を考えさせるにいたるかを見る。「中途半端にわかる」、「中途半端に」しかわからないことが「すごくいや」だったと言う帰国子女は、機能的成員性に欠けていたのである。結局は思いとどまったわけ

だが、もし転校していると、アメリカの大学へ進学することになっていただろう。「日系アメリカ人」としての人生を歩む可能性をはらむ意思決定を、機能的成員性の感覚が思い起こさせたのである。

　本研究の特色を最後にまとめてみると、以下の3点が挙げられる。まず、付論の方法論ノートに基づく調査を実践した作品例としての意義を有するものである。質的なミクロ分析の1つとして、著者は本研究を位置づけている。強引に縮約された数値データやサンプリングフレームの不明確な「統計データ」といった数量データでは、研究結果とリアリティとの距離が遠すぎるという不満を著者は抱いている。だが、少数事例の質的分析につきまとう問題点も多い。これらの諸問題に対して著者は確固たる処方箋を持っているわけではない。だが、どんな問題があり、どのように考えているかの一端は付論に示されている。本書は、これらの点を念頭に置いた、方法論上の試みを実践した著作である。

　第2に、海外帰国経験の全領域を、時間の経過に従って調査し、当事者の視点に即して丹念に記述分析していることである。本書は、海外帰国経験というテーマを扱ったモノグラフである。著者が学んできた領域は、社会心理学や社会学であり、「1つの文化を記述した作品」(Spradley 1979: 3)である民族誌というアプローチを生み出した文化人類学とは近い関係にある。モノグラフとは言え、民族誌の特徴である、1つの文化の包括的な記述や理解と、当事者の視点の把握という問題関心を共有している。従来の帰国子女研究には、教育学や心理学の分野のものが多かったが、本書はこれらとは異なるアプローチを採用するものである。

　3つ目として、全体のプロセスの中で、アイデンティティ概念を核として、異文化体験の持つ意味を検討していることが挙げられる。成長途上の子供の当事者視点にどのように迫るかには方法的な困難がつきまとう。「アイデンティティ」という心理的構成概念も方法論上の問題をはらんでいる。これらの困難に対処する方法を示唆するとともに、本書はアイデンティティについ

ての1つの見方を提示するものとなっている。

注
1)「子女」という表現は、性的にバイアスのかかったもので、可能ならば回避したい。竹長（1991）は、その冒頭で「帰国子女」から「帰国生徒」への用語の変更を主張している。だが、本書の元となった著者の調査においては、帰国時に学齢に達していない子供も対象となっており、「帰国生徒」にそのような子供まで含めることはむずかしい。実際、上で引用した統計にはこのような子供たちは含まれていない。適当な代案が見つからないこともあり、本書では「帰国子女」、あるいは「海外子女」、そして両者を合わせて「海外帰国子女」と呼ぶことにする。なお、冒頭で引用した外務省は、海外子女を「海外に長期滞在する在留邦人のうち学齢期にある子女」と定義し、「在留邦人子女」と呼んでいる。
2) 帰国経験も含めた海外経験についての文献資料としては、研究者によるもののほかに、当事者によるものがある。帰国家族によるものでは、松下（1972）、子安美知子（1975、1980）、加藤（1975）、石浜（1982）、大野（1984）、篠田（1984）、ムトー（1985）、大沢（1986）、宮地（1987、1988）、木村（1987）、宮智（1990）などがある。これらは大人の立場からのものだが、子供によるものとしては、ちょっと特殊なケースだが子安文（1987）が有名である。『海外子女教育』1989年5月号には、「異文化体験を出版した母親達：『体験記』の奥を読む」という特集があり、その末尾に「これまでに出版された母親の海外体験記」というリストが掲載されて39冊の著者が挙げられている。

また、海外帰国子女を教える立場にある教師によるものも多い。日高（1976）、東京都海外子女教育研究会編（1987）、渡部（1990）、渡部・和田編（1991）、岩間（1992）、鈴木久司（1992）などが目につく。帰国子女の体験記は、これらの教師によってまとめられている場合が多い。例えば、豊中市帰国児童生徒教育研究会・豊中市立第十一中学校編（1988）、渡部編（1989）、坂田（1992）がある。また、各受け入れ校の教育実践報告書は、多くのものがまとめられている。その一例として、大阪府豊中市立第十一中学校（1978-1989）、神戸大学教育学部附属住吉中学校（1984、1990）、川崎市海外帰国子女教育連絡協議会・川崎市教育委員会（1985、1989）、お茶の水女子大学附属中学校（1988、1994）、国際基督教大学高等学校（1989）、同志社国際中・高等学校（1990）などがある。海外子女については、現地採用教員によるものとして岡田（1993）がある。先に挙げた宮地も現地採用教員を勤めたようだが、その著書（宮地 1987、1988）は母親としての立場から自分の子供の経験をまとめたものである。アメリカの現地校で教師をした経験に基づくものとして、ギルバート（1986）、カニングハム（1988）、生田（1996）などがある。カニングハムの著書は、精神遅滞児教育の専門家の立場から日本人の子供の状況を伝えている。生田は、バージニア州の公立高校で1年間教師をした時に日本へ書き送った手紙をまとめているが、アメリカの高校についての貴重な資料となっている。

また、大学教員などの研究者が家族を帯同して海外滞在した経験を中心にまとめたものも多い。稲垣（1977）、磯田（1985）、唐須（1993）、坂本（1994）などが目につく。安彦（1987）は、アメリカの中学校制度を体系的に調査しようとの意図が強く感じられるが、著者自身の子供の経験にもかなり依拠している。先に挙げた岩間（1992）は、日本で勤務していた大学を辞して留学していたため滞米は6年と長く、その間日本語補習校の教員を3年間務めたということである。

3）邦訳は著者による。「普通の」と訳したのは"regular"である。海外在住経験のある子供と区別して、日本を離れたことのない、一般の、普通の子供や家族を指す言葉が必要であり、本書では「普通の」ならびに「一般の」という表現を使うことにする。ちなみに、著者の英語論文であるMinami（1993）は、"ordinary"を使用している。

4）Nakane（1970）は、同じ著者による和書『タテ社会の人間関係』1967の英訳であると一般に信じられているが、Smith（1971）によると、両書の内容はかなりの違いがあるということであり、ここでは、英書のほうを挙げておく。

5）「生まれ育った文化への同化」は、社会化（socialization）や文化化（enculturation）という言葉で概念化されている（箕浦、1990参照）。しかし、「内面化」などのメカニズムを前提としており、生じる変化に総体として言及する以上のものではない。言語習得の臨界期などわずかな例外を除いては、どのような変化がどのような順番で生じるかなどといった、具体的な「変化」のメカニズムについての研究はようやく始まったところと言えよう。

6）保坂（1994a）によると、1980年代前半に全国の中学校で校内暴力のピークがあり、それに対して学校側が警察と協力して強硬な押さえ込み態勢を取った。そのために、「反発」が「内向」していじめにつながったというのである。ちなみに、教師も参加した「葬式ごっこ」がきっかけとなり中学生が自殺したのは1986年2月のことである（4章の注12参照）。

7）日本政府の補習授業校支援としては、文部省による教員派遣と、外務省による校舎借料援助および現地採用教員給与援助とがある。派遣教員は3年間の任期で、小中学校教員の応募者の中から選抜される。中規模の補習校においては派遣教員は1人であり、校長を務めることが多い。このため、なぎさ学園には日本で教頭職にある人が派遣されていた。児童生徒数の増加に伴い、1994年からなぎさ学園への派遣教員は2人に増員された。また、1996年4月から、授業は別の高校の校舎を借りて行われている。

8）「帰国子女問題」を「社会問題」化するプロセスの研究としては、Kitsuse et al.（1984）がある。

第2章 アメリカ生活への不安
——S市へ向かう日本人家族

　本章では、本書の研究対象である日本人家族が、アメリカ生活に向けてどのような準備をしたかを見ていく。「準備」といっても具体的な準備に限定するわけではなく、どのような家族が、どのようなプロセスを経てS市で生活するようになったかを描き出すことを目的としている。また、これらの人びとが、海外で生活している日本人家族、あるいは海外から帰国してくる日本人家族の中で、どのような位置を占めているかについての考察も行う。これは、本書で報告される結果や命題が、S市以外からの帰国子女にどの程度あてはまるかについての情報を提供するものである。

　アメリカでの生活に影響すると思われる要因にはさまざまなものが考えられる。その中で、家族の生活史や海外生活について家族がどんな情報を持っていたかなどを、本章で明らかにしていく。親本人が子供の時に海外で生活した経験があるという家族もあり、海外生活について日本を出発する前に持っていた知識や態度には、かなりの家族差が見られる。先輩駐在員のいる企業からの派遣の場合と、そうではない留学目的の研究者の場合とでは、現地での生活がどんなものになるかについて、出発前に持っている情報には大きな違いが見られる。アメリカ生活についてどのような情報を持っており、それに依拠してどんな生活設計をしていたかを、子供の教育に照準しながら見ていくことにする。

　まず、S市にどれぐらい滞在することになるかということを、父親の滞米目的別に見ていく。傾向としては、留学目的の「研究者」が一番短く2年以

内、次いで「技術者」の3年から5年、そして「総合職」ということになっている。次に、S市行きが決まった時の家族の反応と、どんな準備をしたかを紹介する。手放しで喜んだ母親は少なく、いやいやながら「しょうがないのかな」と受け止めた母親が過半数だった。子供の教育、英語などの海外生活への不安がその理由として挙げられた。

研修やセミナーへの参加などを通じて、S市の教育事情についての情報を家族は集める。大多数の家族は、S市に日本語補習授業校があることを渡米前から知っており、子供を通わせることに決めていた。

3節では、ある母親の話を詳しく見る。子供が渡米に反対したというのだが、それにどのように対処したかが興味深い。この母親自身も子供の時に海外生活を経験しているのだが、それをあまり積極的に評価していないようで、子供への対応にもそのことが見られる。また、帰国時には子供が中学生になり、高校受験も近いと思われることから、渡米前の不安が大きいものであった様子がうかがわれる。

1 S市の日本人家族

日本人の子供がアメリカでどんな生活をしているのか、これが本書の主題の1つである。S市の日本人の子供たちについて3章で詳しく見ていくが、本章ではその準備として、S市に滞在しそこから日本に帰国してくるのはどんな家族であるかを紹介しておく。

著者の調査からわかったこととして、父親がどんな目的でどれくらいの期間アメリカに滞在するかが、子供たちの海外帰国経験を大きく規定しているということがある。企業から派遣される駐在員の場合、滞米目的と期間は職種によってほぼ決まってくる。本書では、駐在員を、営業や管理部門の仕事に従事する「総合職（administrator）」と、製造に直接従事する「技術者（engineer）」とに大別して見ていく。ほかに、研究や留学を目的とする場合があり、これらの人びとを「研究者（researcher）」と呼ぶことにする。

第2章 アメリカ生活への不安

　本章で取り上げるのは、著者が家族と直接インタビューによって話を聞くことができた31家族である。これらは、アメリカ滞在中に話を聞くことができた15家族（付表1 xv頁）と、日本帰国後にコンタクトを取って話を聞いた16家族（付表2 xvi頁）とである。これらの31家族を、総合職家族、技術者家族、研究者家族の3つに分けて、それぞれについて見ていく。なお、本章の記述は家族を単位としているが、次章以降においては、子供1人1人を単位とすることになる。

　北アメリカ地区において、なぎさ学園のような日本語補習授業校に子供を通学させている日本人家族は、駐在員家族、研究者家族、永住組の3つに分けることができる。このうち、永住組は、日本に「本帰国」することは基本的には考えていない[1]。駐在員家族と研究者家族とが帰国予定を持っているわけだが、ここでは前者を、さらに、総合職家族と技術者家族とに2分して見ていく。

　表2-1に見られるように、これらの3つのグループには、滞米期間に違いが見られる（母親と子供とは、父親が渡米して半年前後経過してから渡米することが多いため、表2-1では、母子の滞米期間を示している）。まず、研究者家族の滞米期間の短さが目につく。これは、日本の所属機関（大半は大学）から「研修」などの名目で留学して来ている研究者が多いからである。その期間は、普通は1年、場合によっては2年ということになる。S市にあるS大学には医学部（メディカルスクール）があり、日本の大学病院勤務の医師が研修のためにやって来ているケースが多い。現地の医師免許を持っていないために実際に診療に携わることはできず、基礎研究に従事することになる。日本で博士論文を作成するための資料収集という性格が強いようだ。

　S大学や近隣の研究所には、医学以外を専門とする研究者も日本から多く留学してきている。だが、学齢期の子供を持つ、

表2-1　父親の滞米目的（職種）別に見た母子の滞米期間（N＝31）

職　種	3年以内	3-5年	超5年	合　計
総合職	1	2	4	7
技術者	2	14	2	18
研究者	5	0	1	6

比較的年輩の人間の留学ということになると医師が多くなる。また、在外期間が2年を越えると、日本における所属機関のポジションをそのまま確保しておくことはむずかしい。長期間腰を据えて研究しようという研究者は、日本での職を辞してアメリカにわたることになる。表2-1の研究者家族の中で滞米が5年を越える家族は、父親が原子力を専門分野とする研究者であり、その滞米期間は約14年におよんだ。滞米が3年以内の5家族では、医師が3家族、日本の大学で英語を教えている教員と日本の企業から研究のために派遣された研究者の家族がそれぞれ1家族ずつだった。小さなサンプルではあるが、日本の学者や研究者の経歴と、その中での海外研究・留学の位置づけを垣間見ることができる。

技術者家族では、滞米期間が3年から5年というケースが、18家族中14家族と多くなっている。これは、技術の進歩が早くあまり長く日本の工場を離れていると、現場の技術者としての知識や技能が時代遅れになってしまうという理由からのようである。3年という在外期間であっても、帰国した時に技術者駐在員が感じる「遅れ」は小さくない。企業の側も、帰国した技術者に生産ラインにすぐに参加させるようなことは避けて、最新の技術に追いつくための勉強の時間を取ることができる、比較的忙しくないポストに数カ月つけるというような配慮を行っている。しかし、最新技術の知識や技能を持つ必要性は、技術者のタイプによっても異なっている。ある技術者の話によると、彼の勤務する企業では、設計・開発にかかわる「純技術」と「量産技術」とに分かれており、平均の駐在期間は、「純技術」の技術者が3年、「量産技術」の技術者では5年になっているという。

製造業でも経理や管理部門にいる人間、また、銀行や商社に勤務する総合職駐在員の場合は、最新の製造技術に知悉しているという必要性が小さくなり、逆に、現地において蓄積するビジネス慣行の知識や人脈の比重が大きいためか、駐在期間は比較的長くなりがちである。S市には、ニューヨークやロサンジェルスのように日系企業のアメリカ本社が多く置かれているということはない。また、総合職駐在員の場合は、1人の人間の駐在期間が長いと

いうこともあって、著者の調査対象に占める総合職家族の割合は、31家族中8家族（約26%）と小さくなっている。

表2-2 追跡調査対象家族の父親の滞米目的（職種）別最終学歴（N＝15）

職種	大卒以上	高卒	合計
総合職	3	0	3
技術者	1	9	10
研究者	2	0	2

　家族と子供の海外帰国経験を規定する要因として、父親の滞米目的と滞米期間という相互依存関係にある要因を指摘したが、これらと関連している要因が父母の教育水準である。著者は、日本企業から派遣されてきている人たちは、いわゆる一流大学を卒業した「エリート」ばかりであろうというステレオタイプ的な印象を、調査開始当初は持っていた。だが、表2-2に見られるように、S市から追跡調査した15家族の内訳は、総合職3家族、技術者10家族、研究者2家族だったが、総合職と研究者の父親が全員大学卒業以上であったのに対し、技術者10人の中で大学を卒業していたのは1人だけであった。残りの9人は高校卒業という教育水準だったが、そのうち7人が工業高校、2人が普通高校の出身だった。これは、戦後の日本の高度成長を支えたのが製造業であり、その中核を担ったのが工業高校出身の技術者たちであったということを想起すれば驚くようなことではない。だが、「海外駐在員」という言葉から著者が当初想像していたものとは少し違っていた。妻については、夫と同じ教育水準かそれ以下という組合せが日本社会で多いと思われるが、15人の母親たちのあいだでは、1人が短期大学卒業で高卒の夫より高学歴であったという例外を除いて、残り14人は夫と同等かそれ以下の教育水準であった[2]。

　妻、つまり子供の母親の教育水準の違いは、海外生活において増幅されるということがうかがえた。アメリカ生活においては、英語という母語ではない言語で交渉することが必要となってくるわけだが、このために現地の人間との交際に尻込みしてしまう日本人は多い。しかし、この尻込みの度合いが、教育水準の高い人ほど少ないような印象を著者は持った。以下で検討していく、出国準備、アメリカでの生活のたち上げ、子供の現地校の教師との連絡などといった生活上の交渉において、どれだけ積極的かつ効果的にやれるか

は、母親の教育水準と関係があるようだ。残念ながらこれを明示的に示すデータは得られなかったが、一般的傾向として、総合職駐在員や研究者の妻は、高等教育の経験があり英語も比較的苦にしないのに対して、技術者駐在員の妻は、日本人妻同士のネットワークでの情報交換や交際が多くなっているという指摘が可能であるように思われる。

2 アメリカ生活に向けての準備

　数年にわたる海外生活においては、どのような準備をしたかということが1つの重要な点である。それは、海外生活がどのようにして決定されるかから始まる。駐在員の場合は、勤務先の企業からの業務命令で決まる。しかし、これも「晴天の霹靂」ということは少ない。夫が単身で長期海外出張に行ったことがある、あるいは、夫と同じ部署の同僚が海外駐在になったなどの事実から、そのうちに海外駐在があるなと感じていた妻は多い。

　駐在が本決まりとなる少し前までには、総合職と技術者どちらの妻も、夫が海外駐在になるかもしれないと感じるようになっていた。だが、結婚する時から将来の駐在の可能性を意識していたのは、総合職駐在員の妻に多い。貿易を主たる業務とする商社員の妻はもちろんのこと、製造業勤務の非技術者（総合職）の夫を持つ妻でも、結婚に際して「この人は将来海外駐在になる」と聞かされて楽しみにしていたと言う人もいた。総合職家族の母親の多くが、大学で英語や英文学を専攻していたということも無関係ではないだろうと思われる。

　アメリカ駐在の知らせを聞いた時の気持ち（「アメリカへ来ると聞いた時の気持ちはいかがでしたか」という問いへの回答）だが、表2-3に見られるように、20人の駐在員妻のうち、「うれしい」と感じたのは4人にすぎなかっ

表2-3　アメリカ駐在の知らせを聞いた時の駐在員妻の反応（母親にインタビューした駐在員家族　N＝20）

うれしい	4
海外で生活するという夢がかなう	(2)
義父母との同居生活から解放される	(2)
「いい勉強かな」と前向きに受けとめた	3
行きたくなかった	13

た（表2-1では、駐在員家族数が25となっているが、インタビューをしたのが夫のみで妻の心境を聞いていない家族が5家族あったため、これらを除いている）。2人は「海外で生活するという夢がかなう」と喜び、残りの2人は「義父母との同居生活から解放される」と歓迎した。「いい経験かな」と前向きに受けとめた妻がほかに3人いるが、残りの13人は夫の海外駐在を積極的に歓迎することはなかった。しかし、一緒に行くしかないのはわかっていたということで、「行かない」と決めたのは1人にすぎなかった。この妻は、夫が出かけて半年後に渡米するように言ってきたが、これに応じなかったという。しかし、同僚や親戚に説得されて、結局、夫の渡米後1年して子供を連れてS市に渡った。日本企業の基本方針は、海外駐在には家族を帯同するというものである。家庭での妻の支えなしに駐在員にはいい仕事ができないという考えが強く、単身での海外駐在はあまり認められていないようである[3]。

付録1の帰国前インタビューガイドの問7から問16が、渡米前の状況についてたずねる質問文の例である。「アメリカ生活への準備はどうでしたか」（問8）、「アメリカへ来る前の英語力はどうでしたか」（問9）、「アメリカへ来る前に、研修などに行かれましたか」（問11）、「アメリカへ来る前に、お子さんの教育について何か不安がありましたか」（問15）などである。これらに対する母親の回答をまとめたのが表2-4である（表2-3の駐在員妻20人に、研究者の妻6人を加えた26人が総数となっている）。大別すると、アメリカでの生活の不安、子供の教育に関するもの、そして家族の生活について

表2-4 渡米に際しての母親の心配
（母親にインタビューした家族 N＝26）

総合職駐在員の妻（N＝5）	
子供が行くのをいやがった	1
子供が帰国時に中学生になっている	1
技術者駐在員の妻（N＝15）	
［教育］	
小さな子供の日本語力の基盤	1
日本の学校経験が短いこと	1
海外と帰国後の教育の質	1
［生活］	
母子のみの暮らし（もし日本に残った場合）	3
家族は別れて暮らすべきではない	5
子供が行くのをいやがった	3
［母親個人について］	
アメリカ生活、とりわけ英語が心配	3
結婚生活に倦怠感	1
研究者の妻（N＝6）	
高学年の子供の教育	3

の不安に分けられる。

　アメリカ生活への不安というのは、母親の個人的な不安であり、英語が通じるかどうかということに集約的に表現された。子供については、まず教育がどうなるかということが心配になる。日本の小学校に入学したばかりなのにアメリカに行くことになって大丈夫か、アメリカでの学校あるいは帰国したときの学校はどうなるのか、あるいは、日本語の基礎がしっかりしていない子供を連れていっても大丈夫かなどである。しかし、子供の生活面については、父親が単身赴任をして母親は子供と日本に残るという可能性を考えた場合に、長期の父親不在が子供にとって良くないのではないかと考えた家族が多い。2人の母親は、以前に夫が単身赴任したことがあり、その時の経験を踏まえてこのような心配をしていた。家族は分かれて暮らすべきではないと考えた母親たちは、母子で日本に残る可能性を追求しなかったという。また、後のインタビュー（Ⅰ2-2）に見るように、子供が行きたくないと言い張って苦労したという母親もいた。

　研究者の妻たちは、渡米決定のニュースに驚くことはなかった。留学が夫の研究にとって持つ意義を理解していたし、その機会を待ち望んでいた。渡米決定の知らせを聞いての不安として報告されたのは、小学校高学年になって帰国することになる子供の学校教育に関することぐらいであった。

　次に、海外生活のために具体的にどんな準備をしたかを見ていこう。多くの企業はなんらかのオリエンテーションプログラムを持っている。駐在員や妻たちはこれらのプログラムに参加して、必要な情報を得たり語学研修を受けたりしている。研究者家族にはそのようなものがないため、航空会社や海外子女教育振興財団が主催しているセミナーに自費で参加することになる。

　家族にとって大きな不安の種である言語だが、渡米前に英会話を勉強したという子供や母親は少ない。子供はすぐに英語を覚えるという風説を信じていた家族が多いようだ。大学で英語学を講じる研究者もその1人で、小学校低学年の子供にあえて英語の準備のようなことはしなかったという。家族の中でも父親だけは、言葉ができないと仕事にならないということで、ほとん

どの父親が時間をかけて勉強している。駐在員は企業の研修で語学の学習にかなり時間をかけているし、研究者も忙しい合間を縫って英会話学校に通ったりしている。

　駐在員の場合は、同じ企業からすでに現地に派遣されている先輩駐在員がいることが多く、S市での生活や子供の学校についての情報はこれらの人びとから入ってくる。しかし、著者の調査対象者には、その企業からS市に派遣されるのが初めてという人びともいた。以下で紹介する、子供のために将来3年分の日本の学校の教科書を持っていったという母親もその例である。このように、「第一陣」の人びとは、アメリカ生活についての情報が少なく、その準備は大変で不安の大きいものだったようである。

　アメリカの学校に提出する書類や子供に受けさせておくべき予防接種、また日本語補習授業校なぎさ学園の存在など、基本的な情報はそれほど苦労せずに収集できる。企業によっては、海外での教育に関して相談にあたる専任カウンセラーを有しているところもある。子供の教育のために家族が準備するものとしては、日本語の本などがある。本や子供の歌のテープ、子供番組のビデオなどを用意してアメリカに持っていったという母親は多い。ある家族は子供のために204冊もの絵本を荷物に詰めたという。

　駐在員家族の場合、夫が先にS市にやってきて生活の基盤を整えて、3カ月から半年後に妻と子供を呼び寄せるということが多い。実際、これを駐在の基本ルールにしている企業が多いという。住居の選定などは、夫が先輩駐在員家族に助けられて行うことになる。住居選定に際して考慮されるのは、職場への通勤の便、地区の安全、そして地区の学校の学力レベルなどである。同じ企業に勤務する日本人の家族に生活のあらゆる側面で助けてもらうことが多いため、それを見越して同僚駐在員の住居の近くに住むことになる。前任者と入れ替わりで駐在となる場合によく見られるのは、前任者が住んでいた住居を家具や車も一緒にそのまま引き継ぐというパタンである。そして、1年ほどして現地の事情がわかってきたところで、自分たちの好みの場所に引っ越していくのである。

ある総合職駐在員の父親は、S市の教育委員会に出向いて各小学校の学力テストの成績を調べ、その平均点が一番高い学校の校区に住むことに決めたという。アメリカの都市圏では、富裕な中流階級が郊外の住宅地に住み、都市中心部の住民の生活水準は低いということが多い。公立学校の教師の給与は、固定資産税（property tax）が主たる財源となっているために地方自治体ごとに異なり、富裕な自治体には「優秀な」教師が集まる。郊外の地区では学校の学力レベルも高く、治安もよいということで、日本人家族も多く住んでいる。

　近年、同じ現地校に日本人の子供が複数いると日本人同士で固まってしまい、英語の習得が遅れるという問題が見られるようになった。そのため、近くに日本人が住んでいないところを選んで住むということも行われている。特定の現地校に日本人児童生徒が集中する現象は、ニューヨークやロサンジェルスでは社会問題化している（カニングハム 1989a, 1989b、平林 1989）。1990年の著者の調査当時、S市でもその徴候は見え出していたが、まだ社会問題化するまでにいたってはいなかった。

　S市には全日制の日本人学校がないため、現地校に通学させて、週末に日本語補習授業校のなぎさ学園へ通わせることになる。駐在員家族の中に、最初ロサンジェルスに駐在となり、後にS市に転勤になった家族がいた。ロサンジェルスには全日制日本人学校があり、小学校6年生の子供をそこに通学させようと日本出発前には考えたという。しかし、この考えをアメリカ生活経験のある人に相談したところ反対された。アメリカの現地校で海外経験を積ませるべきだし、もし駐在が当初の予定の3年から延長となった場合、日本人学校には高校課程がないため、現地校の10年生にいきなり行くことになり大変だというのである。結局、この家族は、ロサンジェルスでは現地校と補習校という組み合わせを選択したのだが、1年半でS市に転勤となった時の転校もスムーズにいき、日本人学校にしなくて良かったということであった。

　駐在員家族は、渡米時に子供がまだ就学年齢に達していなかった1家族を

除いては、S市になぎさ学園があることは渡米前から知っていた。そして、なぎさ学園に子供を通学させるのは当然のことと考えていた。先に渡米した父親がなぎさ学園の事務所に出かけて編入の申し込みを行い、日本でしてくるべき手続きなどについて聞いて妻子に伝えるというケースが多い。編入の手続きに際して、父親がなぎさ学園の校長に住居選定のアドバイスを求める例も見られた。

著者が調査した、S大学に留学してきていた研究者家族は、全員が大学の近くのアパートに住んでいた。治安がよく買い物にも便利で、地区の学校は学力レベルが高くて外国人の子供の受け入れ経験も豊富であり、申し分のない環境となっていた。滞在予定が短い研究者家族の場合は、なぎさ学園へ子供を通学させるかどうかは意識的な選択の問題となる。中学校受験を予定していた小学校5年生の子供を帯同した家族は、当初はロサンジェルスにある日本の学習塾への通学も考えていた。だが、S市に来てみてそれが現実的ではないことに気づいた。それで、現地校に通いながら、中学校受験には家庭学習で対応することにした。しかし、子供の精神状態が不安定になり、なぎさ学園に通学させることにしたということだった。

別の研究者家族の母親は、小学校2年生の娘を補習授業校に通わせることにした事情を、インタビュー（I 2-1）のように語ってくれた。ここでは、2つの理由が述べられている。1つは、現地校での英語中心の生活のために生

I 2-1 「家庭学習の強制力として期待」——研究者家族が子供をなぎさ学園へ通学させることにした事情
[910109S；08M；029：26〜030：13]

> ひとつは、あの、D［現地の小学校名］にこんなに日本人が多いというのは知らなかった、というのがあるんですね。それで、ある程度［日本人の児童が］いるというのは聞いてたんですけども、あの、まあ、ストレス解消にもなるだろうし。それと、なんていうのかな、うちの子の性格として、強制力があれば、（笑いながら）なにがしかはするだろうけども、なんの強制力もないようなときに、親が、漢字だとか九九を覚えるのだとか、どれほどやれるか自信が、こちらにもなくて。それで、あの、日本発つ前に、その、［小学校］1年生のときだった、担任の先生が、漢字と九九だけは、やりなさいよって。ほんでもう、九九ができないとあと、ぜんぶ困るから、そのふたつだけで、いいから、まあしっかりやりなさいよっていうアドバイスはまあ受けてたんですね。

じるであろう「ストレス」の「解消」である。補習校で友達と日本語でしゃべる機会を子供にあたえることにより、「ストレスを解消」させようという心づもりだった。しかし、この家族が住まいに選んだＳ大学の教職員向けアパートのある地区のＤ小学校には、日本人児童が多く在籍しており、通い始めてみれば日本人の友達も多くできて、わざわざ補習校に通わせることもなかったかなという気持ちを持ったと、この母親は後に語っている。

　話の順序としては２番目だが、より重要と思われる理由が、家庭学習に対する「強制力」である。この家族は９月から滞米１年間の予定でやってきたのだが、長女（「うちの子」）は小学校２年生の２学期から３年生の１学期にかけて海外で過ごすことになる。日本のカリキュラムでこの時期にしっかりやっておく必要があるものとして、漢字と九九がある。「そのふたつだけで、いいから」しっかりやっておくようにとのアドバイスを、日本で在籍していた小学校の１年生の時の担任教師から出発前に受けてきた。母親は、「なんの強制力もないような時に」家庭での指導を「どれほどやれるかは、自信がこちらにもなくて」、なぎさ学園に通わせることにしたというのである。

　これら２つの理由は、子供の社会生活と教育という、補習校に期待されている役割をよく表現している。著者は、補習授業校を「日本人としてのアイデンティティ」を育成し、維持する機能を果たすものと位置づけている。補習校は、日本語で遊べる友達を提供し、日本の学校の勉強を教え、その学習成果を評価するという「強制力」の担い手として、海外に出発する前からすでに家族の期待を集めていることをここに見て取ることができる。

3　ある総合職駐在員家族の母親の話から

　本章の最後に、ある総合職駐在員家族の母親（畠山夫人：06M）の話を詳しく見ておきたい。夫の畠山氏は、製造業勤務だが、技術者ではなく総合職の仕事をしている。Ｓ市に４年間駐在した後、ニューヨークへ転勤となった。しかし、家族はＳ市から日本へ帰国するみちを選んだ。この家族で特筆すべ

I 2-2 「子供は泣いて行きたくないって大変だった」
——総合職駐在員の妻の出発前の関心(1)
[910124S；06M；004：10〜005：26]

南　：あの、いらっしゃるっていうか、海外に、将来、出るだろうっていうことは、結婚されたときから、ある程度予期されてましたか。
畠山：そうですね。まわりのかたが、つぎつぎ出られましたんで、いつかは、うちもかな、とは思ってましたけど。
南　：そうですか。じゃあま、そういう意味で、ある程度その、決まったとき、話があったときは、まあ、来るべきものが来たというかんじで。
畠山：ええ。あのう、子供は、(笑いながら)飛び上がりましたけど、
南　：ああ、そうですか、はい。
畠山：親のほうは、ええ。
南　：あの、お子さんは、喜ばれました。
畠山：(早口で)いえいえいや。もう、大変でした、泣いて。
南　：ああ、そうですか。行きたくないって。
畠山：はい、行きたくないって、ええ。
南　：ああ、そうですか。やはり、その、友達と別れるとか。
畠山：そうですね。あの、楽しく、順調にいってましたので。もう、これが終わってしまうのがいやだと思ったみたいです。
南　：ああ、そうですか。おふたりとも、上のかたも、下のかたも。
畠山：そうですね。下がとくにきつかったですね。
南　：ああ、そうですか。じゃあ、それをやっぱり、ご家族の方針として、やっぱ。
畠山：いや、それはもう、みんなそうだからと、しかたがないことだということで。
南　：その、単身赴任、お父さんの単身赴任とかそういうことは。
畠山：そ、そうですね。あの、その、住んでましたところがけっこう、あの、外国行くかたが多くて。
南　：ああ、なるほど。
畠山：で、あそこもまた、向こうから帰ってきたでしょといういうので、
南　：ああ、なるほど。
畠山：ええ、まあまあ。
南　：そうですか。じゃあ、なんとか説得してというかんじですか。
畠山：ええ、はい。

きは、母親自身も帰国子女だったということである。小学校時代に2年半、当時の西ドイツに滞在した。今回のアメリカ生活については、その時の自己の体験を元に子供に接したという。ここでこの家族を取り上げるのは、渡米

前の様子について比較的詳しい情報が得られたからでもある。

畠山夫人にインタビューを行ったのは、母子が日本への帰国を間近に控えた1991年1月であった。畠山家の母子が渡米したのは1987年8月のことで、長女が小学校5年生、次女が小学校2年生の時であった。父親は、その年の1月に家族に先だって赴任していた。

子供の海外帰国経験を左右するものとして、家族、とりわけ母親の役割は大きいだろうというのが、著者の調査仮説の1つであった。父親のほうは、例えば、商社に就職するということであれば、海外駐在を積極的に希望していたり、少なくともその可能性は予期していただろうと考えられる。その妻となる人も、大学で英語や英文学専攻の人が多いということが考えられる。この家族の場合、父親は製造業勤務だが、母親は帰国子女で、大学では英文科に在籍し、卒業後はある航空会社に勤務したということであり、結婚時に将来の海外生活を予想していたのかと思われた。

畠山夫人は結婚時の心境については答えず、海外赴任が近づいたころのこととして、「まわりのかたがつぎつぎ出られましたんで、いつかはうちもかな、とは思ってましたけど」と回答した。このように、「まわりのかた」の海外赴任の状況から自分たちの可能性を予期するというのは、著者が調査した人びとには多く見られたことである。もちろん、時代差が見られることであり、1970年代に海外に出た人には「予想していなかった」と言う人が多い。

畠山家では、父母は海外駐在のしらせを来るべきものが来たと受けとめたが、2人の子供は「飛び上がって」反対したという（「飛び上がった」という表現の意味に、インタビュー時著者は戸惑っている。そのために、行きたくないと「飛び上がって」まで反応したということを確認する、会話分析でいう「修復」のやりとりが必要となっている）。そのような場合に、理由として小学生によく見られるのが、友達と別れたくないということであり、著者がその点をたずねたところ、畠山夫人の回答は、「あの、楽しく、順調にいってましたので。もう、これが終わってしまうのがいやだと思ったみたい」というものであった。「下がとくにきつかった」というが、父親の海外駐在が決まった1986年暮れごろは、

次女にとっては小学校1年生の2学期にあたり、小学校入学という発達上の一大課題[4]を乗り切ったところだったのだろう。日本帰国後、著者は次女から直接話を聞く機会があったが、5年前のことはよく覚えておらず、当時の心境として「『外国』の意味がわからずにただ圧倒された」と語ってくれたのみだった。

このようなときに、子供の反対に親がどう対処するのかは、興味深い点である。畠山夫人とのインタビューの以前に話を聞いた母親たちの多くは、子供がいやがった場合も「家族は一緒に暮らすべきだから」と言い聞かせたと言っていた。それで、著者は「ご家族の方針として」子供を説得したのかと聞いたのだが、「みんなそうだから」、「しかたがないことだ」という言い方をしたということだった。受け身的な態度に感じられるのだが、小学校低学年の子供には、このような言い方が良かったということだろうか。父親の単身赴任も考えたのかということがもう1つの関心だったが、これに関する問いにも、周囲にそんな家族はなかったからと畠山夫人は回答している。

この母親の態度は、著者の調査協力者のもう1人の元帰国子女の父親のものとは対照的である。この父親の場合は9歳から6年間ブラジルに滞在した。日本の大学に在学している間にも、1年間休学してアルゼンチンの大学に留学している。その経験から、現在国際ビジネスを専門としており、海外勤務を何度も経験している。自分の子供たちを海外に連れていくことにも積極的で、その利点を常々子供たちに言い聞かせているという。畠山夫人とは性差もあり、海外経験の期間も違うのだが、親自身が子供の時に海外生活を経験した場合でも、子供を連れての海外生活に対する姿勢に違いが見られるというのは興味深い点である[5]。

2人の元帰国子女の親たちの違いは、家族の教育戦略の違いを反映しているということかもしれない。畠山夫人は子供に中学校を受験させることを考えていたようで、海外生活のために計画が狂うということが、駐在への反応を規定している面もうかがわれる。

インタビュー（I2-3）において、アメリカにやってくるに際しての、子

I 2-3 「帰国後の受験が心配」――総合職駐在員の妻の出発前の関心(2)
[910124S；06M；012：58～013：50]

> 南　：あの、いらっしゃるまえ、お子さんの教育についての不安とか、
> 畠山：は、すごくありました。とくに、上がやっぱし中学に入って帰ってきたときの受験が心配だったので。もうちょっと、ここのアメリカでやってくれるかなっていうのは、すごく思いましたけども。で、参考書もずいぶん買ってきたんですけれどね。ほんとに、なんにもならなかったです。
> 南　：あの、何年っていうお話しで。
> 畠山：えー、主人が４、５年ということで。でも、まあ、あの子供の受験に合わしてちょっと早めに帰ろうかとも。
> 南　：あの、いらっしゃるまえに、日本で、その、塾に通わせたりして、その、中学受験に備えてたとか、そういうことは、
> 畠山：ええ、上は、塾に行ってましたんで、ええ。
> 南　：じゃあ、そういうこともあってちょっと。
> 畠山：そうですね、はい。

供の教育についての不安はどんなものだったかとたずねたところ、畠山夫人は「すごくあ」ったという。とりわけ、当時小学校５年生だった長女の高校受験がどうなるかが心配だったという。アメリカでの家庭学習に期待して参考書もかなり買ってきたが、「なんにもならなかった」と不満をもらしている。

　子供を帯同しての海外生活という場合、帰国してからの子供の学校がどうなるかがまず心配となる。４章で詳しく見ていくが、小学校や中学校の義務教育年齢で帰国する場合は、帰国直後に通学する学校がないのではないかと心配する必要はない。しかし、義務教育年齢でも受験を控えた学年での帰国となると、受験の心配が生じてくる。このため、出国時の学年とともに、在外期間がどれぐらいになるかということも、海外生活時の教育計画を左右する大きな要素である。この家族の場合、父親の駐在は「４、５年」と言われたという。そうすると、長女が中学３年生の時に帰国になるということも考えられる。それで、「子供の受験に合わしてちょっと早めに帰ろうかとも」考えていたというのである。結果的には、父親は滞米４年でＳ市からニューヨークへ転勤となり、母親と子供はその機会に日本に帰国することになった。

　このように子供の受験を優先する姿勢は、技術者駐在員よりも、総合職駐

在員に強いという印象を著者は持った。総合職駐在員のほうが技術者駐在員よりも年齢が高く、また駐在期間も相対的に長いため、子供の帰国時の学年が上になることが多いという事情が関係していると考えられる。また、この家族の場合は、阪神圏に住んでいたということも関係しているだろう。阪神圏は、首都圏と並んで中学校を受験する子供が多いところである。この家族の長女も、小学校4年生から塾に行っていたということであり、海外駐在がなければ私立中学校を受験するということを考えていた。「教育熱心」な母親だけに、海外生活での教育不安が大きかったということだろう。

表2-4に見られるように、総合職駐在員家族の母親で、アメリカに来るに際しての不安を表明したのは、本節で取り上げた畠山夫人1人だけである。「子供が行くのをいやがった」というものや、子供の教育についての不安は、技術者駐在員家族の母親や研究者家族の母親からも聞かれた。表明された不安の内容は、父親の滞米目的や滞米期間の相違というよりも、子供の年齢などの要因によって規定されている部分が大きいのかもしれない[6]。

2章のまとめ

本章では、アメリカから帰国してくる日本人家族を3タイプに分けて紹介した。駐在員家族を総合職家族と技術者家族とに分け、研究者家族を加えて、その渡米の際の不安や準備について報告した。父親の滞米目的が、出国準備や子供の教育上の配慮にも影響している様子がうかがわれた。研究者家族の母親と総合職駐在員家族の母親とのインタビューデータを示して、肉声も伝えるように努めた。

総じて、海外生活を否定的に受けとめた母親が多かったようである。最大の関心は子供の教育であり、次いで、生活上の不安であった。母子で日本に残ることを考えた母親もあったが、結局、アメリカに渡ることになった。S市では現地校と補習授業校という学校パタンになることは、大半の母親が出発前から了解していた。駐在員家族ではすべてが子供を補習校に通学させる

ことを考えていたが、滞米の短い研究者家族では、迷ったり最初はそのつもりのなかった家族もあった。

本書では、出国準備、海外生活、帰国してからの子供の学校選択、帰国経験と、日本人家族の海外帰国経験を4つに分けて提示する。そのうちの出国準備について本章で見てきたが、3章では海外生活を扱うことになる。

注
1)「本帰国」に対応するのが「一時帰国」である。著者の調査では、「永住組」に属すると思われる家族も調査協力者となっていた。1家族が郵送調査で質問紙を返送してくれたのだ。この家族は、「本帰国」を想定しておらず、S市滞在中子供に日本語教育をしていなかった。そのため、帰国してから子供が日本の学校に慣れるまで大変だったということであった。帰国が決まり、あわてて子供をなぎさ学園に数カ月通学させたという事情のようで、なぎさ学園退学者を対象とした著者の質問紙調査の送付先となったわけである。
2) インタビューにおいて教育水準についてたずねる際には神経を使った。この質問に回答するときの母親たちの口調に、そんなことまで聞くのかという気持ちがしばしば感じられた。付録1のインタビューガイドに見られるように、両親の誕生年月などと並んで、インタビューの冒頭で教育水準も事務的に聞いてしまうように心がけた。母親が最終的に卒業したのが、専門学校なのか短期大学なのか区別しにくいものもあったが、はっきり「短期大学」と言われない場合は、専門学校と見なした。なお、教育水準は微妙な話題でもあり、日本帰国後に初めて接触した家族では、両親の経歴はあまり聞いていない。また、追跡調査では、15家族すべての場合に母親から話を聞いたのに対して、日本帰国後に初めて接触した家族では、父親から話を聞いた家族が2家族ある。

　今回、本書執筆に際してデータを見直して、調査の時点で技術者と分類した2人の駐在員が、高校が工業高校などの技術系の学校ではない普通科の卒業であるという事実に気づいた。調査時には「技術者」と分類したわけだが、この分類が果たして適当かという疑念が浮かび上がってきた。だが、「総合職」と分類し直すに十分な情報があるわけではなく、あえて変更することはしなかった。また、「総合職」と「技術者」との分類が微妙なものであることには注意する必要がある。「高卒」という情報から、調査時に仕事内容を詳しく確かめることなく「技術者」に分類したという面も感じられる。技術者として派遣された人が、後に営業担当となったり、管理職へ登用されたりということもある。
3) 本書の調査協力者を、なぎさ学園に在籍した児童生徒の家族から集めたという制約から、海外駐在を拒否した人や単身赴任の場合は対象に入っていない。著者が話を聞いたなかで、海外駐在を1度は拒否したというケースがあった。農業をやっている両親の手助けをする必要があるという理由である。しかし、数年後に

勤務先からどうしても行ってくれと再度要請があり、今度は断れないと判断してS市にやってきたのだと言っていた。単身赴任の例では、高校生の子供がいるという理由で家族を日本に残してきた人がいるという話を聞いた。老親の介護や子供の進学などという事情がある場合は、企業側も少しは配慮するようである。

4）日本人の教育や発達を欧米の研究者が調べる場合、小学校入学ではなく幼稚園などのプレスクールへの「入学」が取り上げられることが多い。例えば、Hendry (1984)、Peak (1991) などが目につく。

5）発達心理学者のブロンフェンブレナーは、「生態学的移行」に際して「補足的連結環」の果たす役割が大きいと主張している（Bronfenbrenner 1979＝1996：224)。アメリカへの移住と現地校への入学という出来事が、ブロンフェンブレナーの言う「生態学的移行」をなすものであることは紛れもない。家庭と現地校という2つの「マイクロシステム」において、子供が「基本的連結環」の位置を占めるとすれば、「補足的連結環」となるのは親である。補足的連結環の存在が子供の発達を促進するメカニズムについては、あまり明確にされていないが、「行動場面にまたがる知識」が重要であるという。

　　仮説41：発達は、新しい行動場面に移行する前に（たとえば、保育園や学校に入る、進級する、キャンプに行く、就職、転居、退職）、当該の人や二つの行動場面にいる人々に、移行に関連する情報、助言、経験が提供される程度に応じて高められる。

　　　　　　　　　　　　　　　　　　　　（Bronfenbrenner 1979＝1996：233)

　実際に、これら2つの家族の子供たちが、ほかの子供に比べて海外帰国経験をうまく乗り切ったかどうかを評価するデータを著者は持っていない。だが、「問題」として報告されるものは少なかったという印象はある。

6）しかし、子供に関することを除けば、母親本人のアメリカ生活への不安を表明したのは、技術者家族の母親に限られた。これは、母親自身の教育水準の違いを反映しているものと言うことができるかもしれない。あるいは、総合職の妻と技術者の妻とが、インタビューにおいて異なる表出ルールに従っているということがあるのかもしれない。つまり、総合職の妻は、夫の職務に差し支えるような自分自身の心配事を表出するようなことはすべきではないと考えているという仮説である。

第3章 S市における日本人の子供たち——二重生活の負担

　本章の第1の目的は、NHKドラマ『絆』の主人公トモヤのような程度にまで「アメリカ化（Americanize）」して帰国する日本人の子供は少数であり、また、トモヤのレベルに達するには少なくとも滞米5年は要するということを示すことである。1章において、「アメリカ化」の程度を客観的に論じる方法が確立していないという指摘を行った。このために厳密な比較はむずかしいが、著者の調査対象となった子供の中には、トモヤのレベルまでアメリカ化したと思われる事例はほとんど見られない。滞米期間に加えて、アメリカ化を規定する要因として大きいのが、子供の年齢とアメリカでの生活経験とである。渡米時の年齢に関して言えば、5・6歳の時にアメリカに渡った子供のアメリカ化が一番早いという傾向が見られ、これは認知発達段階と学校に通い出す時期とに関係していると考えられる。また、年長の兄姉がいて、家庭で英語を話すことができる環境にある子供は、英語習得が促進される傾向がある。

　本章のもう1つの議論は、日本人の子供たちのS市における海外生活経験は、1人1人、家族ごとに違うということである。S市在住の日本人の子供は、日本語の世界と英語の世界という二重生活を送っている。平日はアメリカの公立学校（現地校）に通学し、土曜日には日本語補習授業校なぎさ学園で学習する。一方で、英語と現地校のカリキュラムで求められる知識の獲得が要求され、同時に、日本語と日本の教科内容の習得が求められる。日本、あるいはアメリカの「普通の」子供に求められるのはどちらか一方だけであり、

この二重生活は、アメリカに住む日本人の子供にとってはとてつもなく大きな負担となっている。双方において「成功」するためには、保護者が細心の注意をもって子供の生活を組織し管理することが必要となる。両親は、両側面のバランスをどこに置くかを教育方針に基づいて、意識的に、あるいは無意識的に決定している。このため、大きな家族差が生じることになりやすい。

　子供たちがアメリカ生活に同化（acculturation）するのを妨げる方向に作用する要因は少なくない。なぎさ学園への通学は、急速なアメリカ化にとって障害となる。帰国する時に備えて、日本人家族は、子供たちをなぎさ学園に通学させて日本語や教科内容を学習させようとする。なぎさ学園では英語以外の国語・算数・理科・社会といった基本教科を、日本の教科書を使用して学習するため、家庭学習の負担は子供にとって多大なものとなっている。それに加えて、通信教育などを子供に受講させる家族もある。また、ニューヨークやロサンジェルスのように日本人の子供の多いところでは、日本の学習塾もある。しかし、S市には、1991年の時点では日本人向けの学習塾は公文式を除いてはなかった。この公文式も特に日本人向けというものではなく、英語教材を使用してのアメリカ人向けの教室で、日本人児童には日本語教材を取り寄せて対応しているというものだった（アメリカにおける公文式の隆盛については、Russel 1996 参照）。

　それでも、滞米が長引くにつれて、子供たちはアメリカ生活のほうへと引きよせられていく。これに呼応するかのように、子供について家族が抱える悩みも変化していく。アメリカ生活初期の2年間ほどは、英語の習得などアメリカ化がなかなか進まないということが心配の種となる。滞米3年目前後から、子供たちはアメリカ側に急速に引きつけられていく。家族の関心は、帰国後を意識して、いかにして子供の目を日本へと向け続けるかに移ることになるのである。

　本書では、滞米期間を、3年以内、3年から5年、5年を越える子供に分ける。滞米3年以内の子供たちでは、アメリカ生活と英語に慣れることに重点が置かれている。滞米3年を越えると、生活が落ち着いてくる。逆に、日

本語や日本の学校教科へと母親の関心は移る。日米の二重生活のバランス取りが家族の重要な課題となってくる時期である。本章では、3家族4人の子供を取り上げて、滞米期間別の生活のようすや家族の関心の変化を紹介することにする。

1 アメリカ社会における日本人の子供

　2章では、母親に照準し家族を単位として、海外生活への準備プロセスと子供の教育に関して抱えていた不安などについて見た。本章では、分析単位を家族から子供へと移す。表3-1は、前章で取り上げた31家族の68人の子供が、渡米したときに何歳だったかを性別とともに示したものである。日本生まれの子供が64人（94％）、アメリカで生まれた子供が4人だった。また、中学生以上になってから渡米した子供は3人であり、全体の4.7％と大変少ない。15歳で渡米した子供は、前章で紹介した、父親が帰国子女だった家族の子供である。1980年代後半、多くの大学の入学選抜試験において帰国子女枠が設定されるようになり、高学年の生徒を帯同しての海外駐在は増加しつつある。とは言うものの、その数はまだまだ少ない。この家族が15歳の子供を帯同してのアメリカ生活を決断した背景には、父親自身の経験に基づく判断があった。この父親は、海外経験のために大学卒業が人より2年遅れたが、それはなんとも思っていないという。「逆に、外に出たことでプラスのほうが多かった」ため、子供にも海外生活を経験させることにしたのである。

表3-1　滞米時の子供の年齢（学年）と性別（N＝68）

年齢（学年）	男	女	合計
アメリカ生まれ	2	2	4
0－3歳	3	5	8
3－4歳（年少）	6	2	8
4－5歳（年中）	3	3	6
5－6歳（年長）	5	3	8
6－7歳（小1）	2	6	8
7－8歳（小2）	1	6	7
8－9歳（小3）	2	2	4
9－10歳（小4）	5	1	6
10－11歳（小5）	3	2	5
11－12歳（小6）	1	0	1
12－13歳（中1）	1	0	1
13－14歳（中2）	0	0	0
14－15歳（中3）	0	1	1
15－16歳	1	0	1
合　計	35	33	68

＊：幼稚園の学年は参考であり、全員が幼稚園などに在籍していたわけではない。

表3-2 父親の滞米目的(職種)別に見た
子供の渡米時の年齢と滞米期間(N=68)

渡米時年齢	9歳以上			5-9歳			5歳未満		
滞米期間	超5年	3-5年	3年以内	超5年	3-5年	3年以内	超5年	3-5年	3年以内
総合職	1	1	2	3	2	0	3	4	0
技術者	0	10	2	2	11	3	2	8	1
研究者	0	0	3	0	0	5	3	0	2

表3-1で男女差を見ると、渡米時の年齢は、男児35人の平均が5.9歳(標準偏差は3.3)、女児33人の平均は5.3歳(標準偏差は3.2)である。平均値の差の検定ではとくに性差は見られなかった(t=0.54)。4章で論じるように、家族は「良い大学」に行って欲しいという願望を、女児よりも男児に対して強く持っており、帰国後にはこの願望を反映した学校選択を行う傾向が見られた。だが、これら68人の子供のデータからは、アメリカに子供を帯同するかどうかの判断に、その子供の性と年齢が影響しているという痕跡を特に見ることはできなかった。

表3-2は、渡米時の子供の年齢と滞米期間を、父親の滞米目的(職種)ごとに示したものである。2章の表2-1(31頁)においても類似の情報を示したが、ここでは子供1人1人を単位として、渡米時の年齢を加えたものになっている。本章の記述や分析は、滞米期間を主たる要因として進めていくが、そのほかの要因にも適宜言及する。1家族2人の子供のアメリカ生活の情報が得られなかったため、以下では30家族66人の子供についてアメリカ生活の様子を見ていく。これは、S市における日本人の子供の生活を例示するものである。彼らの生活は、現地校と日本語補習授業校なぎさ学園、そして家庭という3つの状況に大別できる。家庭で感じられる問題は、なぎさ学園がその中心的な場を占めている、日本語の問題であることが多い。

現地校に関して母親たちが報告してくれた問題は、編入時の諸問題、友人問題、英語の習得の3つに分けられる(表3-3参照)。現地校編入時の問題には、子供が現地校に行くのをいやがって大変だったとか、年齢相当の学年より下の学年に入れられたというものがある。アメリカの学校では、日本のように生年月日により在籍すべき学年が決まり、変更の余地がまったくないというわけではなく、子供の発育や定員の関係で柔軟な学年決定がなされる。

表3-3　S市での生活に関して子供について
母親が持っている心配(N=66)

	滞米期間 (子供の数)	超5年 (14)	3-5年 (34)	3年以内 (18)
現地校				
編入問題（反抗的；学年；入学を断られた）		4	12	5
友人（日本人は多いがアメリカ人はいない；いじめ）		2	0	4
英語の習得（成績が悪い）		1	13	5
日本語と家庭				
日本語力と日本の学校教科の成績		3	10	8
二重生活の負担（忙しい；魔の金曜日；通信教育）		2	5	4
態度とパーソナリティ		1	3	0

　英語力が十分ではない外国籍の子供は、年齢より下の学年に入れられることがしばしばある。子供にとって負担が少ないだろうとの配慮からである。しかし、帰国する時のことを考えると、この配慮が日本人家族にとっては後悔のタネとなることもある。例えば、子供が15歳の春に帰国する場合、現地校ではまだ中学校（9年生）を修了しておらず、日本の高校への入学資格がないということになってしまう。早めに帰国して日本の中学校に3年生の3学期だけ在籍し、日本の中学校卒業資格を取得するか、6月までアメリカに滞在して現地校の9年生を修了し、日本で7月からの編入を受け付ける国際基督教大学高校や同志社国際高校などの少数の受け入れ校に出願するか、どちらかになる。逆に、現地校で年齢相当の学年に入れられたため、子供の負担が大きいと不満をこぼす母親もいた。また、子供の編入を地区の学校から拒否されたという話もあった。これは、それまで外国籍の児童を受け入れたことが1度もない学校でのことであった。

　現地校に関連する友人問題というのは、日本人の友達は多いがアメリカ人の友達はいないというものである。日本人家族は、父親の通勤に便利で治安もよく、学校のレベルも高い地区を選んで住む傾向があることは2章で述べた。その結果、特定の学校に日本人の子供が集中するという状況が生まれている。日本から新しくやってきた子供にとっては、日本語が通じる級友がいることになり、編入に伴うストレスは軽減される。学校側も同じ学年に日本人が複数在籍している場合は、同じ学級にしたり隣同士に座らせたりの措

置をとる。しかし、これが逆に、英語の習得を遅らせるなどといった好ましくない結果を伴うことになる。いつも日本人同士で一緒にいて、ほとんど英語を話さないことになってしまうためである。日本人の友人グループから離れてアメリカ人と仲良くすると、日本人からは仲間外れにされるということも起きている。もちろん、ほかの日本人とのトラブルばかりではなく、アメリカ人とのトラブルもある。英語がうまく話せないために、からかわれたり意地悪をされたりしたという報告がいくつかあった。

つまり、現地校での生活が渡米当初うまくいくかどうかは、その学校にほかに日本人がいるかどうかにかかっている面があるのだ。別の要因として重要なのが、子供の年齢と発達段階である。日本の子供にとっても、幼稚園入園や小学校入学などの、家庭から別の組織へ移行するというライフイベントに伴うストレスは大きく、苦労する子供は多い。この種の移行をアメリカにおいて異言語の状況で体験する子供が、大きな苦労を経験することは想像に難くない。家族以外の新しい人びとと出会い、その出会いが英語を主たるメディアとしてなされるのである。表3-3で編入当初学校へ行くのを嫌がったと報告された子供は全員が9歳以下であったが、このことは、ライフイベントのストレス説を支持するものと言えるのかもしれない。

日本に関する生活の側面について報告された心配は、日本語力と日本の学校教科の学習、二重生活の負担、態度の問題と3つに分類することができる。現地校に関する問題の3つめにあたる英語の習得を加えて、これら4つの「問題」には滞米期間の影響が感じられる。以下本章では、滞米期間ごとにグループ分けして以上の「問題」の内実を詳しく見ていくが、とりわけ変化のプロセスという関心から、「アメリカ化（Americanization）」の程度に焦点をあてることにする。子供がアメリカの社会や文化に統合（integrate）される過程やその程度に総体として言及するために、本書では「アメリカ化」という表現を使用する。アメリカ化は、合衆国で生活する日本人の子供の同化やアイデンティティ変化の1形態でもある。子供がアメリカ化すればするほど、日本人としてのアイデンティティは浸食されることになると考えられる。

2 滞米期間とアメリカ化

　本章の鍵概念であるアメリカ化は、「アメリカの社会や文化に統合される過程やその程度」と定義することができる。定義そのものは明瞭だが、それをどう記述し測定するかということになると簡単ではない。個人と社会文化との関係についての多くの議論が想起される（例えば、Spiro 1951、Wrong 1961、D'Andrade 1990など参照。南 1998aには、これらの簡単な紹介がある）。本節では、英語使用に焦点をあてて、滞米期間によって変化が見られるかどうかを検討していくことにする。著者は、シクレル（Aaron V. Cicourel）の主張するように、社会科学研究のデータは、日常生活から切り離された実験室（これを、シクレルは「ホワイトルーム」と呼ぶ）で収集されたものではなく、生態学的妥当性を尊重したものが大切であると考えている。生態学的に妥当な（ecologically valid）なアメリカ化の指標としてこれらが適当なものであるかどうかの吟味ともなるであろう。ブロンフェンブレナーの定義によると、生態学的妥当性とは、「科学的研究における被験者によって経験される環境が、研究者があらかじめ仮定したり想定した特性をどれくらいもっているか」（Bronfennbrenner 1979=1996: 32）ということである。この定義は生態学的研究が満たすべき基本要件を示しており、指標が生態学的に妥当であるかどうかはその構成要素をなすものと考えられる（生態学的妥当性については付論も参照）。

　アメリカ化をたずねるものとして、父母に話しかける時に使用する言語、兄弟姉妹間で話す時の言語、子供がよく視聴するテレビ番組の言語、よく読む本の言語の4つに関して、日本語または英語のどちらであるかをたずねた（付録1の問18参照）。また、よく一緒に遊ぶ友人が日本人であるか「アメリカ人」であるか（友人選好）もたずねた。これらの質問にたいする回答を、滞米期間ごとに、滞米が3年以内の子供、3年を越えて5年以内の子供、5年を越える子供という3つのグループに分けて見ていくことにする。子供の数は、それぞれ14人、34人、18人、合計で66人である。

ここでデータについて説明しておくと、これら66人は、S市から追跡した15家族と日本で初めて接触した16家族、あわせて31家族（それぞれの家族については付表1と2、xv, xvi頁を参照）のうち、アメリカでの生活についての情報が得られなかった後者の1家族の子供2人を除いたものである。追跡した家族には、日本へ帰国する前のインタビューの時点での子供たちの様子をたずねている。インタビューした時点から帰国までのアメリカ滞在は、1カ月から6カ月、平均して3カ月ぐらいであった。ほぼ滞米末期の状態についての情報が得られたと考えている。日本で初めて接触した家族には、滞米末期ごろの子供の状態についてたずねた。しかし、帰国してから著者とのインタビューまでの期間は家族によって、短い場合は数週間、長ければ9年と幅があり、記憶の信頼性という点からは問題があると考えられる[1]。

アメリカ滞在中に親にたいして英語で話しかけるようになった子供は、66人中2人だけであった。これは、同一家族の子供2人で、滞米8年を越える家族の子供であった。そのほかの子供は全員、親に対しては日本語で話しかけていたということであった。アメリカで生活し始めて何年かすると英語で話しかけるということが多くの子供にあったようだが、その時日本語を使うように注意すると、以後英語を使うことはなかったというのが、大多数の母親の報告するところである。

表3-4は、兄弟姉妹の間での使用言語を示している。66人中2人の子供は、一人っ子だったため使用言語「不明」として分類してある。この表からは、滞米期間の影響がはっきりと見て取れる。滞米が長くなるほど、兄弟と英語で話す子供の数は増えている。滞米が5年を越える子供では、その半数が英語のみで会話していると報告されている。滞米が3年から5年の子供で英語のみを使用しているというのは

表3-4　兄弟姉妹間の使用言語（N=66）

滞米期間	超5年	3-5年	3年以内
英語のみ	7	1	0
日本語のみ	4	23	18
英語と日本語両方	0	3	0
不明	3*	7*	0
合計	14	34	18

＊：各1名ずつは、一人っ子で兄弟姉妹がない。

中学生の男子で、生まれて間もない弟に対して英語で話しかけていたという例である。弟からの話しかけがないということで、「英語でのコミュニケーション」が成立していると言えるかどうかは微妙である。このグループで英語と日本語の両方を使用しているというのは、同じ1つの家族の兄弟たちである。この母親は、5年で帰国することがわかっていたため、あえて兄弟の間での英語使用を禁止することはなかったと話していた。滞米3年以内の子供たちは、全員が兄弟の間で日本語を使用していた。たまに喧嘩のときなどに英語を使用することがあったようだが、全体としては英語はほとんど使われていない[2]。

よく見るテレビ番組を言語で分けてみると、子供の滞米期間による違いはあまり見られない（表3-5）。調査当時、S市では子供向けテレビ番組は地上波で放送されてはいなかった（S市における当時の日本語メディアの状況については、南1995aを参照）。そのためか、子供たちはアメリカの番組（英語のもの）を見ていた。なかでも、「ディズニーチャンネル」と「ニッケルオデオン」というケーブルテレビのチャンネルが年少の子供の間で人気があった。後者はケーブルテレビの基本契約に含まれているチャンネルであり、月額約25ドルの基本契約料だけで視聴できたのに対して、前者は1チャンネルあたり毎月5ドルほどの追加視聴料金がかかる「プレミアチャンネル」の1つで、後者に比べると視聴していた家族は少ないようだった。ただ、残念なことに、表3-5に見られるように、テレビをあまり見ないという理由や、子供がどんなテレビ番組を見ているか母親もよくわからないという理由から、テレビ視聴における言語選好が明らかではない子供が全体で28人、66人中42％もいる。年長の子供にとっては子供向け番組はつまらないし、普通の大人向け番組は言葉が理解できないために楽しめないという事情が関係しているのではないかと思わ

表3-5　よく見るテレビ番組の言語（N＝66）

滞米期間	超5年	3-5年	3年以内
英語のみ	11	12	8
日本語のみ	1	2	1
英語と日本語両方	0	0	3
あまり見ない	2	8	3
不明	0	12	3
合計	14	34	18

れるが、子供たちになぜテレビを見ないのかを直接たずねていないため推測の域を出ない。ただ、年長の子供もスポーツ番組は好んで見ているという報告はあった。スポーツは言葉がわからなくても楽しめるからであろう。

テレビと並んで子供にとって身近なマスメディアは、ビデオである。S市では、日本語のレンタルビデオが人気で、日本のテレビ番組のビデオが放映後1週間以内に棚に並ぶ。母親の間ではこれらがよく利用されているが、子供もそれを一緒に見ているということは考えられる。また、日本にいる親戚に放送を録画して送ってもらっているという家族は多い。子供向けに『ドラえもん』や『ちびまる子ちゃん』などのアニメーション、大人向けにNHK大河ドラマやそのほかのテレビドラマ、バラエティショウなど娯楽番組の人気が高い。これが、友人の間で貸し借りされてその内容がおしゃべりの種を提供することになっている。

読書時の言語使用には、滞米期間の影響が顕著に見られる（表3-6）。日本語よりも英語のものをよく読むのは、滞米が5年を越える子供の間では14人中10人であるのに対して、3年から5年の子供では34人中12人、3年以内の子供では18人中わずか3人であった。また、滞米が5年以内の子供たちの間では、年長者が日本語での読書を好んだのに対して、年少者は英語のものを好むという傾向が見られた。滞米が3年以内で英語のものを好んで読んだ3人は、それぞれ3歳、4歳、6歳であった。このうち6歳の北村直子は、3節で詳しく紹介するように、滞米期間はインタビューの時点で1年5カ月だったが、両親が英語を身につけさせようと就寝前に読み聞かせをするなど努力して、英語の本を好んで読むようになったという。

中島和子によるカナダにおける日本人児童生徒の英語習得状況の調査を小野（1991）が紹介しているところによると、「学習の基礎となる読解力の習得は、日本人の場合、約4年」かかるという。表3-6の結果

表3-6 好んで読む本の言語（N=66）

滞米期間	超5年	3-5年	3年以内
英語のみ	10	12	3
日本語のみ	2	11	9
英語と日本語両方	1	1	0
不明	1	10	6
合計	14	34	18

は、中島の調査とほぼ一致した傾向を示している。小野の引用では、カナダに来たときの子供の年齢が明示されて

表3-7　よく一緒に遊ぶ友達（N＝66）

滞米期間	超5年	3-5年	3年以内
アメリカ人	8	8	5
日本人	0	13	10
アメリカ人と日本人両方	6	8	1
不明	0	5	2
合計	14	34	18

いないが、英語の「読解力」の習得に約4年かかるということと、著者の調査対象者で滞米5年を越える子供たちの約7割が日本語よりも英語を好んで読んでいるということとは、学齢期の日本人の子供が「読むこと」を習得するのに大体4・5年かかるということを示しているものと考えられる。

　これまで見てきた4つがおもに家庭における活動であるのに対して、友人選好はより社会性が高いものである。ここで取り上げている66人の子供には全員、日本人とアメリカ人両方の友達がいた。表3-7は、子供たちが日本人とアメリカ人の友達のどちらと好んで遊んでいるかをまとめたものである。読書における言語選好（表3-6）とよく似た傾向が表れている。大きな違いは、「両方」という回答が友人選好では多く見られることである。これは、話し言葉と書き言葉の違い、それに起因する両言語を使うことの負担の違いの両方と関連しているものと思われる（この質問をするに際して想定していたのは、「アメリカ人」の友達とは英語を話して、「日本人」とは日本語を話すということだったが、「日本人」と一緒に遊ぶときに話す言語が日本語であるとは限らないという可能性を考えておく必要があったのかもしれない。滞米の長い「日本人」同士英語で話すということも少なくないようである）。

　以上をまとめると、日本語と英語の言語使用について調べた5つの活動状況のうち、兄弟姉妹の間で使用する言語、読書時に使用する言語、そして、好んで遊ぶ友人と使う言語の3つで滞米期間の影響が見られた。子供たちが日常使用する言語は、滞米が長くなるにつれて日本語から英語へと変化している。英語習得とアメリカ化とは、滞米期間と深く結びついていると考えられるのである。

　ここまで、全体的傾向として、滞米期間に伴う言語選好の変化を見てきた。

本章の残りの部分においては、これらの数字の底に潜む子供たちの生活を詳しく見ていきたい。子供たちの日常生活に関する母親たちの報告を提示し吟味していく。滞米期間ごとに1家族ずつ、3家族を取り上げることにする。これによって、どんな子供たちがアメリカに何年滞在し、どんな海外経験を積んでいるかを描き出すことをめざしている。

3 滞米3年以内の子供──優子と直子

著者が家族に対してインタビューを行ったのは、その家族が帰国を間近に控えた時期（追跡調査対象家族の場合）、あるいは、帰国後のことであり（日本で初めて接触した家族の場合）、アメリカ生活についての情報は、別に特定しなければ滞米末期で帰国直前の状況が中心となっている。本節では、滞米3年以内の子供たちを見ていくが、これは、滞米がそれ以上の長期となった子供たちの滞米初期の状況も示しているものと考えることができるだろう。

ここで取り上げる子供たちは、8家族の18人である（表3-8参照）。そのうち、S大学の近くのD小学校の学区に住んでいたのは5家族で、子供の数にすると10人である。これらの家族の父親は、S大学での研究が滞米目的だった。残りの3家族の父親は駐在員で、ほかの地区に住んでいた。研究者家族の滞米は2年以内が多いが、5家族のうち1家族は滞米3年である。駐在員は、滞米期間が3年というと短いほうであるが、駐在員家族の場合は、父親が渡米してから半年前後遅れて家族が行くということも多く、そのため家族の滞米が3年以内になるというケースも見られる。

本節では、研究者北村氏の家族（家族番号08）について詳しく見ていく。北村氏は関西の大学で英語を教えているが、海外研修のためにS大学にやって

表3-8 父親の滞米目的(職種)別に見た滞米が
3年以内の子供の渡米時の年齢（N=18）

渡米時年齢	家族数	9歳以上	5-9歳	5歳未満	子供数
総合職	1	2	0	0	2
技術者	2	2	3	1	6
研究者	5	3	5	2	10

I 3-1 「宿題があることがわからない」——子供の英語力が
　　　　未発達なことを知った母親の驚き
　　　　[910109S；08M；037：49〜038：39]

> 最初わたしたちは、子供というのは、現地校に行ってれば英語はわかるもんだと思ってたんです。それで、ESLが始まるのを待って、ジャパニーズクラスが始まるのを待って。9月ぐらいは、その、待って、(少し笑い声で) 始まればなんとかなるんだろうってすごしたんですね。で、10月になって、そうやってパタパタと、ごく身近に、おんなじ年の [日本人の] 子供さんたちが来て。で、親も、こう、やっぱりまだ大変な時期だったし、子供 [優子] も、ある意味で大変な時期だったし、遊ぶ、のにまかせてたっていうか。そうするとその中でちょっとこじれ出して。で、子供に、うちの子に「今日宿題は」って聞いたら、「無い」って言うんですね。で、下の子が毎日宿題を持って帰ってくんのに、なんで3年生で無いんだろうと思ってたら、宿題がわかってなかったんですね。

きた。夫婦と娘2人の4人家族である。当初は1年の予定であったが、半年の延長が認められ、滞米は通算1年7カ月であった。北村氏が英語を専門とする教員であり、子供の英語教育に熱心であったということに加えて、子供の補習校と現地校、帰国後の日本の学校における様子についてといった幅広い情報を収集することができたという理由からここで取り上げる。

　日本人家族にとって、滞米初期の最大の関心は子供の英語習得である。北村氏も北村夫人も、アメリカの現地校に通学させていれば、子供が英語を習得するのは「時間の問題だ」と思っていた。それも、「子供は自然に数カ月で英語が話せるようになる」という、出発前に日本で聞いた同僚の言葉を信じていたということであり、上の子供（優子：08AG）が宿題についての指示を理解していないということが判明したときの驚きは大きかった。北村夫人の言葉によく示されている（I 3-1参照）。

　北村家の子供たちが通っていたD小学校は、S大学に近く、大学の教職員住宅を学区に抱えており、大学に研究などの目的でやってくる外国人家族の子供が多く在籍していた。北村家がアメリカにやってきたのは、長女の優子が小学校2年生の夏休みの時であり、優子は9月からD小学校の3年生、次女の直子はキンダーに入った[3]。キンダーの学年には日本人が20人いて、2

クラスに10人ずつだった。3年生には日本人が8人いて、優子のクラスには日本人が4人だった。

日本人の子供が多い学校ということで、D小学校にはバイリンガル教育の一環として、日本語教育の教員が配置され、日本人の子供は毎日30分「ジャパニーズクラス」に行くことになっていた（バイリンガル教育については、Crawford 1992=1994参照）。ESL (English as Second Language) は英語を母語としない子供のためのプログラムで、ジャパニーズクラス同様、子供は所属するクラスを抜け出して別室で授業を受ける。9月に新学年が始まりESLやジャパニーズクラスが開始されるとともに、子供は英語に慣れていくのだろうと北村夫人は考えていた。

そうこうしているうちに、優子は同じクラスの日本人の子供とうまくいかなくなった。現地校でのほかの日本人の子供との間のトラブルは、多くの母親から報告されている。北村家では、結局、優子を別のクラスに移したいという希望を学校長に申し入れ、この日本人児童とのトラブルを解消している。

優子の場合は、両親が子供の英語習得を強く願っていたこともあり、クラスを変更するのとほぼ同時にYMCAのアフタースクールに通い始めた。北村氏によると、これは「学童保育」のようなもので、放課後、学校の施設を使って夕方6時前まで活動するプログラムである。このため優子は、いじめられていた日本人と放課後一緒に過ごすことはなくなった。また、アフタースクールへの参加は、優子が英語にふれる時間を増やすことにもなった。

S市に暮らす日本人の母親の多くは、趣味の習い事に多くの時間を割いている（南1995a参照）。だが、北村夫人は、車を運転しないという事情もあって習い事はしておらず、D小学校によく出かけていた。アメリカの小学校では、父母が教師の手助けをするということがよく行われており、テストの採点や図書館の本の整理などを北村夫人は手伝っていた。D小学校では、「ヘルプ」と呼ばれるこの種の活動に日本人の母親がとりわけ多く参加していた。ただ、学校の送り迎えの時に、担任の教師に子供の様子を聞くといったことは普通に行われていることであり、D小学校に子供を通わせている母親に限らず、

学校になんらかのヘルプに行ったことがあるという日本人の母親は少なくない。

　北村夫人は、優子が宿題の指示を理解していないとわかってからは、子供を迎えにいった時に、担任教師から直接宿題のことを聞くようにしたという。家庭教師をやとって子供の英語学習をみてもらうようにもした。また、父親である北村氏も加わって、子供たちに英語の本の読み聞かせを始めた。宿題の手伝いや家庭教師を雇うといったことは、多くの日本人家族が行っているが、北村家が例外的なのは、両親みずからが子供に英語の本を読み聞かせたという点である。その甲斐あってか、滞米1年5カ月のインタビュー時点では、優子は、在籍する小学校4年生より1学年下の3年生向けの本を読めるまでになっていた。日本語の本よりも英語の本を好んで読むというところまではいたっていないが、滞米1年5カ月にしてはかなりのものである。

　D小学校で優子を教えていたハンソン教諭によると、優子は「まずまずの (decent) 英語力」があるという。ただ、「同レベルの能力（competence）を持ったアメリカ人の子供の英語力には及ばない」ものだという。英語がわからないからか、「居心地が悪い（uncomfortable）」という表情をすることがときどきあるという。優子の文法はしっかりしており、比較的良い英語を話すが、問題は語彙である。概して、優子の英語の習得は速く、それは「良い才能 (good heredity)」と、両親の関心と関与によるものだという。

　著者が優子を教室で観察したときの授業は、人体の各部の骨の名前を覚えてきてテストを受けるという内容だった。頭蓋骨（cranium）に始まって指骨（phalanges）にいたる21の骨を、人体模型の当該部位を指さしながら答えていく。4つのミスまで許されて合格点。優子も指名されたが、7つしかできずに覚え直してくるようにと言われていた。しかし、不合格ではあったものの、全部の骨の名前を挙げており、大半が違う部分を指していたようである。現地の子供でも合格点に達しない子供も少なくなかっただけに、滞米1年半にしては大健闘と言えるだろう。

　D小学校では、ハンソン教諭以外の教師からも話を聞く機会があった。教

師たちが口ぐちに日本人の保護者（つまり、母親）を賞賛したことは、著者にとってやや驚きであった。アメリカの公立学校においては、財政緊迫のおり、一時滞在の日本人の教育のために税金を費やしていることについて批判的な意見があり、日米安保に見られる日本の防衛「ただ乗り」論に擬して、滞米日本人の教育「ただ乗り」批判が起こりつつあると、雑誌『海外子女教育』などで報じられていたからである（キャッツ 1989a, 1989bや『朝日新聞』米州版 1988年3月4日「日本の子増え過ぎてNYの先生困った！：婦人グループ調査」、同紙1989年7月11日「邦人急増に悩む現地の学校」（草の根の日米摩擦）などを参照）。D小学校の教師たちは、「アメリカ人」の保護者が子供の教育に十分な関心を持っていないと指摘した。両親がそろっていない家庭や母親が働いている家庭が多く、子供の教育に十分な配慮がなされていないのだという。それにたいして、D小学校に子供を通わせている日本人の母親は、子供に勉強するようにプレッシャーをかけ、「great（素晴らしい）」ということであった。

　両親の教育熱心さの恩恵をより多く受けたのが優子の妹の直子08BGである。直子がアメリカにやってきたのは、幼稚園の年中組の夏休みの時だ。すぐにD小学校のキンダーとなり、姉と同じく両親から英語の本の読み聞かせを受けた。滞米1年5ヵ月で、直子は在籍している小学校1年生レベルの英語の本を読めるようになっていた。3月で日本に帰国するのだが、もし6月の学年終了まで滞在するとしたら、5月には州が実施する学力テストの受験も許されるだろうという。これは児童の学力の到達度を全州的に調べるテストであり、英語力が十分でないものには受験が認められないものだ。また、直子は6月いっぱいでESLから卒業できると先生に言われた。これまで苦労して英語を習得してきて、いよいよこれからという時に帰国するのは本当に残念なことだと北村夫人は語っていた。

　優子と直子の英語習得の速度の違いは、年齢差によるところが大きいように思われる。渡米時に8歳と5歳だったという3歳の年齢差が、子供の言語能力の発達にあたえる影響はかなりのものである。この3歳の年齢差のために、子供の日本語力や日本語への関与に親が求めるものが大きく違っている

I 3-2 「日本人でもどっちでも良い、気が合えば」
──友人選好において言語が占める比重の低下
[910109S;08FM;071:52〜072:33]

北村氏	：最近は、だけど、日本人でもどっちでもよく、良くなってきた、気が合えば遊ぶというかんじで。
南	：あー、なるほど。
北村夫人	：だから、上の子[優子]はまだ、こう日本人と遊ぶっていう意識があるんです。あのう、ど、何人と遊んでるか、何語で遊んでるかっていうのが、子供の意識のなかに残ってるんですね。でも下の子[直子]は、そういうことはもう、なんにもなくなってきたような気がします。だから、まえのときに、あの、この近所で[直子が]遊んでて、で、日本人のお友達のひとが「遊びに来ない？」って言ってくれたから、「だれだれちゃんのとこ行くか？」て言ったら、「ここで遊んでるほうがいい」て言うんですね。上の[優子]だったら飛びつくと思います（笑いながら）。

という点も指摘できるだろう。優子は補習校に通って漢字や九九の勉強をしていたが、直子は日本の学齢に達していないということもあって、日本語に関して両親はあまり心配していなかった。英語の本は学年レベルのものを読むことができる反面、日本語の読み書きは身についていない。英語にかなりの重点を置いて勉強してきた直子が、優子よりも英語の習得が速いのはある意味では当然のことだろう。

I 3-2に見られるように、直子の英語力は遊び友達の選好にも影響している。北村氏が、遊び友達が日本人であるかアメリカ人であるかを直子は選ばなくなった（「日本人でもどっちでも良くなってきた、気が合えば」）と言うのを敷衍するように、北村夫人があるエピソードを紹介してくれた。アメリカ人の友達と「近所で」遊んでいた時に日本人の友達から誘いがあったのだが、それを断ったというのである。姉の優子が同じ状況に遭遇したならば「飛びつく」だろうと思われるだけにその違いは際だって感じられたようだ。

直子の英語習得を促進した要因を整理すると、両親の努力と学童保育への参加、年齢という3つが考えられる。著者の調査対象の家族で、両親が子供に対して英語の本を読み聞かせたという家族はほかにはなかった。また、現地

校が終わったあとも英語漬けになっているという子供は多くはなかった[4]。現地校で同級生の日本人は、日本の学校での学年が1つ上であるため、直子は一緒に遊ぶこともない（現地校では、誕生日が12月上旬あたりのところで学年が分かれている。友人関係を規定するのが、日本の学校制度での学年であるか、それとも現地校のものであるかは、アメリカ化の1つの指標になると考えられる）。

完全なる英語漬けは、直子が日本の学校制度における学齢に達していないということによって可能となっている。両親は、直子の日本語を読む能力についてはほとんど心配していない。学齢期の子供の両親の多くは、英語に関しては家庭教師を雇って両親自身も宿題を手伝ったりするが、同時に日本語の勉強もきちんとするように子供たちにはっぱをかける。日本語の勉強をするということは、その時間は英語の勉強ができないということである。また、英語を勉強するように言われる一方で、同時に日本語も勉強するように言われることは、英語に「全力投球」しなくてもかまわないという気持ちを子供に持たせることにもなるだろう。直子の両親も、直子が日本では学齢に達しておらず、滞米期間も1年半と短いという理由から、英語に専念させることができたのだろう。日本の学年では小学校3年生である姉の優子には、日本語の学習を優先させている。同じ研究者家族でも、滞米期間の短いほかの家族は、子供たちの英語習得にあまり大きな期待を寄せていないケースもあった。アメリカ生活においても日本の学校の教科の学習を優先する家族が多いのだ。

滞米が3年以内で日本語よりも英語をよく読むと報告された子供が、直子のほかに2人いた（表3-6）。2人とも同じ家族の子供で、渡米時の年齢が7歳と5歳であった。母親は日本語の読書をするようにやかましく言わなかったということだが、2年あまりのアメリカ生活で英語の読書力を身につけたのだろう。しかし、一般的に、「英語になじんだ」、「アメリカ生活になじんだ」と呼べる子供は、滞米が3年以内の子供たちにはほとんどいないと言うことができる。

4 ESLと機能的成員

滞米期間が3年から5年以内の子供たちを描写する準備として、本節では、ESLプログラムを取り上げる。子供の英語力について母親たちがどう評価しているかは、ESLに何年在籍するかという事実に大きく依存している。表3-9は、子供の英語について母親たちが語ったことを一覧表にまとめたものである。アメリカ滞在中にインタビューすることができた追跡家族のうち、滞米期間が3年から5年以内の11家族の子供22人を、渡米時の年齢によって、3つのグループに分けている。

母親がその英語力に満足していた子供は、表3-9で＊印をつけた5人のみであった。残りの17人の中では、まだESLに在籍していたのは3人にすぎなかったにもかかわらず、なんらかの不満や心配が報告された。その内容は大別すると、ESLクラスと成績、読み書き、そして、語彙であった。母親たちは子供の英語力を自分では判断できないため、現地校の教師が行う評価に頼っている[5]。ESLにまだ在籍しているか、あるいはすでに卒業したかは、子供の英語力の指標として母親たちが特に重視するものである。

ESL在籍中は、教科によっては成績表に成績がつかないものがある。言語能力が要求される英語や社会科などの教科である。子供たちが自分の在籍する教室を抜け出してESLクラスに行くのは、これらの教科の時間であることが多い。ESLクラスを「卒業」し成績表に成績がつくようになると、母親たちは成績によって子供の英語力を判断するようになる。家庭に持ち帰った宿題を独力でやることができないということから、子供の英語力を判断する場合もある。読み書き、とりわけ書けないという不満も見られるが、英語を聞いて話すことができるようになると、次に読み書きの能力が期待されるのは自然なことだろう。ほかに、語彙が少ないというコメントもあるが、これは、滞米6年以上で「優秀な」成績をいくつもとっている祥子（6節参照）についても報告されている問題である（アメリカの現地校の小中学校の成績は、4段階や5段階のものが多いが、「優秀（excellent）」は最高の評価である。語彙の問題は、7

表3-9 渡米時の年齢別に見た滞米が3年から5年の
子供の英語力についての母親のコメント(N＝22)

	母親による子供の英語評	渡米時年齢	滞米年月
9歳以上(6)	息子は英語を話すが成績は良くない	9：04	4：04
	息子は英語を話すが書けない	9：07	3：05
	娘の英語が期待していたほど伸びない（いいエッセイが書けない）	11：02	3：04
	息子は英語力も学校の成績も良好（オーナークラス3つ）＊	10：06	4：03
	息子の英語力は宙ぶらりん	9：06	4：01
	息子はESLを卒業したが，成績はひどい	11：09	3：08
5-9歳(11)	息子は英語力も学校の成績も申し分ない＊	6：03	4：05
	娘は英語を話せるが書けない（ESL在籍中）	7：09	3：05
	娘は英語を話せるが書けない（ESL在籍中）	6：07	3：05
	娘は英語をよく話し，成績も良い＊	6：07	4：06
	滞米4年目になって娘の英語力は進歩したが，まだ宿題を自力でやれない。	7：10	3：06
	娘は英語を話すが，語彙が少ない	5：05	3：08
	娘は英語力も成績も良い（オーナークラス3つ）＊	8：10	4：03
	娘の英語力は宙ぶらりん	7：09	4：01
	息子の英語力は宙ぶらりん（しかし，GATE在籍）	6：06	4：01
	娘はまだESLに在籍している	8：02	3：08
	滞米4年目に入り娘の英語力は際だって進歩した	6：11	3：08
5歳未満(5)	息子はなんとかやってる	4：04	4：05
	息子は最初の3年間英語をしゃべらなかった	2：05	4：05
	「英語の人」と「日本語の人」とを息子は区別できる	0：10	3：08
	息子の英語は宙ぶらりん	3：08	4：01
	息子はまったく心配ない＊	3：07	3：08
	息子はしゃべれると思っていたのに細かいところがわかっていなかった	3：00	3：09

渡米時年齢：（年）：（月）
滞米年月　：（年）：（月）
＊：その英語力に関して母親が満足している子供

章で論じる文化的知識と関連する問題である）。

　ESLクラスの在籍、普通学級での成績、読み書き能力、そして語彙と、母親たちの報告の内容の変化は、非母語話者による英語習得プロセスの生態学的モデルを示唆するものとなっている。バイリンガリズムを研究している小野博は、「聞く」「話す」「読む」「書く」の4つの要素の言語力が、2つの言語について本人の年齢レベルに達している場合を「バイリンガル」であると定義している（1994：170）。そして、その実際の測定には、語彙力のテストを使用している。しかし、先に議論したように、語彙力のテストといった「客

観テスト」は、日常生活場面から切り離された測定方法であり、本書が目標とする生態学的妥当性を持つ記述であるとは言えない。2言語併用（バイリンガル）という状態を、実際の場面でのどのような行動と結びつけるのが適切であるかということが著者の関心なのである。

　本節では、合衆国に滞在する日本人の子供の研究の一環として、D小学校のESLプログラム修了の基準を見ておく。D小学校のESLプログラムの責任者でありキンダーグレードの教師でもあるエマーソン教諭によると、キンダーの子供が、その英語力が「fluent（流暢）」であると判定されESLクラスに行く必要がないとされるためには、「キンダーと1年生の正規のカリキュラムについていくのに十分な英語力」を有していなければならない。読解力や総合的な言語スキル、算数のテストの結果に基づいて、ESLを続ける必要があるかどうかを判断される。もし児童が、「これらのテストの得点において学年レベルとの差が1年以内であれば」、ESLを「卒業」することができるのだ。

　この基準は、グッデナフの文化定義（Goodenough 1957）やそれに依拠した著者の社会文化的アイデンティティ定義を想起させる（南 1998a 参照）。学年の一員としてやっていけるかどうかという「機能的成員性」の考えが強く見られる。実践的な基準であると思われるが、その適用がどのようになされるかが次に問題となる。エマーソン教諭によれば、ESL「卒業」の手続きはESL担当の教師によって開始される（ESLの修了を指示するのにエマーソン教諭は、解散（dismissal）という言葉を使ったが、日本人の母親たちはESL「卒業」と呼んでいた。ここでは、後者に従っている）。ESLの教師が児童のESL卒業を提言するのである。エマーソン教諭自身がこの提言を行うときの基準を語ってくれたのがインタビュー（I 3-3）である。

　エマーソン教諭は、「英語で考えることができる（can think in English）」、「頭のなかで翻訳するのをやめる（stop having to translate in your head）」、「脳を切り換えることができる（can just switch your brain）」という3つの表現で、子供がESLを修了してもよいと判断する基準を述べている。そして、著

I 3-3 「子供が英語で考えることができるようになったとき」
―― ESL からの卒業基準
[910322S；エマーソン教諭；032：28〜033：10]

> エ：わたしはこんな言葉を使います、それは「見ればわかる」という表現です。これは両親にはとてもわかりにくいものです。つまり、子供が英語で考えることができるようになったときのことなのです。あの、わたしの言いたいことわかるかしら。頭のなかでいったりきたり翻訳をするのをやめたときです。そうなると、脳をただ切り換えることができるのです。子供がこの状態に達したかどうかは、見ればわかります。
> (I use the term, and it's "I know when I see it." It's very hard for parents to relate to. When a child can think in English. You know what I mean? When you stop having to translate in your head, back and forth. And you can just switch your brain. You can tell when the child gets to that point.)
>
> 南：説明していただけますか、どうやって。
> (Could you, could you explain how?)
>
> エ：ええ、というのは、子供たちは学校が始まるまえに校庭で母親と話しています、中国語でぺらぺらとしゃべっています。その最中にわたしのほうを向いて、英語で質問をして、すぐにまた母親のほうに向きなお［って中国語で話し続け］るのです。この切り換えが簡単にできるのです。
> (Well, yes, because they can, they can be talking to their mother out on the playground before school, rattling away in Chinese. Turn to you and, and ask a question in English and turn right back to mother. They can just make that switch.)

者からさらに説明を求められて、具体例を挙げている。中国人の子供が、母親と中国語で話している最中に、エマーソン教諭のほうを向いて英語で話し、すぐにまた母親と中国語で話すというようなことができるようになるというのである。これを見てエマーソン教諭は、その子供が「切り換え」ができるようになったことを知り、ESL は卒業してよいと感じるのである。上に引用した部分に続いて、エマーソン教諭は、この「切り換え」ができない子供は「いったりきたり」翻訳しなければならず、読書にも時間がかかるのだと述べる。つまり、時間がかかりすぎて、英語を母語とする子供と一緒では授業についていけないというのである。最終的には、読解力テストなどを行って「客観的に」決定されるとは言え、卒業判定手続きを開始するきっかけは、生

態学的な基準に基づいていることがわかる。つまり、授業に参加できること、しかも許容される時間内に許容される理解のレベルで参加できることが、要件となっているのである。まさに、教室の「機能的成員 (functional member)」であるかどうかが問われていると言うことができるのではないだろうか。

　本章3節で紹介したように、教室で機能的成員となっていない状態を表現するために、ハンソン教諭は、優子がときどき「居心地が悪い (uncomfortable)」表情をすると言っていた。エマーソン教諭とのインタビューはテープ録音することができたが、ハンソン教諭とのインタビューではできなかった。そのために、細かい英語表現を提示することはできない。だが、フィールドノートの記録からも"uncomfortable"という言葉をハンソン教諭が使用したことは間違いなく、これが機能的成員性判断の根拠としてふさわしいと著者には思われるのである。そして、そういうことがない、つまり「快適 (comfortable)」であることを、機能的成員であることの証拠とするのが適切なことだと考えられる。

　第2言語の習得についての言語学や心理言語学の研究が、教室や研究室におけるテストによって収集されたデータに依拠しているのに対して、著者の関心は日常生活場面での行動にある。兄弟姉妹との言語使用、どの言語の本をよく読むか、あるいは、よく遊ぶ友達と話す言語などに関する2節の議論は、英語習得に関する生態学的に妥当な測度を求めての試みである。インタビュー（Ⅰ3-2）の直子についての北村夫妻のコメントは、言語習得と友人選好との関係を示唆している。とりわけ、言語が意識されなくなるというプロセスの重要性が暗示されており興味深いものである。エマーソン教諭が想定している変化も言語の無意識化に関連しているのかもしれない。

　次節では、滞米が3年を越えて5年以内の子供たちの状況を取り上げる。これらの子供たちの多くは、英語での生活に違和感を覚えず「快適」に生活している。他方、日本語力の衰えや伸び悩みが感じられ始める。しかし、これらの問題に移るまえに、日本人の子供の英語習得を規定する要因として、ヨーロッパ系の言語を母語とする子供たちとの違いについて言及しておきた

I 3-4 「日本人の子供は間違いを恐れて英語を話さない」
[910322S；エマーソン教諭；011：41～012：15]

> 普通は、昨年のように、7人、8人、9人の［日本人の］キンダーの児童が［私のクラスに］います。そのうち英語を流暢に、あるいはほとんど流暢に話すのは、1人いるかいないかです。ほかの子供は**まったく英語を話しません**。そして、ESLのクラスで［英語で］反応しだすまで、キンダーに入ってほぼまる1年かかります。だからといって、彼らが［授業を］聞いていないというわけではありません。多くのことを学んでいるのです。算数はよくできますし（笑い）、でも、英語をしゃべって間違えるというリスクをおかそうとしないのです。
>
> (Normally, like last year, I had seven, eight, nine kindergartners. Maybe one fluent in English or almost fluent. The others, *no* English. And it takes almost one whole year in kindergarten before they start really responding in ESL. And that doesn't mean they are not listening. They are learning a lot. They are wonderful on math, (short laugh) but they don't want to take the risk of possibly making a mistake in speaking English.)

い。D小学校で日本人児童の指導にあたる教師たち、ESL担当のエマーソン教諭とジャパニーズクラス担当のバーガー教諭の指摘を見ていく。

　日本人の子供は、一般的に英語の習得が遅いと言われるが、エマーソン教諭もそう考えている。彼女によると、日本人や韓国人、中国人の子供がヨーロッパ系の子供よりも英語習得が遅いのは、態度の問題、一言で言うと、恥ずかしがる（shy）ことが要因だと言う（Ｉ3-4参照）。

　エマーソン教諭がこれまで教えた日本人児童には、英語を話す子供は少なかった。まったく（インタビューではかなり強調を置いて"no"を発音した）話せないのが「普通」であるという。この子供たちが英語を話すようになるのにほぼ1年かかる。その理由として、英語がわからないからではなく、間違えるのが「恥ずかしい」からだとエマーソン教諭は指摘する。

　子供たちが英語を話さなければ、どれだけ英語力がついているか判断できない。また、話す機会が少ないということは、練習量が少ないということでもある。エマーソン教諭は、この問題を克服するために、日本人の母親に家庭で英語を話すように助言している。そうすることで、英語を話すことに対して子供たちが感じている抵抗感をなくすことができると考えているようで

ある。だが、子供の日本語能力についても心配している日本人の両親にとっては、この助言に素直に従うわけにはいかない。もちろん、両親自身が英語を話すことを「恥ずかしい」と感じているという側面もあるだろう。両親が家庭で英語を使うことはほとんどなく（上述の北村夫妻は例外中の例外である）、兄弟の間で英語を話すことも禁止している家庭が多いのである。

　D小学校でジャパニーズクラスを担当しているバーガー教諭は、日本人の子供の英語習得が遅い理由として別の要因を挙げている。バーガー教諭は日本生まれの日本人女性で、アメリカ市民と結婚している。彼女によると、D小学校にジャパニーズクラスが設置されている根拠である「2言語併用教育 (bilingual education)」という考え方が、そもそも日本人の子供の置かれている状況に合っていないというのである。その理由は、「日本語と英語は大変違っているから」ということであった。どの言語と日本語とを比較しているかをバーガー教諭は明言しなかったが、カリフォルニア州の2言語併用教育の大半はスペイン語の母語話者を対象としており、バーガー教諭の発言も日本語とスペイン語とを比較したものではないかと思われる。

　バーガー教諭の指摘は、「言語間の距離」という言葉で言語学者の間でも取り上げられている。言語の起源を同じくする、イタリア語・フランス語・スペイン語・ポルトガル語などのラテン語系の言語、そして、英語・ドイツ語・オランダ語などのゲルマン語系の言語、これらを含むインド・ヨーロッパ語族では、「語順や語源をはじめとする文法の基礎は似て」おり、「似ている言語同士の学習［は］比較的容易」である（小野 1994：28-29）。それに対して、日本語と似ているのが韓国・朝鮮語であり、日本語母語話者にとっては韓国・朝鮮語は学習しやすいと言われている。

　恥ずかしがりというエマーソン教諭の指摘も、日本語は英語と異質というバーガー教諭の示唆も、いずれも現場の人間の直感的な仮説である。後者のように、言語学者の間でデータが蓄積されつつあるものもあるが、日本人児童の英語習得が比較的遅いという事実を説明する仮説としては、さらに体系的な研究を必要とするものである。

5 二重生活の負担——滞米が3年から5年の子供

 日本人の子供がアメリカの教室で「快適(comfortable)」に感じるようになるのに普通3年かかるとすれば、滞米が3年から5年の子供は、アイデンティティの危機に直面しているということができるだろう。もし両親が子供の志向を日本へとつなぎとめておくことができなければ、子供はアメリカの生活へと漂流(drift)(Matza 1964=1986)していくことになってしまう。
 表3-3(p.53)に見られたように、母親から報告された「心配事(concern)」は、子供1人あたりでは、滞米が3年以内の子供のほうが3年から5年の子供よりも多い。しかし、報告される「心配事」の量の変化に加えて、質(内容)の変化も興味深い。滞米が3年から5年の子供では「時おり妙な日本語を話す」という報告が見られるが、3年以内の子供には見られない。このことは、滞米が長引くにつれて日本語を忘れていくという事実とともに、母親が子供の日本語力や日本の学校の教科の学習へも強い関心を寄せているという事実をも反映していると考えられる。ただ、日本語を書くということについては、問題が報告される時期は早く、滞米2年を越えた2家族が「書くこと、とりわけ漢字を書くこと」に問題ありとしている。
 漢字は、ほぼすべての海外子女にとっての「宿敵」である。滞米が3年から5年の子供の母親は、このことを当然のこととしているのか、漢字を心配事に挙げる母親も何人かいたものの、全員が自発的に問題としたわけではなかった。しかし、「漢字はどうですか」と著者が問いかけると、ほぼ全員が「それは問題です」という類の回答をした。つまり、心配事として自発的に報告されたことが、そのまま「問題点」を反映しているのではないのである。
 ここで「問題点」や「心配事」の報告に影響する要因を整理してみると、まず、兄弟姉妹の間での出生順と性別とが挙げられる。日本人の親には、年少の子供よりも年長の子供に期待をかける傾向があり、女児よりは男児に高い教育的期待をかける。本節で検討している「問題」の報告も、このような

親の期待と深く結びついていると思われる。もちろん、年少の子供よりも年長の子供に関心がいくのは、優子と直子の例で見たように、年少の子供のほうが学年が低く、学習内容が比較的簡単であるということも関係しているのだろう。

親の側の慣れ、あるいは「疲れ」とでも呼ぶべき要因も指摘できる。日本語補習授業校なぎさ学園の校長は、なぎさ学園では授業時間の制約から学習内容の4分の1しかカバーできないと言っている。残りの4分の3は家庭学習で補う必要があるが、それには母親の関与が欠かせない。このような状況において、兄弟の間で上の子のほうが下の子よりも勉強が一般的によくできるという傾向が見られる。これは、なぎさ学園のある教員の観察によるものだが、その理由として、「下の子のときは、お母さんが熱意を失って、家で上の子のときほど勉強を見てやらないからではないか」とこの教員は語っていた。

本節では、滞米が3年から5年の和田家（家族番号02）について見ていく。この家族の長男敏男（02AB）は、滞米が5年以内の子供のうちで最もアメリカ生活になじんだ子供のうちの1人であり、母親はその日本語力をかなり心配していた。また、彼の学習スタイルも「アメリカ化」していた。敏男が渡

I 3-5 「アメリカ人の友達とのつきあいを重視」
——現地の子供と遊ばせる親の方針
[910117S；02M；031：55〜032：32]

南　：なぎさ学園の友達ともやっぱり土日は。
和田：いえ、あのねえ、やっぱり。あ、たまにお泊まりあるけど、あんまりあたしもそういうの賛成しないっていうか、あたしなんていうのか、親がその、運転してね、わざわざそんな、行き来して遊ばせるんだったら、近所でって、あたしの考えは、それでずっと通してきましたんでね。だから、やっぱり、お誕生日［パーティー］とか、声かけられたらこう連れていってあげましたけど、それ以外はこちらから、あの、は、してなかったですねえ。
南　：ああ、なるほど。まあ、それは、やっぱり、せっかく来たんだから、あのう［ということでしょうか］。
和田：はい、それは、はい。っていう、あたし自身の、あの、あれ［考え］だったんでね、×××。

米したのは9歳4カ月の時であり、著者が敏男の母親とインタビューしたのは滞米4年4カ月の時点であった。インタビュー（I 3-5）に見られるように、敏男が比較的早くアメリカになじんだのは、母親の態度も影響していると思われる。母親の話によると、敏男は奇妙な日本語を使うことがあるという。興奮したときや乳児である弟に話しかける時には英語を話す。母親（和田夫人）に話しかける時には日本語を使うが、「あっちへ来る」といった表現を使うことがあるというのである。

　敏男の母親とのインタビューでは、他の帰国前インタビューと同じように、簡単な家族史、日本出発の様子、S市での母親の生活についてと順番に聞いていった。母親自身の生活の特徴として注目すべきは、つきあっている友人が、日本人ではなくアメリカ人が多いと報告した点である。生後間もない乳児がいるため行動面での制約が大きく、近所のアメリカ人と「行き来する」ことになっている。とりわけ、「向かいのうちの人」には出産に立ち会ってもらったり、子供の名付け親にもなってもらったりしたという。

　敏男については、渡米の際の教育上の心配、アメリカの現地校への編入プロセス、「現在の」状況などについてたずねた。インタビューの時点では、敏男はアメリカ人の友達も多いが、なぎさ学園も好きで日本人の友達とも仲良くしているという。これを受けて、週末はなぎさ学園の友達と遊ぶことが多いのかとたずねたのが、インタビューI 3-5の冒頭の著者の質問である。なぎさ学園に通学する子供たちは、同じS市の大都市圏とはいえ、S市の中心から約30キロの圏内に分散して居住しており、平日現地校が終了したあとに行き来するのは不可能である。土曜日のなぎさ学園の終了後に集まったり日曜日に集まったりすることが多い。土曜日に集まって、夜はそのまま泊まるというのがよく行われているパタンである。敏男も、そのようにして日本人の友達と遊ぶのだろうかと著者はたずねている。

　敏男の母親は、このようなつき合いに批判的である。「親が運転してわざわざ連れていく」ということまでして日本人と遊ばせるくらいなら、近所のアメリカ人の友達と遊ぶほうがいいと考えている。もちろん、日本人との週

末の集まりにまったく参加してこなかったというわけではなく、「声をかけられたら」連れていったこともある。だが、積極的に音頭を取ってということではなかったのだろう。母親自身の方針が明瞭に意識されている。

　母親の方針が敏男の「アメリカ化」に影響しているのであろう。表3-7（p.59）に見られたように、滞米が3年から5年の子供34人のうち、日本人の友達よりアメリカ人の友達を好んだのは8人であったが、敏男はそのうちの1人である。しかも、ほかの7人は全員が小学生であり、中学校1年生の敏男は最年長である。滞米が5年を越える子供でも、日本人よりアメリカ人の友達とよく遊ぶというのは8人で、中学生以上はそのうちの2人にすぎない。敏男の滞米が3年から5年という2年の幅の中では5年に近いという事情はあるが、滞米が5年を越える2人はなぎさ学園が開校する6年も前からS市に住んでいた子供たちである。また、滞米が5年を越える子供でアメリカ人とよく遊んだという残り6人は小学生であり、5年を越える14人のうちで「日本人よりアメリカ人とよく遊ぶ」と分類されなかった6人は、「両方」と答えている。敏男がアメリカ人とよく遊ぶという状況は、滞米年数のみでは説明することはできず、母親の方針の影響が強いのではないかと考えられるのである。

　Ⅰ3-6は、和田夫人とのS市におけるインタビューのⅠ3-5に続く部分である。「車で送り迎えしてまで」ほかの日本人の友達と遊ぶよりは、近所のアメリカ人の友達と遊ぶべきであるという母親の方針を反映して、アメリカ人の友達とよく遊んでいる敏男の現地校の成績はいいのだろうという著者の質問に対して、母親は否定的に答えている。しかし、その回答は現地校の成績についてではなく、「日本人学校」（なぎさ学園のこと）の成績、つまり日本語や日本の学校教科の学習の問題となっている。帰国を目前にして、帰国してからの敏男の学習面が大きな関心となっていることが見てとれる。

　母親によると、敏男の問題は、勉強は「毎日少しずつ、きちんと」すべきであるのに、それをしてこなかったところにある。そのため、「日本に帰って、大変」だろうと心配している。そして、注目すべきは、このような敏男

I 3-6 「毎日少しずつきちんきちんと勉強しない」——学習習慣の欠如
　　　　[910117S；02M；032：35〜034：12]

南　：まあ、あのう、じゃ、成績は、現地校では、あの、とくに問題なく。
和田：いえ、それが（笑いながら）、最近はとくに問題が、あ、ありすぎて心配で。
南　：あ、そうなんですか。
和田：やっぱり、その、きちんきちんとするっていう、まあ、まあ、こちらの学校でもそうなんでしょうけどね、やっぱりね、勉強っていうのは毎日少しずつね、きちんとしないといけないんでしょうけど。わりと、その、こっちの学校でしたら、もう、学校ですませちゃうぐらいの宿題で終わっちゃうし、とくにうち帰って来てから、予習復習っていう、あれはね［なくて］、宿題が出ればやりましたけど。だから、すっかりそっちのほうの習慣がついてしまってるのか、日本人学校の、っていうのは、毎日ね、の積み重ねがやっぱりね、週に1回しか行ってないんで、重要だっていうのは、親としてはわかってたんですけど。本人のその、行動を見てるとね、やっぱり、月曜から金曜日はもう友達と約束して来たり、みたりとかで、ついついもう遊びすぎて疲れてそのまま寝ちゃうとかいうんで、本当に金曜日の夜ね（笑）、気がついたように。それではもうね、とにかく、漢字だって覚えないだろうし、本だって読む機会もないしね。で、あの、あたし自身がすごくその、うるさく最初は言ってたんですよね。でももう、それに、本人も慣れてしまって、その、適当にもう、聞き流すっていうか。で、もう、ここまで来てしまったら、本当に、実際ね、本当にこれは大変だなってあたしもわかりましたね。で本人も、どのくらいまで、自分は日本に帰って、ね、大変なのかっていうのもわかんないだろうし。

の学習習慣が形成された原因を「こっちの学校」、つまり現地校に帰属していることである。「学校ですませちゃうぐらいの宿題で終わっちゃうし、特にうち帰って来てから、予習復習っていうあれは［なく］、宿題が出ればやりましたけど」と言っているように、現地校の宿題は少なくて「学校ですませちゃうぐらい」の量である。日本の中学生ならばするであろう「予習復習」という自発的な家庭学習はしていないというのである。

　現地校ではそれでもまずまずの成績は取れるということなのか、それとも現地校の成績はあまり気にしていないのか、そのどちらであるかは不明だが、この自宅学習のスタイルを「日本人学校」の学習に適用しているのが問題であると敏男の母親は考えているようである。「日本人学校は毎日の積み重ね

がやっぱりね、週に1回しか行ってないんでね、重要だっていうのは、親としてはわかってたんですけど」、本人がやらないのだという。「魔の金曜日」とよく言われるように、補習校の授業日の前日の夜になって、あわてて宿題や予習をするという生活を敏男は送ってきた。「それではもうね、とにかく漢字だって覚えられないだろうし、本だって読む機会もないしね」と母親も言っているように、日本語の基礎力がついていないと心配している。

　週に1度土曜日だけの授業で日本の学校の内容をカバーしようとする補習校の学習では、家庭学習が必要不可欠である。年間240日通学する日本の学校のカリキュラムを年間42日でやろうというのである[6]。敏男がS市にやってきたのは、日本の小学校3年生の2学期であった。当初は、母親である和田夫人も補習校の学習をやるように「うるさく」いい、敏男もそれにこたえていた。母親によると、「最初の2年間」はきちんとやっていた。それが、「適当に聞き流す」ようになってしまったというのである。

　このような変化に対して、母親の姿勢が果たした役割は小さくないように思われる。日本人の友人とのつきあいよりも現地の友人とのつきあいを奨励するということは、敏男が現地の友人と類似の学校生活を送るように奨励することになる。現地校の課題だけをこなしていればいいアメリカ人の友人に、自分は土曜日の学校のために宿題があるから遊べないとか、早く帰って宿題をしなくちゃならないと言うのはかなりの覚悟が必要なことだろう。「態度」あるいは「動機づけ」と呼ぶべき要因が関連してくる。英語でうまくコミュニケーションができない間は、現地の友人とのつきあいもあまりおもしろく感じられないだろうが、英語でのコミュニケーションが苦にならなくなってくるにつれて、それが楽しみへと変化していくだろう。これと平行して、日本語の学習がいよいよ苦痛となってくるというわけである。

　そんなときでも意識的に努力を継続することが必要なのだが、これには家庭における指導が欠かせない。「帰国したときに困るから」というのが保護者がよく使う戦術のようだ。日本人の友人と「わざわざ」遊ばせるということも、子供の目を日本に向けさせるための手段なのである。また、夏休みな

どに、日本に一時帰国して近くの学校に「体験入学」させるということもよく行われている。敏男も滞米2年目が終わる日本の小学校5年生の夏休みに一時帰国している。「体験入学」はしていないが、その時点では、母親はその必要を感じなかった。敏男の「勉強の態度が変わってしまった」のは、その夏休みが終わってからのことだったという。

本節では、S市に滞在中の日本人の子供の二重生活を中心に見てきた。平日は現地校に通い土曜日にはなぎさ学園に通う。日本から来たばかりの子供は、アメリカ生活になじむという課題に直面する。英語を習得し現地校の教室でクラスメートと同じ内容を学習することができるようになるまでには大体3年以上かかる。滞米3年を過ぎれば英語でのコミュニケーションに支障を感じなくなり、日本語よりも英語を好むようになる。日本語能力の「浸食」が感じられるようになるのはこのころである。

S市に滞在中の日本人の子供たちは、2組の発達課題をこなしていると考えることができる。英語という新しい言語を習得しつつ現地校のカリキュラムで学習していくということは、それだけでアメリカ生まれの子供の生活の一大目標となっているものである。加えて、年齢相当のレベルへと日本語力を伸張させつつ日本の学校カリキュラムの知識を獲得していかなければならない。著者のような大学教育を日本で終了した「成人」であっても、滞米中に使用しないでいると「獲得」したはずの漢字がどんどん書けなくなっていくのである。2組の発達課題を同時にこなしている子供たちの負担の大きさは想像に難くない。

二重生活の負担は、渡米当初はアメリカ生活になじむという領域で感じられる。しかし、時間が経過してアメリカ生活への「適応」が進んで帰国が近づいてくるとともに、次第に日本語やなぎさ学園の勉強という面で意識されるようになる。二重生活のバランスをどうとるかが家族にとって大きな問題となる。S市に生活して現地校に通学している以上、子供たちはアメリカ側面との接触がどうしても多くなってしまう。その中で子供の目を日本語や日本の教科学習へと向けさせておくためには、家庭でのさまざまな工夫が必要

となる。日本人家族のすべてがこれに成功しているとは限らないのである。

6　滞米が5年を越える子供——祥子

　本節では、滞米が5年を越える子供で日米の生活側面のバランス取りがうまくいった事例である木下祥子（04AG）を取り上げる。祥子は、現地校の学年レベルの英語力を身につける一方、学年レベルの日本語力を獲得し維持している。現地校の成績も「excellent（優秀）」が多く、また日本語補習授業校なぎさ学園の成績も良い。滞米7年目の祥子の生活を検討し、その「成功」の要因を分析することにしたい。

　祥子と敏男とはなぎさ学園の同級生であるが、渡米した時期は、祥子が小学校1年生のときであり、敏男より2年ほど早い。祥子はすっかり現地校になじんでおり、アメリカ人の友人も多い。しかし、祥子の母親（木下夫人）によると、「このところ」アメリカ人の友人と放課後や休日などに一緒に遊びに行くことをしなくなったという。S市で祥子の母親から話を聞いたのは、祥子が現地校の8年生に在籍している1990年の11月のことであったが、祥子が「アメリカ人の子とどこも行かなくなって」、「急に日本人とつきあうようになっ」たのは、8年生になったその年の9月以降のことだという。

　I 3-7は、このような祥子の交友関係の変化の話を聞いて、著者が平日の交友についてたずねた部分である。交友についての質問が、平日の生活パタンについて聞き出すものになっている。

　祥子の母親の話で注目すべきは、祥子がそれほど忙しい生活を送ってはおらず、もっと勉強に時間を割くはずだと母親が考えていることがうかがわれる点である。著者が話を聞いた母親の大半は、子供がS市においていかに忙しい生活を送っているかを繰り返すのが普通だった。その理由として挙げられたものの1つが、習い事であった。学齢期前の子供たちの間では習い事をしている子供は少ないが、学齢期の子供の多くは週に2つぐらいの習い事をしている。その種類を挙げると、アートクラス、ペインティング、ピアノ、

I 3-7 「平日はほとんど遊ばない」——海外子女中学生の平日
[901126S；04M；026：17〜027：30]

南	：もう、じゃあ、平日も日本人のお友達と。
木下	：平日はほとんど、遊ばないんです。
南	：ああ、そうですか。やっぱり、それは、こちらのミドルスクールになると、忙しく、とくに忙しくなるのでしょうか。
木下	：(無言)
南	：お勉強とか。なんか、あの、中学校になると、宿題が増えるっていうふうには、うかがってたんですけど。
木下	：そううかがってたんですけど、あんまり勉強してる様子はないんですけど(笑い)。
南	：じゃあ、あの、ピアノとか、習ってらっしゃいますか。
木下	：はい、ピアノと、それからテニス。1週間に1回、行って、あとは、タップダンスを、4年ぐらいしてます。
南	：じゃあ、そういう習い事でけっこう週に3日ぐらいは、つぶれて。
木下	：ええ、でも、ほとんど30分ずつですので(笑い)。学校から帰ってくるのが2時半ですので、時間はたっぷりあるんですね。そのわりには、もう全然。
南	：でも、ま、なぎさ学園のお勉強だけでもけっこう大変ですよね、宿題っていうか、中学校ぐらいになると。
木下	：うーん、そう、でもなさそうにやってますけど。

クラリネット、フルート、電子オルガン、トランペット、バイオリンなどの芸術、野球、サッカー、体操、空手、ソフトボール、テニス、水泳、タップダンス、バトンなどのスポーツ、そして、ボーイズクラブ、ガールスカウト、教会学校などである。英語の家庭教師を加えると、習い事の数は、平均して優に2つを越えることになる。

　S市に住む日本人の子供の生活を忙しいものとしている要因で習い事以上に大きいのが、本章のテーマの二重生活である。子供たちは、現地校と日本語補習授業校の2つの学校において、英語と日本語を平行して学習しなければならない。日本語の学習を補う目的で行っている通信教育をやめてしまう理由としても、この二重生活の負担はよく挙げられている。海外に在住する日本人児童生徒の日本語および日本のカリキュラムの学習を手助けするために1972年に開始されたのが、海外子女教育振興財団による通信教育である。これは、「全日制日本人学校が設置されていない地域に在留する子弟」を対

象としている(海外子女教育振興財団 1991：57)。小学校1年生から中学校3年生まで毎月教材と添削問題が送られてきて、別に配布される教科書と教材とで自学し、添削問題に解答して提出すると添削され返送されてくるというものである(教科書の無償配布は1967年より開始され、1983年度からは、「国内の子ども達と差別なく海外の子ども達のすべてに全教科の教科書が給与されるように改善され」た(海外子女教育振興財団 1991：46-47))。著者の研究対象の家族の多くは渡米に際してこの通信教育を申し込んでいるが、忙しくてやれないとわかりすぐにやめてしまうというケースが多い。やめることはなくとも、ただ教材を受け取るだけで、きちんと添削問題を提出しているという子供はほとんどいない。祥子はずっと提出しているというが、数少ない例外である。

2つの学校双方において良い成績を修めることがいかにむずかしいかをここで強調しておきたい。その負担は、小学校から中学校、高校と学年が上がるにつれて飛躍的に増大する。表3-10は、なぎさ学園を退学した子供のうち、帰国や転居以外の理由でやめた子供の数を、やめた学年ごとに集計したものである。これらの子供たちは日本に帰国する予定のない「永住組」の子供たちであり、その家族がなぎさ学園によせている期待も、本書の主題となっている帰国予定のある子供たちとは異なっている。しかし、表に見られるように、永住組の子供たちでなぎさ学園の中学3年生を修了したのは全体

表3-10 なぎさ学園を帰国などの理由以外で退学した児童生徒の退学時の学年(N=88)

学　　　年	男	％	女	％	合　計	％	累　計
小学校1年生	6	13.3	3	7.0	9	10.2	10.2
2年生	4	8.9	2	4.7	6	6.8	17.0
3年生	3	6.7	1	2.3	4	4.6	21.6
4年生	4	8.9	5	11.6	9	10.2	31.8
5年生	5	11.1	1	2.3	6	6.8	38.6
6年生	1	2.2	2	4.7	3	3.4	42.1
小学校卒業	4	8.9	4	9.3	8	9.1	51.1
中学校1年生	3	6.7	5	11.6	8	9.1	60.2
2年生	2	4.4	7	16.3	9	10.2	70.4
3年生	1	2.2	3	7.0	4	4.6	75.0
途中退学合計	33	73.3	33	76.7	66	75.0	―
中学校卒業	12	26.7	10	23.3	22	25.0	100.0
合　　　計	45	100.0	43	100.0	88	100.0	―

の4分の1(88人中22人)にすぎない。また、1979年のなぎさ学園の創立以来、現地校で優秀な成績を修めながら、なぎさ学園の高校3年生修了を果たした生徒は1991年までに88人中2名しかいない。日米の学校双方において同時に成功するためには超人的な努力と才能とが要求されるという点は、この表からも明らかであろう。

祥子が学習の才能に恵まれていることは疑いない。小学校4年生から6年生にかけて在籍していた現地の小学校では、才能に恵まれた子供を対象としたギフティド学級(gifted class)にいた[7]。また、著者のインタビュー時には、祥子は現地校8年生に在籍しながら9年生の数学を履修し、英語の読解力は学年レベル以上と評価されていた。日本語の読解力も、中学校1年生の在籍学年レベル以上となぎさ学園の教師から評定されていた。おそらく、祥子はその学力がゆえに、学習も短時間で効率的にすませることができるのであろう。だからこそ、現地校となぎさ学園の宿題をこなし、週に3回習い事に行きながら、通信教育もきちんとこなせるのだと考えられる。そして、母親の目には「そう［勉強が大変］でもなさそうにやって」いるように映るのである。

しかし、その裏には両親の大きな努力があることを指摘しておかなければならない。祥子の母親は、祥子の日本語力が順調に伸張するように配慮して、家庭で英語を話すことを許さなかった。滞米2・3年目のころには、祥子が英語で母親に話しかけることもあったが、「お母さんは英語がわからないから日本語で言ってちょうだい」とそのたびに繰り返したという。一人っ子の祥子はほかに家庭で英語を話す相手はいなかった。渡米当初、母親は祥子の通う小学校によく様子を見にいった。英語の家庭教師を雇い、数学は日曜日に父親が教えたという。そもそも、最初に住居を決めるに際して、地区の教育委員会に出かけて各学校の児童の学力レベルを調べ、その成績の高い学校の学区に住居を定めたのはこの父親だった。

ただ、このようなS市における日常的な努力だけでは、滞米が長い子供の興味関心を日本語へと引きつけておくには十分ではないようである。長期休

暇に日本に帰国して、近くの学校に通わせるという「体験入学」がこれを補う大きな力を持っている。S市では、学校は6月20日前後に学年が終了し夏休みとなる。日本の小中学校の1学期の終業は7月20日前後であるため、現地校終了後すぐに帰国すれば、約4週間日本の学校に通学することができる。祥子は6年間の滞米中3回体験入学をしている。渡米したのは小学校1年生の6月だが、小学校3・5・6年生の夏に日本の小学校に通っている[8]。

祥子の家族は、関東のある帰国子女受け入れ校の学区に、母親の言葉によると、「たまたま」マンションを所有していたということである。帰国子女受け入れ校ということもあってか、祥子は体験入学をするのにそれほど苦労していない。しかし、実際に体験入学をするためには、日本の学校から許可をもらうというだけでは不十分であり、帰国して生活するという経済的負担も考えねばならない。体験入学の意義が認められるにつれて、社員を海外に駐在させている派遣企業も、一時帰国の費用を支給するようになってきてはいるものの、それでも、在外期間3年、あるいは5年に1度というのが普通である。体験入学のためには、経済的負担に加えて、夏休みにアメリカを旅行してまわるという楽しみを犠牲にする気持ちも必要である。せっかくアメリカに滞在しているのだから、休みにはアメリカ各地をいろいろと見て回りたいという気持ちを持つのは自然なことである。夏休みに日本に帰国するということは、そのような機会を逃すということも意味する。つまり、体験入学は、家族の熱意と犠牲なくしては成り立たないものなのである。

7　日本人の子供のS市での生活時間

これまで、優子と直子の姉妹、敏男、祥子と3家族4人の子供を中心に、S市に住む日本人の子供の様子を紹介してきた。本章の最後に、生活時間の配分という観点から、その平均的な生活をまとめておこう。

図3-1は、現地校と補習校が授業を行っている期間中の、北村優子の平日と土曜日の生活時間である。平日は8時から2時すぎまで現地の小学校の授

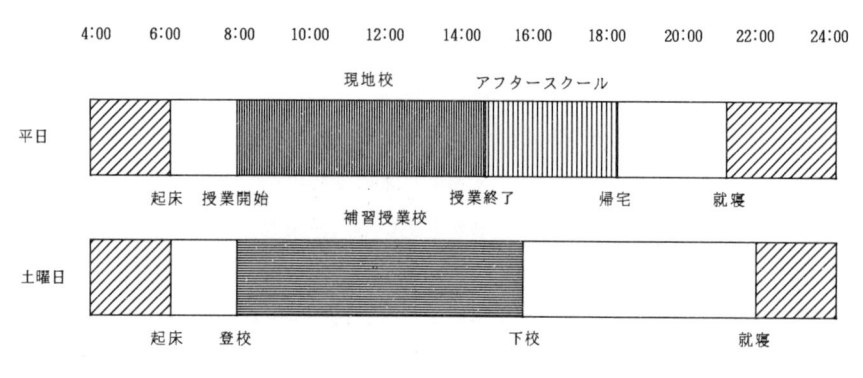

図3-1 海外子女小学生の生活時間

平日: 起床／授業開始／現地校／授業終了／アフタースクール／帰宅／就寝
土曜日: 起床／登校／補習授業校／下校／就寝

業があり、終わるとすぐにYMCAのアフタースクールに参加し、6時ごろ帰宅する。9時の就寝までに、夕食や現地校と補習校の宿題、そして週2回の英語の家庭教師が入る。就寝時には、親が英語の本を読み聞かせている。土曜日は朝から補習校へ行く。3時すぎに授業が終了するまで日本語の世界である。土曜日の夜は、日本人同士でお泊まり会を交替で催す子供たちもいるが、優子はそういうグループには参加していない。平日のアフタースクールと、家庭での英語指導が北村家の特色である。ここまで英語習得を重視する日本人の一時滞米家族は、それほど多くないということはすでに指摘した。

中学生になっても、現地校と補習校における拘束時間はあまり変わらない。祥子の母親の言葉にもあったように（Ｉ3-7）、祥子が中学校から帰宅するのは2時半ごろである。その後の過ごし方は、敏男と祥子とではかなり対照的なものである。敏男はアメリカ人の友人と遊びに行くが、祥子は習い事に行くほかは家にいる。優子はというと、アフタースクールに通い出すまでは、放課後、同じアパートに住む日本人と遊んでいた。週末の過ごし方では、祥子が日本人の友達との「お泊まり会」によく参加しているのが特徴的である。帰国直前の時点では、ほとんど毎週のように土曜日の夜は外泊して家にいなかったという。敏男があまりこのようなつきあいに積極的に参加しなかったのは、母親の考えを反映しているものであるということはＩ3-5に見た。優子も、現地校に日本人が多く学年が低いこともあって、日本人との「お泊ま

り会」はなかった。

　学校の外での時間をどう過ごすかによって「アメリカ生活」の内実が変化してくるのだが、実は、「同じ」状況にあっても、そこでの「経験」の質が、英語力や日本語力というコミュニケーション能力によって異なったものになっているだろう。現地校で同じクラスに在籍していても、授業がわからないからと日本語の小説を読んでいる日本人の子供と、滞米5年目で先生の言うことを真剣に聞いて理解している日本人の子供とでは、「同じ経験」をしているとは言えないのではないだろうか。あるいは、補習校なぎさ学園の小学校6年生の教室で見かけた、アメリカ生まれの日本人の子供2人が、先生の日本語がわからずに英語で教えあっている状況を考えてみよう。この2人にとっては、日本の歴史についての先生の講義は、日本から来たばかりの子供が経験するものと同じだとは考えられないだろう。

　このような「個人差」はどんな状況にも見られるものであろう。しかし、コミュニケーション能力という要因が経験に深く結びついている、海外帰国子女の生活を考慮する時には、とりわけ重要なものである。本章で紹介した海外子女の生活経験は、このような意味でその後に続くべき調査の小さな第一歩である。その生活経験の記述は質量ともにかなりおおまかなものとなっている。本章を踏まえて、焦点の絞られた多くの研究がなされることが期待される。

3章のまとめ

　本章の議論を要約すると、S市の日本人の子供たちは、二重生活を送っている。日米の生活の側面をどのようにバランスをとるかは両親にとって最大の課題である。このバランスも、1つの家族内でも時期によって変動したり、子供ごとに差異があったりする。本章で詳しく取り上げた3家族の母親の話からも、両親の関心がアメリカ生活から日本生活へと変化していることが感じられる。滞米初期は、アメリカ生活への適応が関心となる。英語の習得と

ESLプログラムからの「卒業」とが目標とされる。滞米3・4年目には、子供たちはESLを修了し、普通学級でアメリカ人と机を並べて学習するようになる。

次第に、子供たちは、アメリカ生活へと引きつけられていく。日本の生活への興味や日本語学習の動機づけは衰えていく。このような状況で、両親の指導が重要な鍵をにぎっている。現地校が楽しくアメリカ人の友人がたくさんいる子供が、日本語補習授業校の学習にもきちんと取り組むためには、両親のきめ細かな配慮が欠かせない。毎日の監督とともに、長期休暇中の体験入学が効果的である。

言語の選好や使用は、アメリカ化の測度として生態学的妥当性の高いものである。日本語から英語への変化は、テレビ視聴、読書、友人選好、そして、兄弟との使用言語の順番で生じる。しかし、これは、一方向的で不可逆の変化というわけではない。アメリカ人と好んで遊んでいた子供も、中学生の年代では、日本人の友人と再び好んで交友するようになるといった現象も見られるのである。

NHKテレビドラマ『絆』の主人公トモヤは、合衆国に7年滞在したことになっていた。帰国したときには中学校2年生であり英語力に自信を持っていた。敏男は、トモヤと類似した立場にあるが、トモヤほどアメリカ生活にどっぷり浸っているという感じではない。著者の調査結果から言えることは、トモヤのように、英語が主要言語になるほどまでにアメリカに「染まった」帰国子女は少ないということである。にもかかわらず、帰国子女が日本で経験する「適応問題」は多い。これを取り上げるのが、5章である。この問題を理解するためには、帰国子女の体験を詳しく分析する必要がある。

注
1) 報告に基づくデータの信頼性や妥当性は、付論でも議論しているように、厳格に言うといろいろな問題をはらんでいる。兄弟がいつも日本語でしゃべっているかどうかを母親がきちんと把握しているかどうかは、実は大きな問題となるだろう。母親本人に対してのことであっても、英語でそんなに話しかけられたわけではないのに、その時の印象が強くて、「子供はいつも親に英語で話していた」とい

う回答をするかもしれない。Barker (1951) たちが行ったように、1日24時間ずっと観察し全発話を記録して、そのうちの何％が日本語で、残りが英語の発話であったというようなデータがなければ、「正確な」ところは言えないのかもしれない。個人差の大きさや母親による報告データの信頼性の問題などから、本節のデータはおおまかな傾向を示すものと著者は考えている。滞米期間によって分けた各グループの総数も多くないため、データは実数を示すに留め、％は計算していない。

2) 外国語習得において、なぜ喧嘩などで使われる、ののしるような言葉から使うようになるのかは、興味深い現象である。ゴフマン (Goffman 1981a) による反応の叫び (response cries) の分析は、この点を考えるのに有力な手がかりを提供してくれている。なにか失敗したときなどに「ウープス (oops)」とアメリカ人は叫ぶのだが、この種の反応の叫びは、複数の人間が同じ会話に従事していないけれども声が聞こえる範囲にある (これを、ゴフマンは「集まり (gathering)」や「共存在 (co-presence)」などと呼んでいる) 状況 (例えば、電車の中や病院の待合い室など) で、発話者の「人間らしさ」を示すものとして使われているとゴフマンは言う。集まりという、会話場面とは別の状況での機能を指摘しているゴフマンの分析は、これらのツールの習得メカニズムへの含意も大きいと著者には思われる。

3) アメリカの小学校には、学校生活に備える目的の学年として、1年生の前にキンダーという学年が1年設けられている。

4) 「英語漬け」という表現は、語学教育でのイマージョン (immersion) プログラムを意識したものである。「没入法」という訳語もあるようだが、「英語漬け」のほうがぴったりくるという印象である。外国語の授業のみならず、ほかの教科でも当該外国語を使用して教授するプログラムを言うものである。カナダで行われているフランス語のイマージョンプログラムが有名である。アメリカの小学校で日本語のイマージョンプログラムを担当した教師による体験報告として佐々 (1993-94、1994-95) がある。

5) 前節で紹介した北村夫妻は例外であるが、それでも、現地校の教師が自分の子供をどう見ているかは気になるようだった。著者が優子の担任のハンソン教諭にインタビューした直後に北村夫人に会ったところ、ハンソン教諭が優子についてどんなことを言っていたかを聞かれた。

6) 年間240日というのは、1週6日で40週である。週5日制が導入されてからは、年間15日前後通学日数が減少していると思われる。ただ、学習指導要領は年間35週を想定しており、その差5週間は学校行事やその準備などにあてられているということになる。

7) アメリカの公立小学校には、MGM (Mentally Gifted Minor) や GT (Gifted Talented) プログラムと呼ばれる一種の「英才教育」の制度がある (ギルバート 1986：101)。S市では学年のうちの1クラスにこのような児童を集める学級編成をしていた。表3-9の"GATE"もこの1種である。

8) このような体験入学が、現地の生活から日本の生活へと子供の関心を向けさせ

る力を持つものであることは間違いない。その意義が海外在住家族の間で次第に認識されるようになり、年々多くの子供が一時帰国をして体験入学をするようになっている。ただ残念なのは、この慣行が制度化されておらず、受け入れる学校や教師の「善意」に頼っている面が大きいことである。学期末の忙しい時期に、制度的裏付けのない子供を受け入れる側の負担を考えると、なんらかの法的裏付けが求められよう。「帰国子女が比較的多いと思われる市町村教育委員会」に対して1984年秋に中西晃が行ったアンケート調査によると、調査協力97教育委員会のうち、条件付きを含めて体験入学を認めているのが83、認めていないのが9となっている。残りの5教育委員会は回答無しということのようだが、全体の8割以上が認めていることを中西は評価している（中西 1986：178-180）。しかし、逆に言うと、「帰国子女が比較的多いと思われる市町村教育委員会」の約1割が体験入学を認めていないということなのである。若干古い調査結果であり、その後改善されていることが期待されるが、体験入学の効果が大きなものであるだけに、制度的・法的な裏付けを与えて日本全国の公立小中学校で可能となることが望ましいように思われる。

第4章 家族の帰国戦略
―― 日本の学校への帰還[1]

　2章において海外生活が決定してから出発するまでの準備を、3章ではS市での海外生活を詳しく見てきた。本章では、帰国に際して子供のために家族がどのような学校選びを行ったかについて、報告し分析していく。

　日本への本帰国が決まると、子供の学校をどうするかが家族にとって問題となる。もし子供が義務教育年齢であれば、学区の公立小中学校が第1の選択肢となってくる。学区の学校が適切ではないということになると、なんらかの受け入れ校を探すことになる。この際考慮されるのは、子供の日本語力などが学年レベルからどの程度「遅れ」ているか、将来の上級学校への進学、英語力の保持、そして、いじめの可能性などである。家族が表明する心配の内容を詳しく調べることで、海外経験や日本の学校制度を家族がどのように見ているかが浮かび上がってくる。

　帰国後の生活に影響する要因としては、個人的要因と状況的要因とを分けることができる。帰国子女の個人的要因の中では、滞米中のアメリカ生活（American way of life）と日本生活（Japanese way of life）との比重が最も重要である。アメリカ生活になじみ「アメリカ化（Americanize）」した子供ほど、帰国して日本生活になじむのに苦労する。海外でも日本人としてのアイデンティティを発達させて、その「浸食」が少なければ帰国後の「適応」は容易になる[2]。だが、帰国後の生活がどう進展していくかを規定するのは、個人的要因に限られるわけではない。子供が帰っていく文脈という状況的要因は、個人的要因に勝るとも劣らない影響力を有している。5章6節で見るように、

都市部のほうが地方よりも「異質な」人間に対して寛容であるためか、都市部へ帰国する子供のほうが「適応」が順調であるとの傾向が見られる。学校や地域の人びとの態度や経験が帰国子女の「適応」にどう影響するかは、南（1996）で詳しく論じている。アメリカに行ったときに、現地校に他に日本人がいると「適応」が促進されたように、日本の学校においても他に帰国子女がいるかどうかが大きく関係してくる。

帰国後の生活を規定するのが個人的要因と状況的要因であるならば、これら2つの要因群を結びつけるメカニズムの理解が重要となってくる。家族による学校選択という本章のトピックがそれである。まず、帰国子女受け入れ校について紹介し、次に、子供の年齢別に学校選択の様子を見ていくことにする。

1 帰国子女受け入れ校

帰国子女受け入れ校と呼ばれる学校にはさまざまなものがあるが、本書では表4-1に見られるように、どのような「特別扱い」が提供されているかによって3つのタイプに分類することにしたい[3]。帰国子女受け入れということで求められる「特別扱い」の1つは、在学中の指導である。帰国子女は海外在住中日本の学校生活から離れており、そのために日本語力や日本のカリキュラムの学習に「遅れ」があると一般的に見なされている。これに対応するために、「補償教育」と呼ばれるような、なんらかの制度が学校で用意されているかどうかが分類の1つの基準である。もう1つの基準が、編入学に際しての「特別扱い」である。とりわけ、高校や大学で一般生と異なる入学試

表4-1 帰国子女受け入れ校の3つのタイプ

タイプ	在学中の特別指導体制	編入学時の特別扱い(枠)	学校例
1	有り	有り	国立大学附属小・中・高校 私立受け入れ小・中・高校
2	有り	無し	公立受け入れ小・中学校
3	無し	有り	公立高校 私立中・高校

験や入試枠が用意されているかどうかが問題となる[4]。

これらの両方が提供されているものを受け入れ校タイプ1、在学中の特別指導体制のみの学校を受け入れ校タイプ2、そして、編入学における特別扱いのみのものを受け入れ校タイプ3と呼ぶことにする。

1 受け入れ校タイプ1

児童や生徒の日本語力や学習達成度の個人差に留意した手厚い特別指導が期待できるのが、国立帰国子女受け入れ校や一部の私立受け入れ校である。どちらも、公立の小中学校とは異なり、編入学に際してなんらかの選抜があるが、その選抜において帰国子女であるという理由から一般生とは異なる扱いが行われている。

帰国子女受け入れ校で選抜を伴う学校は、そのやり方で2つに大別できる。定員の一部を「帰国子女枠」として割り当てて入学させる学校と、そういうことはしない学校とである。前者の場合は選抜試験も、一般生向けのものとは異なり、海外で在籍した学校での成績と、小論文と面接からなる試験とを中心に行われる。後者の学校では、帰国子女にも一般生と同じ入学試験を課し、合格最低点だけを別に設定するということが多い。これは、入学後に生徒の個別のニーズに対応する体制が校内にどれだけ整っているかということとと密接に関連している。

同一学年内の生徒たちの間の「学力」差が大きいと、個別指導や進度別学級編成が必要となってくる。そのような体制のある学校では多様な生徒を受け入れることが可能だが、そういう用意のない学校もある。受け入れ校タイプ1とは前者であり、後者が受け入れ校タイプ3である。例えば、受け入れ校タイプ3に分類できるある私立の中高一貫校は「進学校」を自認しているが、「帰国枠」を設けている。この学校の帰国子女受け入れ担当の教師は、「うちはあくまで進学校ですから、はじめからついてこれない生徒を入れることはできません」ときっぱり言ったという（『海外子女教育』の国内受け入れ校を紹介するシリーズで1991年に紹介された学校についての記事より）。

注意しておく必要があるのは、タイプ1の受け入れ校が、いわゆる「基礎学力」を無視して選抜しているのではない点である。あくまで、日本の教育課程の学習や日本語習得の「遅れ」に配慮するということなのだ。アメリカに在住して現地校に通っていた子供は、日本語補習授業校に通学していたとしても、日本の教育課程の学習や日本語力に、国内生と比べて「遅れ」が見られても不思議ではないだろう。そのような子供の「学力」や「学習能力」は、現地校の成績などで評価すべきであるという考えをとっているのである[5]。

受け入れ校タイプ1では、編入後は帰国子女学級という少人数の学級に在籍するなどして、海外生活に由来する「遅れ」に対処する指導を受けることができる。国立学校での受け入れには、大きく分けて「帰国子女のみにより編成される帰国子女教育学級に受け入れるものと、一般の児童生徒と混合で受け入れるものとの2つの方式がある。一般に前者は特設方式、後者は混合方式と呼ばれている」(川端 1986：67)。1985年度においては、帰国子女教育学級は7国立大学付属の12校、混合方式は4大学付属の7校であった。例えば、著者の調査対象者の1人、P子が帰国後に在籍した神戸大学教育学部附属住吉中学校（名称は当時）は前者のタイプであり、定員16人の小さな教室で授業が行われていた[6]。

1980年代前半に「帰国子女の受け入れを主たる目的として」、国際基督教大学高等学校、同志社国際中学校・高等学校、暁星国際高等学校の3校が相次いで開校されたが、これらの私立学校も受け入れ校タイプ1のカテゴリーに入る。その他の私立学校でも、受け入れ体制があり帰国子女を特別枠で入学させているところは少なくない。受け入れ校タイプ1での特別指導には、少人数の特設学級や取り出し授業などがあり、高校では英語力や国語（日本語）力に応じて能力別のクラス編成が行われているところもある。著者の調査対象者Q子は、8年の滞米後帰国して国際基督教大学高等学校に入学したが、国語力が十分ではなくて、「日本語」の授業を選択することになった。外国人などの日本語非母語話者を対象とした「日本語」の授業が開校時から用

意されていたのである。

2 受け入れ校タイプ2

　受け入れ校タイプ2は、公立の小中学校で、帰国子女に対する特別指導体制を持つものである。基本的に編入学は学区内居住者に限られており、逆にその学区に居住すればだれでも在籍資格がある。そのため編入上の特別扱いといったものはない。ただし、帰国子女や外国人は、学区外居住者であっても、教育委員会の許可があれば「越境」を認めるというところもある。

　帰国子女に対する特別指導は各受け入れ校ごとに異なるが、共通しているのは、規定によって定められた教員の定員数に帰国子女担当者用の枠が上乗せされていることである。「特別加配」と呼ばれるこの枠を使って帰国子女担当の教員が配置され、帰国子女の編入時の相談にあたったり編入後の特別指導を担当したりする。加配教員枠が1校で1人の場合はなかなかむずかしいが、2人以上となると、「日本語回復教室」や「帰国教室」などという特別指導のための常設の教室が設置されることも多い。帰国子女担当としてどの教員を配置するかは学校長が決定するが、実際に任命されるのは、海外派遣を経験したことがある教員が多いようである[7]。

　学校内にいくつかある委員会組織の1つとして設置される「海外帰国子女教育委員会」では、帰国子女担当教員が中心となって帰国子女の指導体制が作られている。また、「現職教育」や「研修・研究」のテーマとして海外帰国子女教育・研修が選ばれることもある（川端による学校運営組織のモデル例（1986：66）より）。一般的には、児童生徒本人や保護者の相談にのるというのが、受け入れ校タイプ2における帰国子女への「特別指導」の中心であり、放課後や通常の授業中に所属学級から取り出して特別指導を行っているという公立受け入れ校は少数のようだ。ただ、そのような特別指導が行われていないということではなく、制度として特別指導の体制がないということである。学級担任や教科担任が、学習面で「問題」を抱えている児童生徒に対して放課後などに指導するということは、一般の公立学校でも普通に行われている。

受け入れ校ではない普通の公立小中学校では、帰国子女も同じようにして「特別指導」を受けているのである[8]。

3 受け入れ校タイプ3

私立学校や公立高校で、編入学試験において帰国子女用の枠を設けているが、編入学後の特別指導体制を特に用意していない学校がある。これを本書では受け入れ校タイプ3と呼ぶ。選抜試験の問題も一般生と同じで、合格最低点を別に設定するということが行われる。あるいは、海外での学校の成績や面接を重視するにしても、注5で引用した私立中高一貫校の教員の言葉に見られるように、選抜の力点は「特別指導がなくても授業についていけるかどうか」ということに置かれている。帰国子女の受け入れには地方自治体から補助金が交付されるようで、私立学校にとっては特別指導を要しない「帰国子女」であれば、受け入れに伴う経済的メリットは小さくない。上記の理由から、受け入れ校タイプ3の「帰国子女」には、現地校出身者ではなく、全日制日本人学校の出身者が多くなっている。

著者が、ロジャー・グッドマン（Goodman 1990＝1992）の研究に対して抱いている不満は、この点に関係している。彼が参与観察を行った「藤山学園」はその記述から特定できるが、それは受け入れ校タイプ3に分類されるものである。そのため、「藤山学園」の「帰国子女」は、海外在住中に日本人学校に在籍した子供が多いのだが、そのような「帰国子女」を対象とした調査に基づいて、「帰国子女」は、帰国してから「問題」がなく、優遇されており、エリートであるとの結論にグッドマンは到達している。しかし、一般的には、帰国に際して「問題」が大きい「帰国子女」は、海外で日本人学校に通っていた「帰国子女」ではなく、現地校と日本語補習授業校に通っていた子供たちなのである[9]。

帰国子女やその家族にとって、受け入れ校タイプ3のメリットが編入学時の特別扱いにあることは間違いないが、それよりも重要な意味を持つのが、その学校が私立大学の付属校や系列校であり、大学まで内部推薦によって一

般入試を体験することなく進学できるということである。本章の後半において見ていくように、大学への進学は、海外帰国家族にとって、一般の家族以上に切実な問題である。海外生活のために子供には日本の教育課程の学習に「遅れ」や「欠落」があると感じており、それを大学受験までに埋めることができるだろうかと心配しているのである。推薦によって大学へ進学する道が用意されているということは、私立の受け入れ校の大きな魅力なのである。

内部推薦による大学進学は、受け入れ校タイプ3に共通して見られる特徴というわけではない。公立の高校には、「指定校推薦」という成績が特別に優秀な一部の生徒を対象とした推薦枠しかないのが普通である。また、受け入れ校タイプ1として挙げた国際基督教大学高等学校や同志社国際高等学校にも内部推薦制度はある。そういう意味で、本章における受け入れ校の分類は、残念ながら、受け入れ校の提供するサービスや帰国家族が求めているものすべてをうまく整理できるものとはなっていない。

編入学に際しては、帰国子女枠に出願できる「帰国子女」の資格が問題となる。文部省の規定では、「海外勤務者等の子女で、引き続き1年を越える期間海外に在留し」たものを帰国子女として統計を作成することとなっている(文部省の『昭和60年度学校基本調査の手引き』よりの中西による引用(1986：172))[10]。しかし、受け入れ校タイプ1やタイプ3で編入学時に「帰国子女」として出願するためには、在外期間が2年以上で、帰国後1年以内という条件が設けられていることが多い。「海外勤務者等の子女」という在外理由も条件としてよく付されるものである。生徒単身での「海外留学」は対象としないという趣旨である。

4　大学の帰国子女受け入れと国際学校

ここまで初等中等教育における受け入れ校を見てきた。次に大学における受け入れ体制に目を転じよう。大学での帰国子女受け入れは、その精神としては、上記の分類の受け入れ校タイプ3に近いもののようである。入学後の特別指導に配慮しているところは少なく、学生本人による努力を前提として

いる。ただ、大学の帰国子女入試は、海外の学校の多くが6月に学年が終了するという事情を反映して秋に行われるのが普通である。そのため、合格発表から翌年春の入学までに少し期間がある（9月入学を認めている大学は、日本では少数の例外を除いてほとんどない）。この期間に、大学によっては、理科系の学生を対象とした数学の補習を行うなどの特別指導をしているところがある。

　帰国子女枠での出願資格としては、大学出願の場合は、在外期間という条件に加えて、海外現地校の高等学校の最終学年、あるいは12年生の修了が条件として追加される（ただし、この条件は近年緩和されつつある）。選抜は文科系の学部の場合は、現地校での成績とTOEFLやSATなどの得点に基づく書類選考と、小論文と面接などからなる2次選考とにより行われるのが普通である。TOEFLとはTest of English as Foreign Languageの略で、アメリカの大学に英語を母語としない者が出願するときに受験してその得点を提出するものである。SATはScholastic Aptitude Testの略で、アメリカの大学出願に際して、（外国人に限らず）志願者全員にその受験が要求される統一テストである。日本の大学の帰国子女入試においては、在籍していた現地校に応じて、ドイツのアビトゥアや世界共通資格である国際バカロレアなどがSATなどの代わりとされることもある。

　初等中等教育段階での家族の選択肢としては国内の国際学校や外国人学校も考えられる。インターナショナルスクールやアメリカンスクールといった英語などの非日本語を教授言語として、日本の教育課程以外のカリキュラムに基づいて教えている学校である。日本語力の欠如や英語力の伸張のためにこれらの学校を選ぶ帰国子女もいる。しかし、日本の法律上「各種学校」と位置づけられており、これらの学校に子供を通わせることは、親が「就学義務」を果たしていないと見なされることになる。授業料も高く、12年生を卒業しても、国際基督教大学や上智大学外国語学部などの少数の大学を除いては、日本の大学への出願資格も認められない。それでも、必要に迫られて、あるいは、将来の海外の大学への進学を見越して子供をこれらの外国人学校へ通わせる帰国家族は少なくない（日本の国際学校と外国人学校について詳しく

は、西村 1988を参照)。

2 帰国中学生

それでは、帰国子女たちは、どのような受け入れ校を実際に選んでいるのだろうか。以下では、著者がその帰国についての情報を収集した131人の帰国子女のうち、帰国後の学校についての情報が得られなかった2人を除く129人についてのデータを元に、帰国家族の学校選びを見ていく。129人の滞米期間と帰国時の学年とを示したのが表4-2である。滞米期間を、2年以内、3年以内、5年以内、5年を越える子供の4つに分けた。これは、1節で言及したように、通常「帰国子女」としての「特別扱い」の対象となるのが在外期間2年以上だからである。子供たちの帰国時の学年は学校段階ごとに分けてあるが、小学生については、3年生までの低学年と4年生からの高学年とに分けた[11]。

家族にとって帰国に際しての最大の関心は、子供の学校である。この問題は、子供が義務教育ではない高校や大学に在籍する年齢である場合、とりわけ大きなものとなる。表4-2に見られるように、このような年齢で帰国した子供が著者の調査対象にも少ない（129人中10人、7.8％）という事実そのものに、このことは反映されている。家族は、子供が高校生の年齢で帰国することにならないようにできるだけ努力するのである。駐在員を派遣する企業の側は、家族を帯同しての駐在を基本的には求めている。だが、子供が高校生だからという理由での単身赴任には、企業も理解を示しているようである。

表4-2 調査対象の子供の滞米期間と帰国時の学年(N＝129)

滞米期間	就学前	小学校低学年	小学校高学年	中学生	高校生	高校卒	合計	％
2年以内	1	9	14	2	0	0	26	20.2
3年以内	2	5	4	5	0	1	17	13.2
5年以内	6	14	13	16	2	2	53	41.1
超5年	1	6	11	10	4	1	33	25.6
合計	10	34	42	33	6	4	129	100.0
％	7.8	26.4	32.6	25.6	4.7	3.1	100.0	—

2　帰国中学生

表4-3　帰国に際して子供について母親が持っている心配（N＝30）

帰国時の子供の学年	中高卒 2人	中学生 9人	小学生 19人
学習面			
現地校の9年生または12年生の修了	2	0	—
教科学習の「遅れ」	0	3	3
将来の入学試験	2	9	4
英語力の保持と英会話	0	2	4
その他の問題			
学校生活（いじめ；校内暴力；偏見；友達ができるか）	0	3	3
態度とパーソナリティ	0	2	3

表4-3は、著者の調査対象の家族のうち、アメリカから追跡調査をした14家族の母親たちが、帰国を前にしてS市で行ったインタビューにおいて表明した「心配」を整理してまとめたものである。14家族には、1人の幼児を除くと合わせて30人の子供がいた。子供1人だけの家族が3家族、子供2人が6家族で1番多く、子供3人が4家族、子供4人が1家族だった。30人の子供の帰国時の年齢を学齢で分けると、中学・高校卒業2人、中学生9人、小学生19人だった。小中学生の子供を持つ母親は多様な心配事を挙げているが、中学・高校卒の子供の母親は、家族数が少ないためか2種類の「心配」に言及したのみである。本節ではまず、母親たちの話を紹介しながら、中学生を抱えた家族の帰国に際しての「心配」とその対策を分析していく。

1　帰国時期

帰国してからの学校選びを規定するのは、第1に帰国時の子供の学年である。さらに、それが何月のことであるかも関係してくる。中学校1年生の子供を持つ母親（和田夫人：02M）は、帰国時期の決定の事情を14-1のように話してくれた。インタビューは、この家族がS市を去るための引っ越し作業の最中に行われた。当初の予定では、子供が日本の学校の学年で中学校1年生の2月に、家族そろって帰国することになっていた。しかし、父親の勤務先の事情で「数カ月」滞米が延びることになったため、父親を残して先に帰国することにしたというのである。子供が「小学生ぐらいだったら、数カ

第4章 家族の帰国戦略　101

I 4-1　「数カ月でも待てない」——日本の中学校は大切な時期
[910117S；02M；039：59〜041：19]

南	：あの、まあ、お帰りになるっていうか、あ、で日本、の、高校はじゃあ日本でっていうか。
和田	：ええ、もう、だから、でたまたまここへきてあの、主人が、ちょ、ちょ、ちょっとだけなんですけど延びるって話がでたときに、もう、あたしそく、「じゃあ家族はさきに帰して」って言いましたね、主人に。ていうか、かなりもう、まあ直接宿題は見てなくても、様子でね、とか、あの、あゆみっていうか、通知表見た、状態で、あ、これはまずいなっていうか、（笑い）。帰ってからのあれが、もう取り返しきく、あの、する時間がかかるんじゃないかっていう判断したんで、あのう、今回の引っ越しも家族だけの先の引っ越しになるんです。
南	：あ、そうなんですか。
和田	：はい。もう、ていうのも、ほんとに、学校に慣れて友達つくるのはすぐつくれるかもしれないけど、学習面で（笑いながら）、ね、ちょっと、すごい心配が、こうしてでてきたんで、もう、とにかく、じゃあさきに帰らせて欲しいって主人に言って、今回もこう、はや、早めにね。
南	：あ、そうですか。じゃあ、ご主人はいつまでとかまだわかってないんですか。
和田	：いえ、もう、ええ、一応あの、ほんとに、なん、なん、数カ月の、あれなんですけどね。それでも、ま、小学生ぐらいだったら、その数カ月だと待たせてもいいなっていう気持ちあったんですけど、中、日本の中学っていうのは一番ね、あの、
南	：そうですね。
和田	：はい。あの、あれしてたんで。

月」帰国を延ばして、父親と一緒に帰国してもかまわないという気持ちになるのだが、「日本の中学は一番」大切な時期であり、「数カ月」帰国を遅らせて中学校2年生の5月や6月になってから帰国するのと、中学校1年生の2月の時点で帰国するのとでは大きな違いがあると考えての決断である。

　この決断には、新しい学年が始まる前に転入をすませてしまいたいという考えもはたらいている。中学校2年生の5月や6月に帰国すると、新しい学級が編成されてからの転入となる。だが、1年生の2月に帰国すれば、1カ月ほどで春休みとなる。4月からはみんなと同じく新しい学級に最初から参加できるのである。また、5月末には1学期の中間試験が行われる。その前後の時期に帰国するとなると、試験勉強も満足にできなかったり、試験その

ものを受ける機会を逃したりするかもしれない。公立高校の入学試験においては中学校の内申書が重視されるわけだが、とりわけ、中学校2年生から3年生の2学期までの成績が大切であり、2年生1学期の中間試験に準備不足で臨むことになるのは高校受験の戦略上も好ましくない。

このような事情に加えて、和田夫人は子供の「学習面」での遅れを強く感じていた。補習授業校での成績を見て、「まずい」という印象を持っていた。「取り返し」をするにも時間がかかるだろうと「判断」し、「数ヵ月」は待てないと父親をS市に残して「家族だけの先の引っ越し」をすることにしたと言うのである。

2　いじめと校内暴力

学校での「いじめ」が日本で大きな社会問題となったのは、1980年代前半のことであるが[12]、帰国子女へのいじめが大きく取り上げられ始めたのは、帰国家族の母親による『たったひとつの青い空』(大沢 1986)の出版や、これを脚色したNHKのテレビドラマ『絆』の放映(1987年10月)が契機である。本書の元となった調査の初発の調査疑問は、帰国子女のいじめの問題であった。ここでは、学校でのいじめ全般を扱うことはせずに、帰国子女と関連する点に絞って議論を進める。

(1) 日本の学校や教室では、ある子供が断続的で目立たないいじめの犠牲者となる。いじめに関連する要因としてよく言及されるのは、学習へのプレッシャー、厳しい校則、子供たちが甘やかされていること、「タテ社会」(中根 1967)などである。あるいは、日本社会の強い同調圧力の反映とも言われている。

(2) ほとんどどんな子供もいじめの対象となりうるが、小さくて弱い子供、障害を持つ子供、異質な子供たちがいじめの対象となりやすい。テレビドラマのトモヤの例のように、「異質な」言動をしがちな帰国子女もいじめの犠牲者となりやすい。

(3) いじめは、学校内での暴力のレベルと関係していると考えられている。

Ⅰ4-2　受け入れ校を選択した理由——いじめ・進学・校内暴力
[910713J；03M；004：07〜007：34]

> 南　：それは、そういうお話は帰られる直前に、されたんですか。
> 宮田：ええ。あのう、まあ、少しは考えてたんですけどねえ。やっぱり、あのう、まだこのへん××っていったら、まだそんなに数がいないんですね、帰国子女ってゆったら。やっぱし、あのう、こう、ちょっと変わった目で見られる、可能性もあるわけですよね。でまあ、まあ、一番の原因なんですけど、まあ、やっぱりあのう、普通の、中学校に入れたら、もう、あのう一応、受験があるわけですよね。高校3年、あ、中学校3年生のときね。そうしたら、やっぱりもう、今でさえ学力がね、落ちてるのに、あの、普通の子とは、勝負できないと思ったんです。やっぱり、男の子ってゆったら、まだ今、まだ、学歴社会、ですしね。ですから、あんまりこう、変な高校に行ってもらっても、ちょっとあとあと、あのう、影響してくるかなあと思いましてね。だったら、もう、Nは受け入れ校だし、入れるもんだったら、あのう、まあ入れたいなと思って、ええ、行かしたんです。
> （中略：N中学校への編入手続きについて［005：24〜006：58］）
> 南　：その、ご本人、お兄さん自身もわりとそういう、普通の中学校に、帰るのは不安みたいなことおっしゃってたんですか。
> 宮田：あのね、荒れてるんです、学校が今。ちょっとはおさまった、って聞いたんですけど。ちょうどあの、アメリカに行くぐらいのときにね、なんか、暴力事件とか。［この市］でも一番荒れてるって聞いたんですよね。ですからやっぱりそれもほら、ちょっと耳に入ってるしね。やっぱし本人も、やっぱり、まだちっちゃいですからね、からだがね。だから、本人も、なんか、心配してましたね。

暴力行為や問題行動の多い、「荒れた」学校ほどいじめが多いとされている。

これは、中学生を持つ帰国家族が、いじめと学校などについて持っていると思われる信念をまとめたものである。命題(1)は明言されることはないが、前提として置かれていると思われる。命題(2)、すなわち、子供がいじめの犠牲者となることへの恐れが家族を突き動かしている。そして、いじめを回避するために、受け入れ校を選択する根拠が命題(3)である。

Ⅰ4-2は、中学校1年生の子供を持つ別の母親（宮田夫人：03M）との帰国後の日本における追跡インタビューの一部である（この家族は3月に帰国したのだが、7月の帰国後のインタビューの時点では子供は中学校2年生になっている）。

帰国前のS市でのインタビューでは、宮田夫人は、子供を受け入れ校へ編入させるという可能性については言及しなかった。帰国後のこのインタビューにおいて、私立のN中学校（受け入れ校タイプ1）へ子供が通学しているということを聞いて著者は驚き、N中学校へ通うことをいつの時点で考えたのかをたずねているのがI4-2の冒頭の場面である。

宮田夫人は、帰国前から考えていたと簡単に答えてから、その理由に話題を移す。最初に、「ちょっと変わった目で見られる可能性」があると、いじめにつながる要因を挙げる。中京圏のこの場所では、地域に帰国子女が「まだあんまり数がいない」というのである。そしてすぐに、「一番の原因」として将来の進学問題の話を始める。N中学校はN大学の系列であり、高校・大学へと内部推薦で進学できる。この点はあらためて議論するが家族にとって大きな関心である。

母親、あるいは両親の見方とは別に、子供本人がどう思っているかに著者が話題を移してみたところ返ってきたのが、学区の中学校が「荒れて」いて、かつては「暴力事件」があったなどの情報が本人の「耳に入って」いて、不安を感じていたということである。子供が体格的に小柄であるということもあり、「荒れた」学校に行っていじめられるのではないかと不安を感じていたというのである。

興味深いのは、この母親が、S市における帰国前のインタビューではあまりいじめを心配していなかったことである。テレビドラマ『絆』を引き合い

I4-3 「日本をひきずって歩いている」——自己主張がない
[901203S；03M；067：53～068：59]

宮田：わたしあのテレビ［『絆』］見てね、子供［トモヤ］にも原因があるような気したんですねぇ。なんかこう、こう、とけこまないような性格、でしたね、あの子ね。やっぱし、本人の性格、じゃないかなと思うんですけどね。
南　：［アメリカの現地校で自己表現が重視されていることについて］
宮田：うちね、3年かかってもあそこまで、自分の考えをはっきり、言うまでにまだ、そこまでいたってないような、気するんですね。
南　：あ、そうですか。じゃ、まだ、日本人の、あの、
宮田：まだ、日本ひきずって歩いてるような、（笑い）、感じです。

に出して聞いてみたのだが、その際の発言はI4-3のようなものであった。

テレビドラマ『絆』の主人公トモヤが、どんどん「自分の考えをはっきり言」って、「とけこまないような性格」であったのに対して、自分の子供は滞米3年を過ぎても、英語もまだ現地校の学年レベルに到達せず、「日本をひきずって歩いてる」ような感じである。だから、帰国してからも、トモヤのように反感を買うような言動をすることはないであろう。もしいじめられるとしたら、それはまわりに責任があるということなのだろうか。それとも、アメリカではそれほどアメリカ化しているように思えなかった子供が、日本に帰国してみるとアメリカ化しているように見えたということだろうか。いずれにしても、帰国前は「勉強以外は不安がない」と明言していた宮田夫人だが、帰国して考えが変わったということのようである。

いじめに関連する要因として、学校が「荒れて」いることのほかにこの母親が言及しているのが、地域における帰国子女の数である。地域や学校に他に帰国子女がいるかどうかは、いじめに限らず帰国子女の安寧を大きく左右する要因である。帰国子女が「珍しい」ところでは、どうしても奇異の目で周囲から見られることになり、トラブルの原因となりやすい。帰国家族が受け入れ校を選択するのは、他の帰国子女の存在、つまり仲間がいて友達が出来やすいという理由も強く意識してのことである。

3　学習態度

表4-3では、学習面以外の心配点を、いじめなどの学校生活と、態度や性格という2つに分類したが、このうち後者は、生活一般にも学習面にも関係している。一般的な態度の問題というのは、トモヤについて宮田夫人が評したように（I4-3）、自己主張をする「とけこまない性格」のことである。そして、学習面と関連の深いのが、「勤勉さ」とも呼ぶべき学習態度である。「がんばる」、あるいは努力するということである。

I4-4は、I4-1と同じ母親（和田夫人）との帰国前のインタビューから抜き出したものである。中学1年生の3学期のこの時期に帰国するよりも、

I 4-4 「考えがあまく、受験を経験させたい」
──受験勉強の態度陶冶効果への期待
[910117S；02M；041：24～043：08]

> 南　：その、たとえば、こちらで［S市で］高校終わって、あ、ああ、ごめんなさい、中学終わって、帰国子女枠で高校に入るとかそういうことは［考えませんでしたか］。
> 和田：えー、っていうか、ま、それでこちらの（笑い）、成績もそんなにいいとはいえないですしね。なにか本人が、希望してね、ぼくはこれだけがんばってるし、いたい、っていうんだったら、考えもしたんですけど、［日米の学校の学習が］両方ここへ来て、く、くずれてしまったほうなんで。これは、やっぱりもう、親のほうとしてもね、きちんとその、場所もきちんと決めてね、あの、それに専念させないといけないっていう判断をしたんで、もう、はい。まあ、あのう、2、2年までかかってますのでね、こっちの学校は、中2までね。だからあと1年いてね、こっちのあれ［中学卒業資格］を取ってっていう考えもあったんですけど。なんか、あの子の性格とか、そういうの見てると、そのいい意味でも日本の受験のあれに入れさしてもいいんじゃないかっていう。ちょっと、すごく、あの、考えがあまい。最近まで一人っ子できましたでしょ。い、いろんな面で、精神の面でもちょっと、弱いとこもあるし、ていうあれもあったんで。ま、すごく受験っていうと、暗いし、あんまり、ね、よくないイメージがあるけども。やっぱりなんか目的一つつくってね、それにこう、向かって、ね、あの、がんばるという、機会を与えたほうがあの子のためにもいいんじゃないかなっていう、あれもあったしね。だから、でもあの、逆に本人は最近ここにいたいっていい出して、どうしてかっていうと受験がないからって（笑い）。ああ、あやっぱり、親としてやっぱり絶対これは受験を経験させないといけないなって（笑い）。

現地校で9年生修了まで残ってということは考えなかったのかという著者の問いに答えている部分である。

　和田夫人は、それも考えたという。子供は現地校では中学校2年生（8年生）であり、9年生の修了まであと1年半足らずである。しかし、そのようなかたちで受験勉強を回避するのは、子供のためにならないと考えている。和田夫人の見るところ、子供は家庭学習をきちんと行わないで、現地校の学習と日本の学校教科の学習の「両方くずれて」しまっている。「受験っていうと暗く、よくないイメージがある」が、これから受験を目標として学習する態勢に子供を置こうというのである。「精神面で弱い」ところもあるので、受

験勉強を通じて強さを獲得して欲しいともいう。受験勉強が「いい意味で」、「考えがあまい」のを鍛え直す機会となることを期待しているのである。5章7節で帰国子女受け入れ専門のA高校の笹川教諭のコメントを紹介するが、和田夫人の考えには、笹川教諭の見方と通じるものが見られる。

ここで注目すべきは、アメリカ生活で身についた学習態度、正確に言えば、身につかなかった学習習慣の獲得のために、帰国に際しての学校選択も影響されているということである。つまり、この家族の場合、将来の受験を回避するために帰国子女枠を使って私立大学の系列の学校に入学してしまおうというのではなく、公立中学校に編入して高校を一般生と同じように受験しようというのである。「親のほうとしても、場所をきちんと決めて〔勉強に〕専念させないといけないという判断」をしたというわけである。

だが、子供が「特別扱い」をまったく必要としないとこの母親が考えていたわけではない。公立受け入れ校（タイプ2）に子供を入れたいと強く望んでいた。持ち家がなく社宅（借り上げ社宅）に住むということで、公立受け入れ中学校の学区にアパートを見つけようとしてかなり手間取ったとのことであった。受け入れ校タイプ2の特別指導の助けを借りて、子供に受験勉強に立ち向かって欲しいと考えているのである。

4　高校進学

日本では高等学校への進学率は90％を越えてはいるものの、全員入学の義務教育ではなく、入学試験などによる選抜が行われている。一般生は小学校、中学校と文部省の定める学習指導要領に基づいて学習してきており、高校の一般入試においては、これの「習熟度」を測定するような出題がなされている。海外で現地校に通学していた帰国子女は、日本の教育課程で学習していたわけではなく、「遅れ」があり「不利」である。この問題に対応するために設けられたのが、受け入れ高校や大学の帰国子女枠であり、そのための編入学手続きである。

1節で紹介したように、受け入れ校の編入学時の帰国子女の特別扱いは、

受け入れ校の受け入れ体制によって2つに分けられる。受け入れ校タイプ1は、帰国子女の「遅れ」に対応できる体制、あるいは、少なくとも対応しようという姿勢を備えている。そのため、海外で通学していた学校（現地校や国際学校）での成績を中心とした選抜を行っている。それに対して受け入れ校タイプ3は、一般生と同じ入学試験を行っているところが多い。定員のうちの一部を帰国子女に割り当て、現地校の成績などは考慮せず、入試成績のみに依拠して選抜するという学校が多いようである。結果として、「帰国子女」とは言っても、海外で現地校ではなく全日制日本人学校に通っていた子供が入学している場合が多くなっていることはすでに指摘した。

　これらのうちのどちらのタイプの受け入れ校であるか、つまり、編入の選抜がどのように行われるかが、帰国家族が学校を選択する際の1つの大きな要因である。著者が調査したのは、Ｓ市において月曜日から金曜日までは現地校に通学しながら、土曜日に日本語補習授業校で日本の教科書を使用して勉強してきた子供たちである。だからこそ「遅れ」があり、それを「取り返す」ことができるかどうかを心配し、現地校での成績こそ評価の対象としてほしいと望んでいる。

　学校選択のもう1つの要因が、その学校が上級の学校へ進学する際の推薦制度を持っているかどうかである。Ⅰ4-2で宮田夫人が明言しているように、日本は「学歴社会」であり、「変な大学に行ってもらっては困る」。有名大学の付属校や系列校の私立高校の人気が高い理由である[13]。

　帰国子女が付属高校に入る方法としては、帰国してその付属中学校に入る方法と、いったん公立中学校に入っておいて高校入試の段階で帰国子女枠を活用する方法とがある。「帰国子女」として出願できるかどうかは、在外期間や在外時の通学校（全日制日本人学校か現地校か）、帰国してからの期間などによって受け入れ校ごとに決められている（注10参照）。そのため家族は、上級学校の受験の時点で「帰国子女」の資格が子供にあるかどうかについてはよく調べている。例えば、宮田夫人も、高校受験の時点では子供は帰国子女として出願できないということを、帰国前のインタビューの時点で意識してい

表4-4 帰国中学・高校生の在籍中学・高校(N=33)

滞米期間	タイプ1	タイプ2	タイプ3	公立からタイプ1へ	公立からタイプ3へ	公立から一般校へ	公立中学校在学中	国際・外国人学校
2年以内	0	0	0	0	0	1	1	0
3年以内	0	0	2	0	2	1	0	0
5年以内	3	2	0	4	2	1	4	0
超5年	3	2	0	2	1	1	0	1
合計	6	4	2	6	5	4	5	1

た。「うちは、帰国子女枠が使えないんです。一般の子と肩を並べて受験するわけでしょ。ちょっと、もう無理だと思うんですねぇ」と、S市でのインタビューのときに高校受験について述べている。

表4-4は、中学生で帰国した子供たちがどのような中学校や高校に通っているかを滞米期間別に示したものである。著者がデータを集めた33人のうち、中学校でなんらかの受け入れ校に通ったのが12人で、普通の公立中学校に通ったのが20人、外国人学校に通ったのが1人だった。受け入れ校に通った12人をタイプごとに分けると、受け入れ校タイプ1に6人、タイプ2に4人、タイプ3に2人と分かれた。帰国後、受け入れ校ではない普通の公立中学校に通った20人を、後に進学した高校のタイプ別で分けると、公立中学校から受け入れ校タイプ1の高校に進んだのが6人、受け入れ校タイプ3に進んだのが5人、普通の公立高校に進んだのが4人、調査時点でまだ中学校在籍中というのが5人だった（高校は、編入学に際してなんらかの選抜試験があるため、受け入れ校タイプ2は存在しないという点に注意を喚起しておきたい）。公立中学校に編入学した子供の間では、滞米期間の短い生徒は普通の公立高校への進学ということになっている。もちろん、滞米期間が短いと学習上の「遅れ」は少なく、一般入試でもそんなに「不利」とならないと考えられているという事情があるのだろう。

高校入試の際に帰国子女枠で出願できる場合は、中学生として帰国してすぐに付属の私立中学校へ編入せずに、しばらく公立中学校で様子を見るということもできる。表4-4に見られるように、いったん普通の公立中学校に在籍しておいて、高校の段階で帰国子女受け入れ校に進んだ子供は20人中11

表4-5 追跡調査対象の帰国中学・高校生の在籍校（N＝11）

ケース番号	滞米期間	出国時の学年と月	帰国時の学年と月	帰国後の学校
02AB	4：05	小3：10月	中1：2月	中学（タイプ2）
03AB	3：09	小4：7月	中1：3月	中学（タイプ1）
04AG	6：10	小1：6月	中1：3月	中学（タイプ2）
06AG	3：04	小5：8月	中2：11月	中学（タイプ1）
11AB*	2：07	16歳：12月	高卒：6月	大学（タイプ3）
11BG*	2：07	小5：12月	中2：6月	中学（タイプ3）
12AB	4：09	小4：10月	中3：6月	中学（公立）
12BG	4：09	小3：10月	中2：6月	中学（公立）
13AB	4：07	小3：12月	中2：6月	中学（公立）
13BG	4：07	小2：12月	中1：6月	中学（公立）
14AB	3：11	小6：8月	高1：6月	高校（タイプ3）

ケース番号：（家族番号）＋（出生順：A・B・・・）＋性（B：男，G：女）
在外期間：（年）：（月）
＊：この2人は，S市に来るまえは，ヨーロッパに2年在住。

人だった。これには地域差が関係してくる。首都圏・近畿圏・中京圏などの大都市部を除くと、帰国子女枠を持つ大学付属の私立中学・高校は少ない。そのような地域では入試の際に特別枠を持つ公立高校（受け入れ校タイプ3）がいくつかあるのみということになる。このため、受け入れ中学校へ通わせたいが、通学範囲にそのような学校がないという家族も少なくないのである。

中学校在籍年齢で帰国した33人の子供のうち、著者の追跡調査の対象となったのは9人であった。これに中学校卒業後に帰国した2人を加えて、滞米期間と帰国後の学校とを一覧に示したものが表4-5である。これら11人は7つの家族の子供だが、著者の調査における家族番号（2桁）とその家族の子供の出生順位（A・B）と性別（B：男児；G：女児）で示している。

中学2年生の子供を連れて帰国した母親（小口夫人：11M）は、私立中学校（受け入れ校タイプ3）へ編入させるという選択の理由をI4-5のように語った。高校受験を回避したいという動機が明言されているほか、地区の公立中学校の暴力問題や帰国生が少ないという理由も挙げている。また、ここでは言及されていないが、キリスト教系の学校に入れたいという両親の希望も私立校への編入という決定につながったようである。

日本の私立学校には宗教色を打ち出したものが少なくない。指導の根底に

Ⅰ4-5　高校受験の回避——荒れた学校・英語教育
[910705S；11M；010：11～011：07]

> 南　：いや、やっぱりその、なにか、普通の、日本の中学校へは、ちょっとこう、構えて、なんか、イメージが。
> 小口：あのう、公立ですか。そうですね、あのー、あそこ、なんでしたっけ。Rさんのところみたいにねぇ、帰国生が多いようなところならいいんですけども、ここ、なんか公立よくないんですね。×××××。あのう、上の子がやっぱり6年生の1学期まで日本にいましたでしょ。そのときも、まわりでみんなでね、「問題ね、あそこはいままで評判良くないから（笑い）」なんていってましたからね。で、子供じしんも、公立へ入って、ちょっと英語の授業つまんないのもあれだし。て、かといって、これから受験勉強して、高校で受験し直すっていう、よりもいま編入試験で、うけて入って、うーん、あのう、私立入っちゃいたいって言うもんですからね。

宗教の教えに基づく精神・道徳教育があり、それを売り物にしてきた。女子を対象とする私立中学・高校は、なかでも独自の地位を占めてきた。キリスト教系の学校は英語教育に力を入れているところも多く、帰国家族の間で人気がある。その意味でも、大学付属の私立中学・高校に帰国子女枠で編入するのは男子よりも女子に多いようである。男子の場合は、Ⅰ4-2の宮田家の子供のような事例ばかりではなく、少しでもランクの高い大学へ入るように、あるいは、受験勉強を通じて勤勉な態度を身につけるという効果も期待して、あえて受験を体験させるという家族（例えば、和田家）も見られるのである。

5　英語——海外経験の得失

　もしアメリカ生活がなければ、子供の日本での「学力」はどれぐらいだったのだろうかと家族は考えるようである。そして、帰国後の児童生徒としての経歴がどんなに順調であっても、「日本にずっといればもっと高いレベルの学力があったのに」と思うものである。つまり、海外生活を原因とする「遅れ」があると感じている。アメリカ生活において獲得した英語力はその代償であり、それだけに大切にしたいと考えるようである。

　Ⅰ4-6は、小学生の子供2人を伴って帰国する母親（三村夫人：15M）が、帰国直前に語った言葉である。アメリカで「得たもの」がなんであるかは特

I 4-6　海外で「得たもの」の保持
[901203S；15M；054：00〜054：56]

> 三村：教育ですか。教育は、もう、なんて言うのかな。どうしようもないですね、いまは。もう、日本に帰ってから、取り戻せるか、どうかわかんないですけど一生懸命、やるよりないっていう感じで。
> 南　：やっぱり、そのう、こちらで得たものっていうのは、その、教育の一部に入らないっていう感じですか。やっぱりその、日本の教育に関して、やっぱ、こっちでいる間に遅れちゃったっていう、認識なんでしょうか。
> 三村：あーん、それはないですけど、あの、やっぱこっちで得たものは大きいですからね、あのう。それは、もう、ちゃんと、あのう、保持してもらいたいし。で、やっぱり、その、それを得た分だけ日本、日本の教育のほうがやっぱ遅れてますから、あのそれはもう、日本に帰ってから、一生懸命がんばってもらうより、ほかないと思ってますけどね。

定されていないが、それに英語力が含まれていることは間違いない。「ちゃんと保持してもらいたい」ものである。「それを得た分だけ、日本の教育のほうが遅れて」いるのであり、それを「取り戻せるかどうか」わからないが、「一生懸命がんばってもらうよりほかない」というのである。

　多大の犠牲をはらって「得たもの」であるだけに、英語には大きな自信を持っている。I 4-5の小口夫人の言葉にあったように、中学校1年生から英語を始める一般生と同じ授業を受けるのは「つまんない」のが当然で、それを強いるのはかわいそうに感じられる。実際に帰国子女が教師とトラブルを起こすのは、英語科の教師との間であることが多い。テレビドラマ『絆』のトモヤの場合も、英語の教師との衝突が級友からのいじめのきっかけとなっていた。知識伝達形式の指導を中心として、知識や技能の優越性をその権威の基盤としている日本の教師にとって、「ナチュラル」な発音で英語を話す帰国子女は、「やっかい」な存在である。しかも、教師の誤りを帰国子女が授業中に指摘したりすれば、教師の権威やプライドはなくなってしまう。帰国子女の多い学校の英語教師はそのような状況にも比較的慣れており、そのような面でも、親としては受け入れ校を選択しようという気持ちになるのであろう。

　つまり、帰国子女受け入れ私立中学・高校を選択するのは、高いレベルの

英語の授業を期待してのことである。これは、大きな「犠牲」と引き替えに獲得した英語力を「保持」するためであり、英語の授業で退屈したり教師と衝突して英語が嫌いになったりすることを避けるためでもある。「遅れ」に対処する特別指導ということがあまり期待できないにもかかわらず、受け入れ校タイプ3にあたる多くの私立受け入れ校が人気があるのは、この要因と、先に述べた大学までの推薦入学の可能性とが大きいということだろう。

この議論は、私立中学校が占めている位置をよく示している。日本では、義務教育にあたらない高校と大学が偏差値によりランクづけされている。学校の名声が重視される日本型「学歴社会」の現れであるが、他方、生徒・学生間の学力レベルを均質化して「教育効果」を上げるという側面もある。これに対して、中学校は義務教育である。しかし、国立や私立の中学校では試験による選抜が行われており、学力レベルの似通った生徒を集める結果となっている。一般的に、「学力」は学習意欲を反映したものであり、学習態度との相関が高い（例えば、ハマータウン高校や赤城農林高校についての Willis 1977＝1996や多賀 1988の議論を参照）。つまり、「学力」レベルの高い学校では、生徒の「問題」行動も少ないのである。

落ちついて学習ができる環境、大学まで内部推薦によって進学することができる可能性、高度な英語の授業という3つの要因は、私立の中学・高校を一般の家族が選択する理由の大部分を占めている。帰国家族にとっては、これらの要因それぞれの魅力が、在外経験のために一般の子供よりもはるかに大きく感じられるものとなっているのである。

3 中学・高校卒業の帰国子女

著者の調査対象者となった高校生帰国子女には、帰国してすぐに帰国子女受け入れ校タイプ1の私立A高校やB高校に編入学した子供が多いという結果になった（A大学に在籍する「元帰国子女」の学生を紹介されて、その友人3人を含めて話を聞いた。4人全員がA高校の出身者であった）。高校生として帰国した

6人のうちの5人までがA高校とB高校に、そして残りの1人も別の私立の受け入れ高校（タイプ3）に入学した。A高校もB高校も、学力レベル別のクラス編成と系列大学への推薦入学制度がある。B高校に入学した帰国子女の1人は、国際学校への通学も考えたほど日本語力が未発達であり、「日本語」プログラムに在籍してその弱点を克服した。

アメリカで高校を卒業してから帰国したのは4人であった。1人は大学へ進学せずに絵画の専門学校へ進学した。他の3人は、帰国子女枠を利用して大学へ入学した。いずれにしても、これらの家族の最大の関心は、高校の卒業証書をアメリカで取って帰ることであった。高校3年生になって帰国しても日本で編入できる高校はないし、大学受験まで1年しか準備期間がない。大学入試において帰国子女枠で出願する資格を得るためには海外の現地校などでの12年生の修了が必須の要件であり、父親の帰国がこの時期と合わない場合は、母子だけが卒業までアメリカに残るということになる。場合によっては、父親の申し出に会社側が譲歩して、駐在の期間を延長するということもある（母子が独自の在留資格を持たない場合、父親の帰国によって、母子が在留資格を失うことになるからである）。

大学の帰国子女選抜は、文科系の学部の場合、1次が書類選考で、2次選考は小論文と面接だけということが多いため、一般の受験生の間には帰国子女は優遇されているという認識がある。海外の多くでは6月に学年が修了するので、大学の帰国子女入試は秋に行われるところが多い。そのため日程が普通の入試のように集中することもなく、5校も10校も併願して受験することが比較的よく行われている。入学試験そのものの負担は軽く、何校も合格する生徒も多いため歩留まりが極端に低いという指摘もある[14]。

海外で日本人子女の指導にあたる日本からの派遣教員などが、「あの子は一般入試なら入れなかったであろうに、帰国子女枠のおかげで有名大学に入学することができた」などというのを聞くことがある。アメリカに行くことがなく日本にずっといたとすればという仮定状況（「仮定法過去」）との比較であるが、帰国子女は優遇されているという見方を支持するものである。この

ような仮定状況との比較が適当であるかどうかは、学力や達成というものをどう見るかと絡む大きな問題である。だが少なくとも、帰国家族の父親が日本社会でエリート的地位を占め、帰国子女の「優遇」はその政治的圧力によるものであるとの指摘（例えば、Kitsuse et al. 1984、Goodman 1990＝1992）の裏付けとなるものではある。

4 帰国小学生

　一般的には、小学生を伴って帰国する家族は、学習上の「遅れ」をそれほど心配することはない。高校進学までには、まだかなり時間があるとの認識なのだろう。しかし、小学校5・6年生で帰国する場合は、国立や私立の中学校を受験をさせようという家族も多い。アメリカに行くまえからその方針だったという家族もいるし、帰国子女枠が使えるからという場合もある。その動機は、将来の受験を回避するためにというものや、宗教教育や英語教育、一貫校で友人が作りやすいなど、中学生についての議論で紹介したのとほぼ同じものが挙げられる。

　著者の調査対象の76人の帰国小学生の中で、帰国子女受け入れ小学校に入ったのは8人だけであった。そのうち5人は家族が受け入れ校の必要性を強く感じたための選択だったが、残りの3人は学区の公立小学校が「たまたま」受け入れ校（タイプ2）だったというのが理由である。公立小学校は公立中学校の受け入れ校（タイプ2）と同じく、地域に帰国子女が多いなどといった理由で現状追認的に指定されているものが多い。初期の公立受け入れ校は、学区に公務員宿舎や商社などの社宅を抱えているところが多かった。海外駐在員が多く帰国する時期に新しく開発された住宅地にも帰国子女が集中する結果になっている。

　国立や私立の受け入れ小学校（タイプ1）は、特別指導にも力を入れている。だが、これらの学校でも、帰国子女学級があるのは小学校4・5・6年生であり、低学年の場合は、特別に取り出したり別学級を組織したりして教育

する必要をあまり感じないということのようである。

　著者の調査協力者では、ある家族が2人の娘を国際学校に通わせているが、これは英語ができて日本語が十分に話せないという理由からというよりも、将来の父親の再駐在を見越してのことであった。中学生や高校生になった子供を帯同しての海外駐在は、子供に英語力がないとかなり大変である。英語で授業が行われている国際学校に通わせておけば、英語力がネックとなって子供を連れていけないという可能性が少なくなるとの考えからである。

4章のまとめ

　本章で見たきたように、日本語や日本の教育課程学習上の「遅れ」、将来の入学試験、英語力の保持、学校生活などの要因を考慮して子供の帰国後の学校を選択することになる。最大の関心は、日本の学校に在籍しなかった期間の影響が日本語の学力にどれだけ見られるかということにある。全家族が子供たちは「遅れ」ていると感じており、「普通の子供と受験において競争できるか」どうかが心配の的である。

　これは、将来の大学進学と密接に結びついている。どの大学に入れるかが人生の「半分」を決定するとまで見られている社会において（1997年7月20日放映のNHK番組『14歳・心の風景』でのある中学校3年男子生徒の言葉）、有名大学へ内部推薦で入学できる付属学校は人気がある。「遅れ」の代償として獲得した英語力などを評価してくれる私立受け入れ校（タイプ3）は、帰国家族にとっては魅力的である。

　義務教育年齢を過ぎて帰国する子供にとって選択の余地は少ない。アメリカで高校の卒業証書をもらって帰国し、日本の大学の帰国子女枠を利用するほかは、高校1年生や2年生の1学期に受け入れ校（タイプ1・3）に編入学する道がわずかに開かれているだけである。

　本章の議論から見て取れるのは、海外でも高く賞賛されている教育的メリトクラシーの内部に、帰国子女に対応するために特別の手続きが設けられて

いるということである。日本は海外へ多数の家族を送ることによってその産業的・経済的繁栄を成し遂げてきたが、帰国子女はその「犠牲」である。国民的・文化的アイデンティティの問題がこれほど痛切に感じられ、その対応のために大がかりな特別制度を設けているのは、主要工業国では日本が例外的存在である。帰国子女研究は、ゆえに、日本人の国民的アイデンティティと日本の教育制度に求められている対応とを明らかにするものとなる。これらの視点は、現在日本の経済成長や教育制度を賞賛する研究には見られないものである。

注
1) 本章は、『コミュニケーション紀要』第12輯所収の論文（南 1998b）を若干修正したものである。
2) 浸食は、erosionの訳語。「社会文化的アイデンティティ」とその「浸食」とをきちんと定義する必要があるが、著者は満足できるものを用意できていない。南（1998a）はそのための作業の一部である。ここでは、直感的・比喩的な理解に委ねたい。また、「適応」が受け入れ側の視点からの概念であり、引用符付きで使用すべきものである点については南（1996）参照。なお、アイデンティティの「浸食」については7章で詳しく論じる。
3) 一般的に「帰国子女受け入れ校」と言った時には、文部省や地方自治体の教育委員会による指定などを受けたものを指す。例えば、文部省による指定のニュースは以下のようなものである。

平成11・12年度帰国子女教育研究協力校等を指定──文部省

文部省では、従来から帰国児童生徒に対する特別な教育的配慮に基づく教育指導とそのための実践的研究を行うために、公立および私立の小・中・高等学校を帰国子女教育研究協力校として指定するとともに、帰国児童生徒の比較的多い市や区等における受け入れ体制の充実をはかるため、帰国子女教育受入推進地域の指定を行ってきている。

このたび平成11・12［1999・2000］年度帰国子女教育研究協力校として31校を指定し、平成10・11年度指定の20校と合わせて本年度の同協力校は51校となっている。

また平成11・12年度帰国子女教育受入推進地域として14地域を指定した。その地域名と各地域センター校は9ページ別表2のとおりである［別表2は省略］。

（略）

このほか、学習および生活の両面から帰国子女の学校教育への適応を促進するとともに、その実践的研究を行うため、国立大学附属学校19校では引き

> 続き「帰国子女教育学級」を設置したり、一般児童生徒と同じ学級に入れる「混合受入方式」による受け入れを行っている。
>
> (『海外子女教育』1999年6月号)

このように、文部省の指定は2年間で、継続指定される学校も多いが、指定がとぎれることもある。また、地方自治体も類似の指定を行うことがある。

4) 海外生活経験がある児童や生徒を「帰国子女」あるいは「帰国児童生徒」と呼んで、これらの児童生徒のための入試を「帰国子女入試」などと呼んでいる。これに対するのが「一般入試」あるいは「一般生入試」である。一般生は「国内生」と呼ばれることもある。

5) ある私立受け入れ高校の担当教師の次の言葉にこのような考えが強く見られる。「[編入試験の]基本的な考えかたとしては、『もし、その生徒が海外に行っていなくても、[本校]に入れていただろうか』という仮定法過去なんです」(『海外子女教育』で1994年に紹介された学校の記事より)。

6) 7大学12校と4大学7校、あわせて19校という国立学校での受け入れ体制は、注3にも見られるように、1999年度も同じである。

なお本節では、著者の調査対象者の子供について、本書の他の章で使用している仮名とは別の名前を使っている。本節の記述の必要性から、各受け入れ校については固有名を使用せざるを得ない。そのため、他の章で使用している仮名で統一すると、その特定が極端に容易になる恐れが生じてくる。調査協力者のプライバシー保護を優先させることにしたい。

7) 海外子女教育振興のための諸施策の一環として、日本政府は、日本人学校および日本語補習授業校へ、国内の学校の教員を3年の任期で派遣している。1999年4月からの派遣教員は449人で、その内訳は、校長36人、教頭31人、教諭382人で、赴任先は、日本人学校83校へ427人、補習授業校20校へ22人である。日本での所属は、国立校6人、公立校443人となっている(『海外子女教育』1999年4月号)。1997年度の派遣教員が455人、1998年度が440人であるので、総勢で1,344人の派遣教員が1999年度には海外で活躍していることになる。

8) 帰国子女受け入れ校で特別指導体制がある学校(タイプ2)であっても、特別指導を必要とする帰国子女がいないために、外国人子女がその対象となっているところもあるという。成田市立吾妻中学校(受け入れ校タイプ2)の受け入れについての次のレポートにその例が見られる。

> 吾妻中の3階には「帰国子女学級」という教室がある。日本語をはじめ、学力面でキャッチアップが必要な場合に取り出し指導を受ける部屋だ。黒板にはられた時間割を見ると、取り出し授業を受けているのは4人。全員、外国人子女だ。7人の先生が時間割に従って国語、数学、社会、理科を4人に教えている。取材のために教室を訪れると、フィリピンとサイパン出身の女の子が2人で数学の勉強をしているところだった。
>
> 「ここ数年は外国人子女も多くなっていますね。やっぱり外国人子女のほうがたいへんですよね。文化も違いますし、ことばの問題もありますから」と「帰国子女教室」を受け持っている谷嶋先生は言う。

第4章　家族の帰国戦略　119

　　現在、吾妻中には18人の帰国子女がいるが、取り出し指導が必要な生徒はまったくいない。帰国子女が吾妻中に編入すると、個人カルテを作成するため、本人および保護者が学習状況の調査書を記入する。そして日本語力を調べる簡単なテストをし、面接をして取り出し指導が必要かなどを決める。しかし「最近では、家庭でも日本の状況はかなり把握していて、海外に行っているときから日本語などを教えていますからね。帰国子女たちはほとんど問題ない。かえって優秀なくらいですよ」と篠原教頭がコメントするような状況だ。帰国子女よりもむしろ「あいうえお」の手ほどきから必要な外国人子女たちのために活用されている「帰国子女教室」はいま、「WORLD CULTURE EXCHANGE ROOM」という英語の看板をあらたに扉に掲げている。　　　　　　　　　　　　　　　（『海外子女教育』1995年10月号、p.46）

　著者が1991年に調査を行った首都圏の受け入れ中学校（タイプ2）の帰国子女教室でも、同様の光景が見られた。授業時間のほとんどをそこで過ごすのは、日系ブラジル人3世やフィリピン人、国際結婚夫婦の子供たちで、帰国子女は1日1時間、あるいは、放課後の補習にやってくる程度であった。

　所属学級を離れての特別指導を必要とする帰国子女が少なくなっているのは、海外在住中も子供たちが日本語の学習を熱心に行うようになったことの反映である。これは反面、現地の生活経験の比重が小さくなっていることであり、「帰国子女の外国語能力が以前より低下している」との帰国子女教育関係者の指摘と結びつく。「帰国子女が帰国子女らしくなくなってきている」というのである。

9）ただし、グッドマンが比較の対象としたのが被差別部落出身者や在日韓国・中国人などであることは、申し添えておく必要があるかもしれない。著者には、帰国子女をこれらのいわゆる「マイノリティ」と比べるという発想はなかった。グッドマンが問題としたかったのは、そのような意識なのかもしれない。

10）「帰国子女」の統計作成上は、帰国後どれだけの期間「帰国子女」と見なすのかも問題である。「文部省の統計では、帰国後3年を経過すると『帰国子女』と数えない」ということである。しかし、自治体によっては独自の統計基準を使用しているところもある。「横浜市では、1年以上海外に住んだことのある子どもであれば、帰国後何年たっても帰国子女として統計を取る」。そのため横浜市のある公立中学校（受け入れ校タイプ2）では、1995年5月の時点で帰国子女の数は「文部省方式で9名、横浜方式で17名」ということである（『海外子女教育』の「国内校シリーズ」で1995年に紹介された学校についての記事より）。

　家族にとってより切実な関心であるのが、帰国子女受け入れ校の選抜において「帰国子女」の資格を認定されるかどうかである。例えば、タイプ1の受け入れ校である国際基督教大学高等学校では以下のように規定している。

　　つぎのいずれかに該当する者は、帰国生徒として出願できる。ただし留学は帰国生徒として認定しない。
　　a　海外在留期間が2年以上3年未満で、帰国後の期間が1年以内の者。
　　b　海外在留期間が3年以上4年未満で、帰国後の期間が2年以内の者。
　　c　海外在留期間が4年以上で、帰国後の期間が3年未満の者。

　　　　d　帰国後の期間が3年を超える場合でも、長期間にわたり海外に在留した
　　　　　者については別途考慮する。　　　　（国際基督教大学高等学校　1989：139）
　　この規定には細則があり、就学前の在留期間や日本人学校に通学していた期間は
　　3分の1として計算するなど細かく決められている。
　　　ちなみに、6章で取り上げる森本真紀子は、自身のことを「元帰国子女」と呼ん
　　だことがある。中学校1年生で帰国して7年経過した大学2年生の時のことであ
　　る。いつまでを「現役の」帰国子女と考えるのかを聞いておけばよかったと著者
　　は後悔している。
11）海外子女の学年を取り上げる時には、2つの学年が問題となる。日本の学校の
　　学年と、現地校の学年とである。日本の学齢が4月2日から翌年の4月1日生ま
　　れとなっているのにたいし、アメリカではその区切りが12月上旬にある。しかも
　　アメリカでは、子供の発達の個人差に応じて、学年を遅らせるということがわり
　　によく行われる。このため、日本の学校での学年と現地校の学年とにずれが生じ
　　て、海外帰国家族の心配の種となることがある。本章では帰国後のことがテーマ
　　であるので、日本の学校での学年を使って論述していくことにする。
12）1980年ごろから子供と学校の状況を追い続けている保坂展人の作成した「学校
　　事件・子ども状況年表」は1980から始まっている。保坂によると、「校内暴力」
　　への対応である「管理」強化が、「いじめ」へと生徒たちを向かわせたという。
　　　　年表にも書いたように「いじめ」の訴えが目立つようになったのは1983年
　　　からである。校内暴力、ツッパリ、暴走族といった時代が終わって、それまで
　　　「教師」「警察」などの外の権威に向けられていた反発は、出口を押さえられ
　　　て内向した。
　　　　それが、教室の中での「いじめ」の爆発だった。弱い標的に対して殴る、蹴
　　　るの暴行を加えて、うすら笑いを浮かべるようなゆがんだいじめは、ツッパ
　　　れない時代のウサ晴らしとしての陰惨の度を増した。　　　（保坂　1994a：18）
　　校内暴力によって発散されていた「ウサ」が内向していじめに向かったということ
　　とであり、以下の本文の命題(3)の裏付けとなる見方である。
13）「付属」と「系列」とは厳密には区別されているが、本書では、系列の上級学校
　　への内部推薦による進学が可能であるものとして「付属」という言葉で統一する。
　　この場合、私立学校に限定しており、国立大学の付属学校は含まれない。
14）大学での帰国子女受け入れが、大学の「配慮」によるものであるという考え方は
　　根強く、海外子女教育振興財団の教育相談員である有江が、海外帰国家族へ以下
　　のように訴えているところにも典型的に見て取ることができる。
　　　　関連してご報告しておきたいのは、願書は提出されたが実際の受験者はい
　　　なかった大学が、4年制大学で計16大学22学部、短大で7大学7学部あった
　　　ことです。このような現状が明らかになるたび、連絡を密にし、礼を尽くし
　　　てのうえでのことかと懸念されるところです。
　　　　もう1つ考えたい点は、せっかく難関を突破し、あるいは大学がわの配慮
　　　を受けて合格しても、その後入学を辞退する学生が多いということです。こ
　　　の状況は特に4年制の私立大学に多く見られます。90％を最高に、60％以上

の辞退率を持つ大学は11大学14学部にものぼります。たしかに志望大学の選択は、希望学部の有無や教授システムの違いなどによって困難を伴うものと思われますが、大学がわにとって帰国子女入試は一般入試とは別にさまざまな面で配慮することが必要で、たいへんな苦労を伴っています。前述の中学、高校にも当てはまることですが、受験者が取る行動の１つ１つが、そのあとに続く帰国子女受験者に影響を与えるということも念頭に置いて、入試に臨んでいただきたいと思います。　　　　　　　　　　　（有江　1994：80）

「入学辞退率が高い」という背景には、予備校の偏差値により細かくランクづけされている一般入試に比べて、帰国子女入試はそのような序列づけが進んでおらず、受験する側も自分がどのランクの大学に合格できそうなのか見当がつかないということもあるように思われる。

　私立大学の一般入試においては、入学辞退率が３分の２というのは珍しくない。帰国子女入試がこれと同じ水準では、「申し訳ない」と考えざるを得ないのは、「大学がわ」の意向を反映してのことなのであろうか。

第5章 子供の帰国経験と教師のストラテジー

2章から4章にかけて、日本人家族が海外においてどのような生活経験を送っているかを詳しく見てきた。日本の教室場面において、帰国子女は「一般生」とは異なるふるまいをすると広く信じられているわけだが、その「原因」と考えられている、海外、とりわけアメリカ合衆国S市における「異質な」社会化経験に照準して描写してきた。日本語力の「遅れ」のように、海外生活の「効果」としてすでに帰国前から心配のタネとなっていたものもあるが、それらが現実の「問題」となるのは、帰国後の日常生活における相互作用においてのことである。帰国子女の経験は、「帰還（reentry）」問題や「適応（adaptation）」問題と呼ばれることが多いが、これらの「問題」が本章のテーマである。

まず、帰国後5カ月が経過したある家族のインタビューを元にして帰国「適応」のプロセスを紹介する。S市から追跡調査をした家族との帰国後のインタビューでは、付録2にあるような質問を行った。大別すると、学校（問6・7・8）、友人関係（問9）、生活習慣（問13）、性格の変化（問14）などに分けられる。これらの質問に対する両親、とりわけ父親や、子供たちの回答を提示して、帰国直後の生活経験と、家族がこれをどう捉えているのかを見ていく。

2節以降では、日本の教室における帰国子女の経験を取り扱っていく。大前提として、アメリカの学校での教室経験との相違の程度が、帰国子女が直面する「再適応」の苦労の大きさと関係しているだろうと想定している。ま

ず2節で、首都圏にあるH小学校の6年生の授業風景を提示して分析する。授業の様子を録音したテープや著者のフィールドノートに基づいて、「教室経験」の一端をできるだけ生（raw）の形で再現することを目標とする。加えて、これらの教室経験を通じて獲得されるであろうメッセージや知識の一端を示唆する。

3節では、中学生の学齢で帰国した生徒が、日本の教室経験について著者に語ってくれた談話データを見ていく。日米双方の教室で学んだ経験を持つ帰国子女が、日本の教室をアメリカの教室とどのように比較しているかについて検討する。これは、「日本の教室」と「アメリカの教室」の違いを、ある1人の帰国子女の経験に照らして見るということである。2節においては著者が直接観察した教室場面での相互作用を取り上げるが、3節では帰国子女の報告するところに基づいて議論を進めることになる。

4節では、帰国子女を指導している教師の談話を主要データとする。担任している帰国児童をどのように見ているかについてH小学校の教師が著者に語ってくれたことから、帰国子女の「教室経験」を考えていく。国内の「転校生」に類するものと見なしているという教師たちの言葉に、帰国子女に対処するストラテジーがうかがわれる。教室世界の主要な参加者であり、帰国子女の「教室経験」を形成（shape）し評価する立場にある教師の談話が、本章の記述に新たな視点からのデータを提供するものとなる。

5節は、帰国子女に級友や教師が何を求めているかを紹介する。教師の目から見ると、子供たちには「違和感」がなく、帰国子女に自分たちと「同じようなことを要求」している。だが、教師自身は、「生活環境」が違うということを理解しているつもりである。帰国子女の安寧につながる「理解」がどのようなものであるかが、今後の研究課題として浮かび上がってくる。

帰国子女の教室経験を詳細に見たところで、6節では追跡調査対象家族の子供たちの帰国「適応問題」の整理を行う。10家族の19人の子供について、友人関係や生活習慣、性格変化、学習面で報告された「問題」から、「再適応」を規定している要因を探る。性や年齢といった個人の属性の他に、地域

の帰国子女の有無や受け入れ校か否かといった帰っていく状況の属性も重大であるということが示唆される。しかも、これらの要因は複雑に影響しあって作用しており、個別事例の詳細な理解が必要であることも指摘される。総じて、深刻ないじめ問題に直面している子供はいないというのが著者の印象であったが、子供当人の「経験」とは食い違っている可能性はあるかもしれない。あるいは、著者が調べた帰国後6カ月までの時期というのは、まだ「蜜月」中であったということかもしれない。

　最後に、学習上の動機づけに対するアメリカ生活の影響にかかわる点を論じる。帰国子女受け入れ専門高校の教員のコメントを紹介して、「個性」と「モティベーション」との関連について考える。受験勉強には「画一的な勉強」が必要だが、帰国子女は「個性的」であり「画一的な勉強」には向かない、つまり、「帰国生徒教育と受験指導は両立しない」というのである。ここに、日本の中学校生活の社会化の機能の一端をうかがうことができる。

1　帰国後5カ月の家族——ある父親の見方を中心に

　本節では、帰国のプロセスを、ある家族を例に取って具体的に示していく。「帰国」といっても海外旅行から帰ってくるという場合とは異なる。アメリカでの生活を打ち切って新たに日本での生活を始めるわけであり多くの変化が伴う。海外生活から帰国するというプロセスがどんな出来事や変化から成り立っているのか、また、これらの出来事や変化に帰国家族はどう対応しているのかについてその一端を示すことを目的とする。

　ここで取り上げる牧野家（家族番号01）は、4年6カ月（父親は4年8カ月）の滞米の後に1991年1月上旬に帰国した。牧野夫妻には3人の男の子がおり、帰国時にはそれぞれ小学校4年生、2年生、1年生だった。神奈川県内の住居を訪問して父母と3人の子供たちから著者が話を聞いたのは、帰国後5カ月が経過した6月はじめのことであった。

　牧野氏（01F）によると、家族の引っ越しは「最悪の状態」だったという。

当初は、帰国後1・2週間ぐらいで神奈川県下の勤務先の近くに住居を見つけて入居するという計画を立てていた。それまでの予定で埼玉県北部にある氏の実家に滞在していたのだが、家探しに予想以上に手間取り、「子供ら1カ月も1カ月半もやっぱり学校行かさないで、そのまま、実家においとくってのもできなかったもんですから、一応、埼玉の実家で、そのしかたなく、えーと、住民登録して。で、まあ住民登録すればそれと同時に学校行かなきゃなりませんからね」ということで、子供たちを実家のある学区の小学校に通わせた。そして、6週間後の2月下旬に現在のところに引っ越してきた。アメリカから帰国して数カ月の間に2つの学校に通わせることになって、「だから、そのへんではかなり子供たちには負担かけてると思いますけどね」と言う。
　3人の子供たちのうち、帰国「適応」について両親がとりわけ心配していたのは、4年生の長男俊弘（01AB）だった。アメリカ滞在中にストレスから頭髪を含めて全身の体毛が抜けてしまい、現地校でも補習校でも授業中を含めてずっと野球帽をかぶってすごしていたからである。そのため、帰国して小学校に編入するに際しては、父親である牧野氏が出かけていって、校長先生はじめ担任の先生とも相談したという。「さいわいにも、どちらの学校も非常によく対応してくれた」ということで、俊弘がいやな思いをしたというのを両親としては聞いてはいない。弟たちも含めて子供3人とも友達もでき、「担任の先生に恵まれた」という総括である。
　牧野家が住居に選んだのは、高層マンションが数棟立ち並ぶ新規開発の住宅地であり、小学生の子供が多く住む「団地」である。牧野家の子供たちの遊び友達は、同じ住宅地内に住む同級生が多いということだった。「まず、形としては、通学班の関係ありますんで、この団地の中の同級生とあとそのグループの中の子供っていうのがまず最初に友達になったみたい」で、「そうこうしてるうちに」5年生になった俊弘は、学校のクラブ活動で釣りを始めて、同じクラブの子供と遊ぶようになった。インタビューの時点では、子供たちは「数も質も友達については不自由ないみたい」で、母親である牧野夫

第5章　子供の帰国経験と教師のストラテジー　127

人によると、「学校から帰るとランドセルを置いたまんま出かけて行」く毎日を送っているということであった。

　子供たちとのインタビューの冒頭、日本に帰ってきての印象をたずねたところ、俊弘は「アメリカと違って暑苦しい」と答えた。学校では友達もできて「20分休みとかにドッジボール遊んでる」ということだった（この表現は、"play dodge" という英語をそのまま訳したものではないかと思われる。日本語で自然な表現は「ドッジボールをして遊んでる」であろう）。勉強は、「アメリカの日本人学校［なぎさ学園のこと］よりむずかしい」ということで、教科では国語がむずかしいということだった。帰国子女がよく苦労するという音楽や体育の跳び箱はどうかと聞いてみたところ、「跳び箱はできるけど、音楽はちょっとできません」という言葉が返ってきた。習い事としては、英語を習いに行っているが、電車に乗って遠くまで出かけて行かなければならないのがいやだということであった。

　牧野家は、Ｓ市からの追跡調査に協力してくれた家族である。Ｓ市でのインタビューは牧野夫人（01M）のみとのインタビューだったが、帰国後のインタビューではできれば子供たちからも話を聞きたいという希望を著者は持っていた。インタビューの日時を設定するための電話でのやりとりの際にその希望を伝えたところ、土曜日の午後ということになった。そして、夫人にかわって牧野氏が最寄り駅からの道順を説明してくれた。約束の時間に牧野家を訪問したところ、牧野夫人と３人の子供に加えて牧野氏も在宅しており、著者が子供たちにインタビューするのをかたわらで聞いていた。子供たちとのインタビューが終わったところでインタビューに応じてもらえることになり、まず、帰国してからの勤務先の様子から聞き始めた[1]。

　「帰って来られていかがですか」と帰国しての感想を求めたところ、牧野氏は気候の違いと会社の人間関係の違いとを挙げた。Ｓ市の駐在先では日本人の数は少なくて役職が上の人とのつき合いもかなりあったが、日本ではそういう機会がなくなり「タテの関係」を意識することが多くなったというのである。だが、「ラッキー」なことに仕事の内容そのものは変わっておらず、

「アメリカの関係の仕事」で忙しくしているという。仕事の内容がアメリカにいるときとあまり変わらないのが「ラッキー」なことであるのは、「リハビリ」期間なしに帰国後すぐに仕事に全力で打ち込めるからでもある。企業が駐在員を海外へ派遣するのはするべき仕事があるという理由からだが、帰国させるのは、駐在期間が終了するという消極的な理由からであることが多い。駐在員が帰国しても、日本で本格的な仕事が与えられるまで間が空いてしまい、それを「リハビリ」と称することになっている。そういった意味で、「リハビリ」期間があることが、駐在員の帰国「適応」にプラスであるとは一概に言えないということのようである。

　長男俊弘と次男和之とが週2回英語を習いに行っている。父親として牧野氏は、英語力はアメリカ滞在中に子供たちが「非常に努力して」身につけたものであり、「やめてしまうのは非常にもったいない」と考えている。このような考えを持つことは、滞米期間がある程度以上の家族では普通のことであり、それは4章でも見たとおりである（とりわけ、I4-6参照）。また、牧野氏は、英語は子供たちが「まわりの人間よりも秀でてるもの」であり、「自信」をつけるよりどころとなるのではないかとも言う。そのために、「強制でもかまわないからしばらくやらせたいなという考え」を持っている。というのは、アメリカ人に個人的に教えてもらっているのだが、往復に2時間もかかるために子供たちは「おっくう」がっている。牧野氏としては逆に、「いやなことも我慢して」させる機会になるとも捉えているのである（この点は、後掲のI5-2との関連で取り上げる）。

　英語の学習を個人レッスンという形に決めるまでには、いろいろと探したということであった。近所の英会話学校には子供向けのプログラムがなくて、あったとしても初めて英語を学習する子供向けのものであり、帰国子女用のものは横浜まで行かなくてはならない。これは距離的に不可能なことであり、現在のような個人レッスンになったということだった。学校のカリキュラムに英語が入ってくる中学生の場合は別として、小学生の場合には、アメリカで「苦労して身につけた」英語力をどう「保持」するかは帰国子女を持つ親

がとりわけ頭を悩ませるところである（中学生には、「英語の授業がつまらない」という別の心配があるのは、I 4-5に見られるとおり）。週２回１時間ずつのレッスンでは、英語力の「伸張」はもとより「保持」もむずかしいことは牧野氏も理解している。それでも、「自信」を育てるために英語の学習は続けさせたいと考えているのである。

　子供たちを学習塾に通わせることは、牧野夫妻は現在のところ考えていない。私立中学校を受験させるということは念頭になく、公立中学校から公立高校へ進学させたいという考えを持っている。日本の小学校の成績に関しては、漢字力が弱いので家庭でも学習させるように担任教師から言われたという。しかし、それ以外は、俊弘に関しては特に問題はなかった。弟たちについては、「学校に行ってること自体がなんか楽しいという状態なので、親のほうもあんまり、まだ成績のほうはまだまだ気にする学年じゃないかなあ」と思っているということであった。

　子供たちの学校での様子や友達関係についてひととおりたずねて、最後に「生活習慣」の違いについて聞いてみたのがI 5-1 である。「生活習慣」が何を指しているのかはっきりしないのか、それともすぐに思いつかないのか、牧野夫人は小声でとまどいを表明した。そのために、著者は他の家族とのインタビューの内容から、和式トイレはどうかと具体例を挙げている。そういうことならということで、「学校のトイレで大便ができない」と子供たちが言っているということを笑いながら牧野氏は報告した。牧野夫人も、「家に帰ってきてね、帰ってきたとたん」トイレに入るという観察を披瀝した。続いて、カーライフにまつわる違いに子供たちが驚いたという話がいくつか出てきた。左側通行と右側通行の違いに起因する運転手の座席の位置、高速道路が有料であることへの驚き、さらにフルサービスのガソリンスタンドなどである。アメリカにも、給油の際に従業員がフロントガラスを拭いてくれたりオイルをチェックしてくれたりするフルサービスのガソリンスタンドはあるが、これを利用するのはよほどのお金持ちか高齢者などであり、普通のドライバーはセルフサービスを利用している。車に乗ったままで給油がすんで

I 5-1 「学校のトイレで大便ができない」——生活習慣の違い
[910601J；01FM；061：47〜064：20]

南　　　：生活習慣、なんかはいかがですか。日本とアメリカの。
牧野夫人：(小声で)えー、どうでしょう。
南　　　：まあ特に、あのう、うかがったのは、その、トイレのあれが違いますよね、それで、
牧野夫人：ああ。(笑い出す)
牧野氏　：ああ、それはね、おもしろいはなしあってね。子供たち、学校のトイレでは大便できないっていってましたね。(笑い)
牧野夫人：(笑いながら)家に帰ってきてね、帰ってきたとたんね、入りますよ。ええ、やっぱり。
南　　　：やっぱり、まだ、慣れてないというか。
牧野氏　：生活習慣の違いでおもしろいことっていったら、やっぱり、帰ってきて1カ月ぐらいのあいだには結構いろんなことありましたねえ。
牧野夫人：おもしろかったねえ(笑い)。
牧野氏　：まず、成田に着いて、タクシー乗ったときに、「このタクシーはおかしい」、「運転手が反対にいる」。(南：あーあ。ほーう)。で、高速道路使って帰りましたんでね、ここは、どこでもなんでこんなにお金取るのっていうはなしになって。で、さらにはあのう、今度車にガソリン入れるときにも、「なんにもやらないでもやってくれるの」ってびっくりして。で、床屋さんに連れてっても、もう珍しいもんですから、あっちこっち、
南　　　：(笑いながら)ああ、そうですか。
牧野氏　：ええ。歩き回って、いじり回って。(口調が変わる)で、やっぱりあのう、うん、S市に、生活してたなあというのがわかったのはあのう、学校に、初めて、子供たちを連れて、挨拶に行って、まあ、先生がたとはなししてるときにもですね。校長室にいても、もう、子供らあっちこっち、**勝手に動きまわる**んですね。やっぱり、われわれ子供のころっていうのは、やっぱ、校長室っていうのはかなり緊張して入るところだったと思ったんですけどね。だからそういう、ものごとに対する、ものおじというのが、なくなってますね。
南　　　：はあ、そうですか。(6)じゃあやはり、そのう、そういう面で、若干性格っていいますか、変わった、変わってるんだろうなという、
牧野氏　：うーん、そうですね。だから、先ほどいったようにはそのう、おおらかに、育ってるとはわたしも思ってるんですけど、そのおおらかさが、もしかすると、自分の好きなことが、できるし、そのう、苦労を避けて通れるというふうに、勘違い、されちゃうと、まあ、今後問題だなあっていう心配ですね、それはありますね。(言葉をかみしめるように)

しまうということは子供たちにとって驚きだったようである。

　日米のどんな違いに子供たちが驚いたかという話が、違いの珍しさから子供たちが動き回るという話に発展している。理髪店に行っても、おとなしく座って待っていることをしないというのである。そしてその関連で、小学校に転入の挨拶に行った時の子供たちの行動に話がおよぶ。「校長室にいても、もう、子供らあっちこっち、勝手に動きまわる」。これは、「われわれ子供のころっていうのは、やっぱ、校長室っていうのはかなり緊張して入るところだった」という牧野氏自身の経験に比べると大きく異なっているものであり、子供たちには「ものごとに対する、ものおじというのが、なくなって」いるというのである。これこそＳ市での生活経験の影響であり、牧野氏は好ましいものと考えている。

　しかし、牧野氏はその肯定的な面ばかりを見ているわけではない。「ものおじがない」、「おおらか」という「性格」の裏面には、「自分の好きなことができる」、「苦労を避けて通れるというふうに、勘違い」される可能性が潜んでいる。英語の学習を「強制でもかまわないからしばらくやらせたい」というのは、この点への配慮という側面が強いようである。

　Ｉ５-２においては、牧野氏は、子供たちが「いやなことも我慢」してやることができないと見ている。そして、このままでは「日本での生活ができるような人間にならない」（牧野氏による強調）のではないかと心配しているのである。

　インタビューにおいて、子供たちの小学校での様子や住まい近辺での友達関係といった話題に続き塾についてたずねた。牧野家では、子供たちを「塾に行かせるつもりは一切ない」。塾についてのやりとりが一段落したところで父親が発したのが、Ｉ５-２の冒頭の言葉である。このことは、父親の関心が学習面よりも、子供たちの「態度」にあることを示しているように思われる。そして、英語を習いに行くということも、その英語学習上の効果よりも、「態度陶冶」効果のほうに期待してのことのようである。「だから、まあ、英語をやるというよりも、そのへんを我慢するっていうことのほうが重要なん

I 5-2 「いやなことも我慢してできるようにさせたい」
——帰国後の父親の教育関心
[910601J;01FM;038:56〜041:02]

牧野氏	：でも少しずつ、まあ、S市にいるあいだ、まあ、子供たちは、まあ、S市から小学校始まったようなかたちですんでね、あのう、比較的子供らが好きなこと、やりたいことをやってきたっていうかたちですよね。で、そのまま日本で同じ生活を続けてたらやっぱり、子供らは子供らで、あのう日本での生活、が、できるような人間にはならないと思うんですよね。だからね、こ、こ、帰ってきて、まあ、しばらくは、ず、見てた、ようなかたちなんですけどね。今後、少しずつ、いやなことも我慢して、できるような、させるようなかたちにしたいなとは思ってるんですけどね。
南	：はい。その、たとえば、いやなことと具体的におっしゃいますと。
牧野氏	：あのう、さっき、長男がいってましたけどー、あの、［駅名］って、あの、［米軍キャンプ名］なんですよ。
南	：あー、はいはいはい。
牧野氏	：で、［米軍キャンプ名］に来ている、米人、米国のそのう、家族、のかたに、ま、英語をみてもらってるんですけど。ま、電車で、行って時間かかるのがいやだとかね。非常に、時と場合によって非常におっくうがる、ことがあるんですけど、まあそれを、なんとか、まあ、自分で行きたいということが、きっかけで始めたもんですから、そのへんをちょっと、我慢してやらなきゃならないっていうことを教えたいんですけどね。
南	：ふーん。（2）じゃあ、1時間ぐらいかかるんですか、電車で。
牧野氏	：そうですね、子供たちの足ですと
牧野夫人	／歩いて
牧野氏	／駅まで歩いてっていうのもあるから、1時間ぐらいですね。
南	：あ、そうですか。で、お兄さんと2人で行ってらっしゃるんですか。
牧野夫人	：ええ。で、最初はついていったんですけどね。ついてってわたしも1時間、そこでいなきゃ（笑いながら）ならない。で、途中からね、もう2人で行きなさいって×××ですね。
牧野氏	：あの、まあ、最初はあのう、週2回という約束で行ってるんですけど、実際にはあのう、じ、そこで、1時間しかやってもらってないんですけど、その、行き帰りにかかる、2時間、かえってそっちのほうが苦痛なんですね。当然そうなんですけど、そうだと思いますけど。だから、まあ、英語をやるというよりも、そのへんを我慢するっていうことのほうが重要なんじゃないかなという
牧野夫人	：／（笑い出す）
牧野氏	：気もしますけどね。
南	：あ、そうですか。

第5章　子供の帰国経験と教師のストラテジー　133

じゃないかなという気もしますけどね」という牧野氏の言葉に、牧野夫人が笑い出しているのが印象的である。

　ここで注意しておきたいのは、このような行動傾向がアメリカでの学校経験を通じて育まれたものであると牧野氏が見ていることである。アメリカの小学校において子供たちは「好きなこと、やりたいことをやってきた」。それが「おおらかさ」や「ものおじしない」行動パタンを生み出す一方、「いやなことは避けて通れる」という「勘違い」をさせることになるのではないかと案じているのである。さらに、ここからうかがえるのは、アメリカに行くことがなくて日本で小学校に行っていれば、「いやなことも我慢」してやることができない、というようなことにはならなかっただろうという考えである。この点は本章7節や6章において再び取り上げる。

　しかし、アメリカ生活に否定的な影響しかなかったと牧野夫妻が見ているわけではない。アメリカに暮らした経験の影響や意義をインタビューの最後にたずねた時には、子供たちが「性格的にもおおらかになった」ということの他に、「ひととおりの礼儀正しさを身につけ」、外国人に対しての「違和感」がなくなったという変化が挙がった。「礼儀正しさ」というのは、「お願いすること」、「ありがとうと言うこと」、そして「あやまること」が「現地校の教育」のおかげで身についたということである。また、「ものをはっきり言う」ということをしながらも、他人を傷つけることがない、「言葉の暴力」がないというのも「それなりの教育」が現地校でなされた反映であろうと牧野氏は見ている。

　帰国して5カ月経過した時点の総括として、I5-3のように、「心配してたほどのことはなかった」と牧野氏は語った。牧野夫人もそれに賛同している。その「心配」とは俊弘の頭髪のことであり、それが友人関係に影響するということだったのであろう。牧野夫人がしみじみと語った言葉にその心配がよく表現されている。「友達がいないでね、さみ、なんかもう、ぽつんとされてるとねえ、めいっちゃうんですよね」と言うのである。実感のこもった言葉であり、そのようなことが以前に実際にあったのかとも思わせるもので

I 5-3 「心配してたほどのことはなかった」——子供の学年と海外帰国経験
[910601J ; 01FM ; 071 : 46〜073 : 34]

南	：じゃ、まぁ、総じていえば、みなさん、うまく、帰ってこれたなっていう。
牧野氏	：そうですね。心配してた、ほどのことはなかったなぁっていう。
牧野夫人	：うん、あと1年遅かったら、変わってただろうね、きっと。
牧野氏	：変わってたね。だから、やっぱり、すべてにたいして、その、行った時期と、帰ってくる時期とっていうのが、やっぱりわれわれ、のその、流れのなかでは、やっぱり一番いい時期だったんじゃないかなあっていう、気はしてますねえ。
牧野夫人	：うん。
	（中略）
牧野夫人	：友達がいないでね、さみ、なんかもう、ぽつんとされてるとねえ、めいっちゃうんですよね。だから、今日はだれといっしょに遊ぶんだとかね、あのう、だれといっしょに釣りに行くんだとかって、なんか友達の名前が出てくるとねぇ、ほっとする、ことがありますね、そういう友達ができてよかったなあって。

ある。だが、2回のインタビューを通じて、俊弘の友人関係に問題があったという話を著者は聞いていないため、その点は不明である。いずれにしても、「友達の名前が出てくるとねぇ、ほっとする」、「そういう友達ができてよかったなあ」と牧野夫人は喜んでいる。

帰国のプロセスがうまくいった要因として、牧野夫人は時期的なものを挙げる。「あと1年遅かったら、変わってただろうね、きっと」と言うのである。牧野氏もそれに賛成している。渡米したとき子供たちは、幼稚園年長組と年少組、そして2歳であり、帰国したのが、小学校4年生、2年生、1年生の3学期である。長男俊弘が高学年であり、頭髪のこともあって一番心配していたのだが、すぐに5年生となり、新しい学級を最初から始めることができた。6年生になる時にはクラス替えもなく、担任教師が持ち上がる可能性も大きい。「行った時期」と「帰ってくる時期」とが、家族の「流れのなかでは、やっぱり一番いい時期だった」と思われるというわけである。

ただ、帰国後まったくなんの問題もなかったというわけではない。気候の違いからか子供たちは「最近立て続けに熱を出したり、体調くずしたり」し

て、「5月はずうっと病院かかりっぱなしで、1週間ずつ学校休んだ」ということであった。アメリカ西海岸のS市は保養地にもなっているほどに気候が温暖なところである。気候の違いや帰国後の精神的な疲れから体調をくずすというのは、考えてみれば当然のことであろう。一見すると「順調」にいっているように見えても、生活環境の変化はかなりの負荷を子供たちにもたらしているということがうかがわれるのである。

2　小学校における児童の参加の奨励
―― 帰国小学生の教室経験の観察

　1節では、帰国後5カ月の家族の状況を両親の報告を中心に紹介した。友人関係や学校での様子、習い事、生活習慣などにわたり、帰国子女が帰国直後に直面する生活の変化がどんなものであり、家族がそれにどのように対応しているかの一端が明らかとなった。次に、学校での様子を詳しく見ていくことにしたい。子供の社会生活において、学校、とりわけ教室で過ごす時間がその大きな部分を占めている。帰国子女の教室経験は、帰国経験を語る時に欠かせないものである。

　教室経験が帰国経験の一部であるということに関連して、2つの点をここで指摘しておきたい。教室での経験が他の生活場面における帰国子女の「適応」、安寧に大きく影響するというのが第1の点である。教室での学業上のパフォーマンスがうまくいっている帰国子女は、それで「自信」を持つことができる。教師や級友との人間関係も順調にいくであろう。逆に、授業についていけなかったり成績が芳しくなかったりする子供は、苦痛を感じたり、友人関係を円滑なものとするために必要な、周囲からの「尊敬（respect）」を得られなかったりすることになるだろう。第2の点は、アメリカ滞在中に「二重生活」の負担に耐えて日本語補習授業校に通い続けることの最大の目的が、「帰国したときについていける」ことだった点と関連している。帰国後の教室経験が順調なものであるかどうかは、滞米中の日本語教育が適切なも

のであったかどうかを評価するものとなるのである。

　日本の教室とアメリカ（S市）の教室とでは、何が教えられているかのみならず、どのように教えられているかにおいても異なっている。なぎさ学園のような日本語補習授業校は、両者のギャップを埋めることを目的としている。しかし、現地校へは週に5日通学するのに対してなぎさ学園へは土曜日1日といったように、絶対的な接触量の違いもあり、S市に住む日本人の子供たちは、アメリカ側へと次第に引き寄せられていくことになる。これについては3章で詳しく見た。もちろん、補習校そのものがアメリカ文化に取り囲まれており、日本の「学校文化」を「純粋な」かたちで維持しているわけではないことも関係している。

　帰国子女の日本の教室経験を描写するために、本節では、著者が追跡調査を行った小学校6年生の江川美枝子（07AG）が在籍した学級活動の一部を提示して分析する。この学級の担任は中山教諭といい、30歳前後の女性である。中山教諭の学級運営は、現在の日本の小学校で理念とされているもののうちの2つを体現していると考えられる。児童の参加を重視する民主的学級運営と集団の和の尊重である。本章では、これらの理念を体現するように組織されている教室においては、それになじみが薄く違和感を感じる（feel uncomfortable）帰国子女たちは、「適切に」行動することに問題を生じることがあるだろうと想定している。

　中山教諭が教えているH小学校は首都圏にあり、となりにある大手電機メーカーの工場とその社宅とを学区に抱えている。帰国後江川家（家族番号07）は、人に貸している自宅が空くまでという予定でこの社宅に住んでいた。H小学校の在籍児童の2割弱をこの大手電機メーカーの社員の子供が占めている。著者の目には、H小学校は町中の普通の小学校と映った。ただ一つ気づいたのは、教員のほとんどが女性であるということだった。文部省の統計によると、公立小学校の本務教員に占める男性の比率は、全国平均で1991年度は40.5％であった。著者が同じ時期に訪問調査した関西の2つの公立小学校においては、男性教員は4分の1前後という印象だった（実際に両校の『学

校要覧』によると、どちらも約28％だった)。しかし、H小学校では、1割前後ではないかと感じられたのである。

　著者は中山教諭について「教育に熱心な先生」であるという印象を持ったが、美枝子の母親である江川夫人(07M)も、「『何でも参観にきて、授業を見たければ、自由に参観していいですよ』とおっしゃってくれて、ああ良かったなと感じてる」と著者に話した。著者が訪問した1991年4月30日には、中山学級には32人の児童が出席していた。男子18人、女子14人で、女子2人が欠席であった。4月5日に新学年が始まって3週間あまり経過していたが、5年生の時からクラス替えはなく、中山教諭が持ち上がっている。学級運営や授業の進め方など、前年度中に出来上がっているパタンがあるように著者には感じられた。この年の3月末にS市から帰国した美枝子は、友人関係などがすでに確立した状況へ入っていくことになったわけである（ここで、前節I 5-3の牧野夫人の言葉を想起してもらいたい）。

　観察当日の1時間目は国語の授業で、2時間目はホームルームだった。国語では小説を読むという単元で、それまでの授業でテキスト全体を読み通していくつかのまとまりに分けたというところだった。授業の最初の10分間でテキストの意味段落分けの再確認が行われ、次に中山教諭がこの日の課題を提示した。それは、2人の主要登場人物がお互いに対して持っている「心のふれあい」を描写している部分を見つけだすというものだった。中山教諭は児童を順番に指名してテキストを音読させていったが、残りの児童には、「心のふれあい」を描写していると思われる部分に傍線を引くように指示をした。テキストを読み終えてから5分間、中山教諭は、児童の希望に応じてこの課題を続けるための時間を与え、それから作業結果の発表に移った。

　この授業の主題は「心のふれあい」であるが、このような授業を通じて、日本の子供たちは相互作用の情緒的側面に目を向けるように訓練されているのだと著者は考えている。このような訓練を通じて、「集団志向」的と言われ、日本社会において欠かせないとされている、他者への配慮に重きを置く心構えとでも呼ぶべきものが習得される。この点については後に6章で触れ

Ⅰ5-4 「授業はみんなが参加するべきもの」——小学校の国語の授業における教師の指示
[910430G；中山学級；045：13〜045：27]

> ちょっと待って、ちょって待って。一部でやってんの、授業。ね、一部でやってんの。ちょっとやっぱり良くないと思う。手を挙げてない人いるしさ。授業っていうのは、**みんながやっぱ参加して、自分のベストを尽くして考えるべきだから**。ちょっと指さないで。ちょっと待って。時間かかってもいいから。

ることにして、ここでは授業の形式的側面に照準することにしたい。

　日本の小学校の授業においては、児童の授業参加が重要視されている。授業の流れに学級の全員が注目して参加することが求められる。教室における役割構造の分化は明瞭であり、教師が問いかけて児童が答えるという形をとっている。児童の参加の度合いは、教師の問いかけに応じる子供の数、具体的には発言しようとして挙げられた手の数で測られる。中山教諭は、問いかけに応じて挙手した児童が少ないのを見て不満を示した。

　中山学級では、児童が発言する順番は独特のやり方でコントロールされていた。直前に指名を受けて発言した児童が、次に発言する児童を指名していた。つまり、教師がすべてを統制しているわけではない。児童が自分たちで授業を進行するという形を取っている。Ⅰ5-4の冒頭で、中山教諭は、児童たちによるこの発言の連鎖を止める。授業に参加していない児童が多くいるということを指摘して、これは「良くない」ことだと言う。「手を挙げていない人」がいるからである。

　続いて、中山教諭はあるべき授業の姿を描写する。授業においては「みんなが考えて、自分のベストを尽く」すべきであり、「一部」の人間によって進められるべきではないのである。「手を挙げていない人」がいるということは、みんなが討論に参加する用意ができていないということであり、そういう人のために時間を取ってもかまわないから「ちょっと待って」ほしいというのである。

　児童の参加が重視されていると指摘したが、それが「民主的な」授業運営によって実現されようとしているところにも注目すべきである。教師が発言

する児童を指名するのではなく、児童自身が指名する。これは、授業の内容ではなく、その進め方という形式的側面において児童の参加を促す手続きである。テキストの理解が不十分で内容面での参加が困難な児童にとっても、形式面の参加なら可能であるということも関連するかもしれない。中山教諭は進行に関しても児童の意向をよくたずねており、この日の授業においてテキストをみんなで読み終えたところで、すぐに「心のふれあい」を描写していると各自が考えた部分について発表を始めるか、それとも少し考える時間がほしいかとたずねて、作業の時間を5分間あたえている。また、授業終了のチャイムが鳴った時にも、もう少し続けたいかどうかを児童に聞くということも行っている。

　調査当日、著者は中山教諭と話をする機会があったが、話題の中心は追跡調査をしている帰国子女美枝子であり、授業進行については簡単に聞くに留まった。挙手のしかたについてたずねたところ、中山教諭は、「できるだけ多くの人がやっぱりこう、はなせるようにっていうことで」と説明してくれた。できるだけ多くの児童に授業参加させるための仕組みということなのだ[2]。だが、児童の授業参加がなぜ望ましいのかという点について聞くことはできなかった。授業参加は児童が課題に集中していることのシグナルであり、教材の理解を促進するものであると中山教諭が考えていると著者は推測する。例えば、集中力を高めるためにテキストの音読を指示したり（「で、その前に1回ちょっと読んだほうがいいね。というのは、もう、連休明けでね、いま見てると何人かねえ、半分寝てしまってるような人がいるので、ちょっと、みなさんの元気な声聞かせてください」)、挙手する児童の少ないことについて「2人しか手を挙げない、これ、おかしいね。思い出そうとしなきゃ思い出せない。学習したことっていうのは、やっぱり、思い出してください」とコメントしたりしているからである。学級の児童全員の参加は、学習する意欲や姿勢を示すものであり、だからこそ重視されていると考えられる。

　全員参加が重視されるのは、教材の理解を示すという理由からだけではない。学級という集団の和を表象する「学級のまとまり」という言葉が、日本

の小学校では好まれ多用されていると、アメリカ生活が長かったある日本の小学校教師が著者に語ってくれた（南 1996：104の図1のC教諭のインタビュートランスクリプトを参照）。「学級のまとまり」という一種の「公共の福祉」の実現のためには、各自が私欲や利害を抑制する必要がある。権利の行使（use）が、権利の観念（conception）の学習を生むと指摘したのはトクヴィルだが（Tocqueville 1987b：144。英単語は、Lawrence訳1969より）、参加という権利行使の一形態が、「私的享楽（personal pleasure）を犠牲」にする姿勢を促すという側面にも期待が寄せられているようである。このことは、2時間目のホームルームの時間に見て取れた。6年生は近く修学旅行が控えているのだが、そのための話し合いをするのである。

　この日の1時間目の授業の前に、短いホームルームの時間があった。中山教諭は、この日の5時間目に予定されている学年での話し合いと、それに備えるために2時間目に学級で行う話し合いについて、Ⅰ5-5のような注文を出した。まず、時間割を変更して、5時間目に学年全体での話し合いをするということを言っている。日本の教育課程において、修学旅行などの学校行事が教科の学習と並んで重大な位置を占めていることは、それに費やされる時間やエネルギーの大きさと、これらへの出席が必須とされていることからも明らかだ。行事そのもののみならず、その準備にも時間を割いて、それを児童自身が担当している。修学旅行では、旅行中のいろいろな仕事や役割が

Ⅰ5-5　「自分たちの修学旅行なんだという気持ちで」
　　　　――話し合いについての教師の指示
　　[910430G；中山学級；007：55〜008：35]

今日5時間目に、えっとはじめての、学年で、あのう、修学旅行に行くときのね、あの、係りとか、役割の話し合いをします。そのときに、できるだけ1時間のなかで、やっぱりいい話し合いがね、できるようにしたいんで、2時間目は、ちょっといい、充実させてください、話しをね。えっと、係りを決めたり、仕事の内容を決めたり。でねぇ、できれば、あんまり先生かかわりたくない。あんまり先生が入っていきたくないんです。だから2時間目のことに関しては、できるだけ自分たちで、代表委員のひと中心に、話し合ってもいいけれども、自分たちで、とにかく自分たちの修学旅行なんだっていう気持ちで、係りを決めてください。

児童によって分担して行われる。レクリエーション係や食事係、朝の散歩係などがその一例である。この日の5時間目には、6年生の全学級の各係りが集まって会合を開くので、2時間目には学級で係りの分担を決めておく必要がある。5時間目の会合を「いい」ものにして欲しいと中山教諭は言う。そのために、学級での話し合いも「充実した」ものでなければならないのである。

そして、話し合いの進め方についても注文をつけている。中山教諭は、話し合いに「かかわりたくない」。「代表委員」が司会進行を務めて、「自分たちで」話し合って欲しい。「先生が入っていきたくない」と言うのである。教師が進行するのではなく、自分たちの「代表」を中心に話し合いを進めるようにという指示である。さらに、話し合いを「民主的」に進めるようにという指示に加えて、話し合いに参加する際の心構えのようなものも具体的に指示する。「自分たちの修学旅行なんだという気持ちで」係りを決めることが必要だというのである。

「自分たちのものという気持ち」とはどのような気持ちであり、これを強調することによって中山教諭は何をしようとしているのだろうか。これが次に問題となってくる。具体的な問題として、「話し合い」がうまくいかないという葛藤状況を、中山教諭は予期していたのではないかと思われる。そのような事態を予測してあらかじめ警告を発したのではないだろうか。2時間目の話し合いにおいて、係りがない児童が実際に出てきてしまったのである。

修学旅行では、各自が2種類のグループに所属することになっていた。旅館で相部屋となるグループと仕事を共有する係りのグループとである。部屋割りは前回の話し合いで決まっており、まずそれを確認することになったのだが、1人の男子児童が自分の相部屋グループを覚えていなかった。しかも奇妙なことに、同じ部屋になったはずの男児からそれを指摘する声も出なかったのである。後に中山教諭が著者に語ったところによると、この児童は「孤立児」だとのことであった。教育現場で確立しているカテゴリーで、友達をつくろうとしない児童を指す言葉のようだった。児童たちだけでは事態を

収拾できなくなったのを見て、中山教諭は室長同士で話し合って決めるようにと指示を出した。5・6人の室長が教室の外の廊下で話し合った結果、この児童の部屋は決まった。

　著者の追跡調査の対象である美枝子がもう1つの葛藤例であった。彼女の係りが一番最後まで決まらなかったのである。女子児童は、だれも美枝子に同じ係りにと誘うことがなかった。また、美枝子がどの係りをやりたいと希望を表明することもなかった。中山教諭は、だれか一緒にやろうという人はいないのかと児童たちに呼びかける一方、美枝子にはどの係りを希望するかとたずね続けた。

　児童たちは困難な選択を強いられていたと言えよう。修学旅行では、仲のいい友達と一緒にいて楽しく過ごしたい。あまりよく知らない、好きではない級友と一緒にいたいと思う児童はいないだろう。しかし、だれかが美枝子と同じ係りをしなくてはいけないということもわかっている。美枝子は、学級の女子児童の中に自分と一緒に係りをやりたいと思っている人がいないということを感じていたために、希望の係りを表明するのを躊躇したのかもしれない。それとも、係りなんて自分たちでやるべきことではないと思ったのかもしれない（そのような発言をした帰国子女の例としては、南 1996を参照）。あるいは、修学旅行に行きたくないという気持ちがあったのかもしれない。

　この日の朝、スケジュール変更を知らせるときに、Ⅰ5-5に見られるように「自分たちの修学旅行なんだという気持ちで」と中山教諭が強調したのは、このような事態を予期していたからだという推測が可能であるかもしれない。話し合いが暗礁に乗り上げたとき、中山教諭は直接に解決策を指示するようなことはせずに、児童たちが「心を合わせて」決めるようにとの言葉を繰り返した。そして、美枝子と一緒に係りをやってくれる女子を募ったのである。重苦しい時間がしばらく流れたあと、2人の女子児童が自分たちの係りに美枝子も参加するようにと申し出て事態は解決された。

　カミングス（Cummings 1980＝1981）は、日本の小学校を参与観察法を利用して研究したが、日本の学校が果たしている平等化の機能に特に着目してい

る。カミングスは、日本の小学校の教師が「生徒を最大限に授業に参加させるために大きな努力を払っている」と指摘する。そして、その意義として「参加を重視するということは生徒に自信を持たせること」であると続けている (1980=1981:159)。また、児童を4人から6人の集団に編成して協同で学習させるということを行うのは、「できる子の協力を得て、できない子を引き上げようとしている」のだとも言う (1981:161)。著者と同じ現象を取り上げながら、カミングスは教師の関心が児童全体の学力の増進や個人差の縮小に注がれている側面に照準している。

　小集団の活用について教師たちにたずねると、「生徒間に仲間意識と共同感情を生じさせるため」であると説明してくれるとカミングスは述べている (1981:160)。著者は教室運営について中山教諭にたずねることはなかったが、もしたずねたとしてもこれに類する回答が返ってきたことだろう。先に引用した別の小学校の教師は、「学級のまとまり」といった言葉に表象 (represent) されている「仲間意識」や「共同感情」が帰国子女には欠けており、そのため指導が困難であるとの見解を著者に表明した（南 1996参照）。このように、日本の教室経験の特徴として「仲間意識」や「共同感情」に言及する議論は多い。アメリカの学校においては、このような「感覚」を強調するような実践が行われていないために、帰国子女の指導には苦労するというのである。

　教室での実践 (practice) や慣行、そしてそれらの経験に、日米で差異が存在するという指摘はおそらく妥当なものだろう。そして、帰国子女はその差異にとまどうという命題もまた適切であろう。だが、その「差異」がどのようなものであるかを特定することには困難がつきまとう。例えば、「仲間意識」や「共同感情」を表象するのが「みんな仲良く」といった言葉だとするならば、それに類する言説をアメリカの教師も使用していることはアメリカのプレスクールを観察したマッチの研究に見て取れる (Shweder & Much 1991:192)。にもかかわらず、アメリカからの帰国子女には、美枝子のように「友達と仲良くやれない」といったケースがいくつか報告されているのである。

カミングスの指摘に関連して言及しておきたい別の点は、児童の参加が教室における秩序の確立と維持に密接に結びついているということである。アメリカの「幼稚園」や小学校1年生の教室は1学級20人以下の少人数で、教師の他に教師助手（aide）が1人いるという態勢を取っている。そのような教室と比較すると、日本の小学校は1年生でも1クラス40人近く（一昔前は45人が定員）で教師は1人である。よく「無秩序」状態にならないものだとアメリカ人観察者は感心することが多い（例えば、Cummings 1980＝1981, 恒吉 1992を参照）。児童に教室運営に積極的に参加させることによって教室の秩序が維持されているという指摘には、かなりの説得力があるように思われる所以である。

著者が直接観察した日本の小学校の教室場面を提示して、アメリカの教室経験を有するカミングスや恒吉の指摘を手がかりとしながら、その特色と思われる点を論じてきた。実際に子供たち、とりわけ帰国子女である美枝子がどのようなメッセージを受け取り、どんな経験を積んだのかについては、残念ながら著者はデータを持っていない（そもそも、これがどのような方法で探求可能なのかは大問題である）。ただ、大学生となった帰国子女が自己の海外経験と帰国経験とを、自分の「性格」とどう結びつけているかを6章で見ていく。経験の「影響」を垣間見る手がかりを提供してくれるだろう。次節では、帰国子女中学生の視点から見た場合、どのような比較が日米の教室についてなされるかを見ていくことにする。

3 中学校における講義中心の授業
―― 帰国中学生による日米の教室比較

日本の教室における授業の進め方は、小学校と中学高校とでは大きく異なっている。中学、高校では、アメリカの中学、高校と同じように教科担任制が取られ、難度の高い教材内容が集中的に詰め込まれるようになっている。中学校の教室においては、小学校の教室運営の特徴である、児童自身による

民主的な学級運営や学級のまとまりという理念がなくなってしまうわけではないが、前面から退いたものとなっている。生徒による参加の量が減少し、授業時間の大半を教師による講義が占める。児童同士のやりとりがかなりの部分を占めていた小学校とは対照的に、中学校の教室においては教師と生徒との相互作用が前面に出てくることになる。それでは、アメリカの中学校生活を経験した帰国子女は、日本の中学校の教室経験をどのように見ているのだろうか。

　本節では、中学2年生で帰国した木下祥子（04AG）の話を見ていくことにする。祥子は、日本の小学校に入学して1年生を2カ月ほど過ごしてから、アメリカのS市へと渡った。6年10カ月の滞米ののち1991年3月末に帰国し、4月から首都圏のM中学校の2年生となった。S市の現地校には8年生途中まで在籍した。アメリカの中学校に通学したのは7年生となった1989年9月からの1年半ということになる。M中学校は公立校で、4章の分類で言うと帰国子女受け入れ校タイプ2にあたる。海外生活経験を有する生徒がかなりの数を占め、帰国子女担当の専任教員がおり、常設の帰国子女教室もある。著者は同年5月2日にM中学校を訪れ帰国子女担当教員と話したあと、祥子の家庭を訪問し祥子と母親から話を聞くことができた（なお、M中学校では著者は授業を直接観察することができたが、それは5月末のことだった）。

　祥子とのインタビューでは、まず最初に、日本の印象と学校の印象について聞いた。各教科についてどんな印象を持っているかをたずね、次に学校での行動に関する側面へと話題を向けた。授業の開始や終了時の教師とのあいさつの時に、生徒は起立することなく座ったまま礼をすると祥子は話してくれた。I 5-6の冒頭の著者の質問は、これに続くものである。

　授業の進め方に日米で違いがあり、帰国子女はそれにとまどって「逸脱行動」をおかし、これがきっかけとなって教師からの厳しい評価や級友からのいじめにつながるという図式が、著者が調査当時に心に抱いていたものである。アメリカという「個性重視」の社会において自分の考えを持ちそれを表明するよう奨励されてきた子供たちが、教師主導の授業スタイルにどうなじ

I 5-6 「聞かれるとどうしても返事しちゃう」——帰国中学生の教室行動
（帰国中学生による日米教室比較1）
[910502J；04AG；034：09〜034：52]

> 南　：あのう、手を挙げるとかいうのも、大丈夫ですか。
> 祥子：手を挙げるのは、あの、現地校でもそうだったし。ただ、発言の量がやっぱり向こう［アメリカS市の学校］とくらべて少ないから。先生が、「だな」とかいっても、みんなにも答えないで、あたしが1人でこうやってやって（頭を上下にふって、うなづいているしぐさをしながら笑い声で）。それで、先生が「ひとり答えてる人がいますね」とかいって。「だからそうなんだよね、わかった」ってゆって、あたしは1人でこうやってやってるんだけど（うなづきながら笑い声で）、みんなは「わかってるよ」みたいな態勢、わかってんのがあたりまえみたいなかんじだから。だから、あたしどうしても聞かれると返事しちゃうんだけど（笑い）、なんか返事はみんなしてないから。

んでいくかに著者はとりわけ興味があった。実は2節で見たように、日本の小学校の教室においても児童の授業参加は重要視されている。中学校に進学すると、それがガラリと変わるのである。日本の学校制度の枠組み内でずっと教育を受けてきた子供たちも、中学校に進学してこの違いに直面し行動パタンを変更するように迫られているものと考えられる。

　著者は、日本の教室行動の一例として、挙手をして教師の指名を受けてから発言するということは違和感なくうまくやることができているかという質問をしてみた。祥子は、現地校でも同じだから問題はないと答えている。そして、この質問に関連して、発言量の日米差についての比較を行う。祥子の教室では、生徒の確認を求めて教師が「［なんとかかんとか］だな」と言っても生徒は反応を示さないというのである。祥子は1人でうなづくという動作を行い、教師もそれに気づいて「ひとり答えてる人がいますね」とコメントすることになる。祥子の見るところ、他の生徒は「わかってんのがあたりまえ」という「態勢」で、理解の確認を求める教師の発話に対して「返事」をしない。だが祥子は、「聞かれるとどうしても返事しちゃう」のである。

　「聞かれるとどうしても返事しちゃう」という祥子の行動パタンが、日米の教室行動差をどのように反映したものであるかを探ろうとしているのがI

第5章　子供の帰国経験と教師のストラテジー　147

Ⅰ5-7　「アメリカの教室では、発言しなきゃいけないという
　　　　気持ちが強かった」——授業に臨む姿勢の違い
　　　　（帰国中学生による日米教室比較2）
　　　　[910502J；04AG；037：55～038：40]

> 南　：あ、そうですか。その、たとえば、そのう、緊張感が違うとかありますか。たとえば、その、ただ、日本だとただ座っていいみたいで、アメリカだと、こう、もっとこうなにかいわないといけないみたいな。
> 祥子：そう、発言をしなきゃいけないっていうんで、アメリカは、あの、「ほら、しなきゃ、しなきゃ」っていう気持ちがあったんだけど、日本は、先生によって、[黒板に内容を]全部書く先生もいるけれど、口のほうが多い先生がいるから、先生の聞いてることを[話してることを]落としちゃいけない、聞き落としちゃいけないっていうんで、授業を真剣に聞かなきゃいけないと思うから。あの、やっぱり、だからみんな静かなのかなあとか思ったりする。

　Ⅰ5-7である。講義中心で教師の話をおとなしく聞いていればいいという日本の中学校の授業（「日本だとただ座っていいみたい」）とは異なる姿勢でアメリカの授業に臨んでいたのかどうかを聞いている。「なにかいわないといけない」みたいな「緊張感」をアメリカの教室では感じていたのだろうか。
　祥子は、「発言をしなきゃいけない」というプレッシャーを感じていたという。「ほら、しなきゃ、しなきゃ」という気持ちがあったのだが、日本では聞くことが大切なので、「聞き落としちゃいけない」、「授業を真剣に聞かなきゃいけない」という思いが強い。だから、日本の教室では「みんな静かなのかなあ」と感心している。
　Ⅰ5-8では、日本の授業スタイルはアメリカの授業スタイルと異なり、教師の問いかけがレトリカルなものであるということは、帰国する前からわかっていたのかと著者は祥子にたずねている。祥子は、アメリカから帰国して1カ月足らずで日米差を見極め、それに合わせて「適切に」行動している。しかも、それほど驚いたりとまどったりしたという様子も認められない。テレビドラマ『絆』のトモヤとは、好対照である。6年余の滞米中に3回、祥子が一時帰国をして日本の小学校に体験入学したということを著者は知っていた[3]。引用しているところよりも前のインタビュー部分においても、たて

3 中学校における講義中心の授業

I 5-8 「日本の教室のルールは、体験入学のときに学んだ」
（帰国中学生による日米教室比較3）
[910502J；04AG；041：04〜041：45]

> 南　：そう、そういうのは、祥子さん個人としては、その、帰国して、一時入学のときなんかにそういうかんじなんだなっていうのは、漠然と。
> 祥子：はい、もう、大体。
> 南　：あ、そうですか。じゃあ、日本に帰ったら、ちょっと違うスタイルでやるんだと、
> 祥子：（賛同するようにうふふと笑いをもらす）
> 南　：思ってたわけですか。そうですか。
> 祥子：ただ、その、みんな授業を聞いてるみたいなんだけど、なんか、やっぱ、そういうふうに反応がないから、先生が話してて、それで「これは［統一テスト］に出るからね」とか先生が言ったとたんみんな［ノートに］書き出すから、それは変だなあとか思う。

笛や跳び箱などの帰国子女がとまどってなかなかうまくできないということが多い学習項目について、それは体験入学の時に慣れていたから大丈夫といった言葉を祥子は繰り返していた。著者は、そのような経験を通じて、日本の教室行動について知ったのだろうかとたずねているのである。祥子は、賛同を示すように「うふふ」と笑ったのみで、生徒の反応の少なさにはやはり驚いているという。とりわけ、平素は反応が少ないのに、ここはテストによく出題されるというような教師の指摘には一斉に生徒が反応するというコントラストが目について、「変だなあ」と感じるというのである。

　生徒による授業参加の日米比較という観点から、祥子のコメントを見てきた。アメリカの中学校においては、生徒の発言が重視され、授業がそれを中心に組み立てられているのに対して、日本の中学校では、生徒の反応を求めるような教師の発話も形式的なものであり、実際に生徒が発言を求めて挙手したりすることはない。これは、日本の小学校とも異なるスタイルであり、日本の中学1年生も最初はとまどうものであろう。中学校2年生で帰国した祥子は、級友の様子を観察したり体験入学の経験を思い出したりして適切な行動パタンを習得していながらも、心中「変だなあ」と思っているのである。

　日米の教室行動の違いについては、多くの帰国子女が報告するところであ

る。中学校2年生で帰国した男子生徒は、教師に対してジョークを言えない点が違うとこぼしていた。教師と生徒の間の上下関係が前提とされ、教師への敬意が要求されていることの反映であろう。校長先生のところに何度か「おしゃべり」に行って注意された帰国子女がいたという話も聞いた。教師の頂点に立つ校長と「対等な」関係で話をするということは、日本の学校体系の中で育ってきた子供には想像もできないことだろう。この帰国子女は、アメリカの学校と同じつもりで、アメリカでの学校経験を通じて習得した文化モデルに則してふるまったものと推測されるのである。

4 「転校生」としての帰国子女
―小学校教師が帰国子女理解に使用する文化モデル

　日本の教室の行動パタンにふれたことがない帰国子女は、帰国当初「適切な」行動が取れないことが多い。美枝子の弟裕太（07BB）に対する担任教師のコメント（15-9）にこれを見ていこう。裕太の家族はS市に2年9ヵ月滞在した。アメリカに行く前に、裕太は4ヵ月間日本の小学校1年生に在籍した経験がある。3月末に帰国した裕太は、4月から小学校4年生となった。
　裕太の学級担任である小川教諭は、裕太は編入学後3週間たって「過渡期」にあると著者に話した。裕太は学年初日の4月5日からこの学級の一員となっていたが、著者の訪問は4月30日のことだった。姉美枝子が在籍する6年生の中山学級を2時間観察してから裕太の小川学級の体育と国語の授業を観察し、その後給食を食べながら小川教諭と中山教諭の話を聞いた。
　小川教諭によると、裕太は「明るいアメリカそのままのかんじで学級に入ってきた」。クラスのみんなは興味深く裕太を迎えて、アメリカについて質問したり英語を話すようにせがんだりした。それが3週間たって、どちらの側も飽きてきている感じだという。裕太は授業中よく発言するが、それがアメリカではどうだったという話ばかりである。もっと違う話ができないかと級友は思い始めており、その雰囲気を裕太の側も感じ取っているようであ

I 5-9 「みんなでやるときになかなかなじまない」——クラスの約束事への参加
（帰国小学生についての担任教師のコメント１）
[910430G；小川教諭；093：13〜093：38]

> そうね。だから、みんなでやる時に、こういっしょにやるっていうのに、なかなか、こと、なじまないっていうかんじは見受けられますね。（南：ああ、なるほど）だから、やっぱ発言するときもひとりの、ひとりの発言っていうかんじになって、まわりの子がこうするから、自分はこう思うっていうかんじの、までには全然いってません。だから、自分の思いつきとか自分の考えたことはパッと言え、は言えるけれども、ええ、他の子の、受け答えという形にはなかなかならないですね、まだ、ええ。

る。これは、裕太にとって大きな危機だというのである。

　小川教諭は、裕太は「クラスの約束事にうまく参加できない」と言う。具体例を描写してもらおうとして、著者が観察した授業で見られた「クラスの約束事」をいくつか列挙してみた。そして、クラス全体に教科書を音読するようにという指示が出された時は裕太は声を出していなかったが、指名されて１人で読むときにはきちんと読めたという場面があったと言ってみたところ、小川教諭が語ってくれたのがⅠ5-9である。

　裕太には、「みんなでやるときになかなかなじまないっていうかんじ」が「見受けられ」る。具体的には、発言も「ひとりの発言というかんじ」であり、「まわりの子がこうするから、自分はこう思う」というところまで「全然いって」いない。「自分の思いつき」や「自分の考えること」が「パッと言える」裕太は、勝手気ままに行動していると小川教諭には映っているようである。他の子が言ったことに合わせるというような「他の子との受け答え」にはなっていないというのである。２節においてその一端を紹介した中山学級の発言順の決め方のように、学級の子供たちによって作り上げられている協同作業による授業実践に適切に参加できないという不満の一種であると考えられる。

　小川教諭は、裕太がこれから変化していくだろうという期待を持っている。「なっていない」という表現がこのことを暗示している。このような捉え方の前提には、「転校生」について教師たちが持っていると思われるモデルが

第5章　子供の帰国経験と教師のストラテジー　151

I 5-10　「転校生が慣れるのに半年はかかる」——転校生カテゴリーの適用
　　　　（帰国小学生についての担任教師のコメント2）
　　　　　　[910430G；小川・中山教諭；095：36〜096：16]

> 小川：クラスの約束、が、暗黙のうちにできてある程度、約束事みたいなのが
> 　　　きっと違うから。それはどこから転校してきた子、でもやっぱ、ある程度
> 　　　は、そういうものは見られるんじゃないでしょうか。転校生がやっぱり慣
> 　　　れるのに半年はかかりますね、やっぱり。
> 南　：ああ、そうですか。
> 小川：どの子もね。
> 南　：半年ですか。
> 中山：そうですね。とくに。
> 小川：半年はかかります。
> 南　：その、低学年でも。たとえば、3・4年生ぐらいでもですか。
> 小川：ええ。
> 中山：自分の存在みたいなのが、学級の中で。
> 小川：自分の、そうですね、まわりの子と。だからやっぱり見ていると、やっ
> 　　　ぱりなんか転校生だなというかんじがありますね、どこから来た子でもね、
> 　　　他のクラスに入った子でも。なんかちょっと変わってるなあというかんじ
> 　　　は（笑い）、変だけれども。やっぱ、ちょっと集団、の中で見ると、ちょっ
> 　　　と、ちょっと異質なかんじがするんですね。顔つきにしろ、なにに、動作
> 　　　にしろね。どこから来た子でも。

ある。帰国子女をそれにあてはめて、「慣れるのに半年はかかる」というのである（I 5-10）。

　小川教諭は、「転校生」というカテゴリーで裕太を捉えている。「暗黙のうちに」できている行動パタンである「約束事」が「先生によってかなり」異なっているため、それに慣れるのに「どこから転校してきた子でも」「半年」はかかるというのである。同席していた6年生担当の中山教諭もこの言葉には賛同している。

　しかし著者は、高学年ならともかく、裕太のように小学校3・4年生ぐらいでも、転校してきて新しい学級に慣れるのに半年もかかるのだろうかと疑問に思い、それを確かめようとしている。小川教諭は「ええ」と答えてから、自説を敷衍するように、転校生が異質に見える（「異質なかんじがする」）と述べる。帰国子女に限らず、「どこから来た子でも」、「顔つきにしろ」「動作に

4 「転校生」としての帰国子女

I 5-11 「特別アメリカから帰ってきたというかんじは受けない」
（帰国小学生についての担任教師のコメント3）
[910430G；中山教諭；109：12〜109：32]

> ただ、美枝子ちゃんはその、特別アメリカから帰ってきたからっていう——、かんじは受けないんです。いわゆる1人の転校生として（小川：うん）やっぱり、その集団の中に入っていくのに、やっぱりいろいろと、時間かかりながら、いろんなことありながら入っていくんじゃないかなっていうかんじで。あの、かなりその、アメリカから帰ってきたからっていうハンディは感じてませんけどね、（南：ああ、そうですか）はい。

しろ」「なんかちょっと変わってるなあというかんじ」がすると言うのである[4]。

　この言葉を受けて、「どこから来た子でも」という主張をさらに強く打ち出したのは、中山教諭のほうだった。美枝子についてI5-11のように述べている。中山教諭は、小川教諭よりもさらに積極的なかたちで、「1人の転校生」として美枝子を捉えていると語る。「特別アメリカから帰ってきたからっていう——、かんじは受けないんです」というのである。「集団の中に入っていくのに、やっぱりいろいろと、時間かかりながら、いろんなことありながら入っていく」のは普通のことであり、「アメリカから帰ってきたからっていうハンディは感じて」いない。

　クラスに「暗黙の」「約束事」があって「慣れる」のに時間がかかるという認識は、小川教諭も中山教諭も持っている。また、小川教諭はI5-11の直前の部分で「転校してくればやっぱりまわりの環境も全部違って、また変な話だけど、先生によってかなり違うでしょうから」と言っているが、ここに見られるように、学級「環境」は先生が主導で作り上げているものである。中山教諭がこの発言に「そうね」と相づちを打ったのに見てとることができるように、どちらの教師もこのことは自覚している。しかし、帰国子女にとって問題となると思われるのは、これらクラスの「約束事」が、自分たち教員が学級の運営や統制のために作り上げているものであるという認識が見られないことである。「約束事」が教員のストラテジーであるという自覚が欠けているように思われる。このことは、中山教諭の「集団の中に入っていく」

第5章　子供の帰国経験と教師のストラテジー

I 5-12　「細かいことはほとんど注意してない」——観察学習への期待
（帰国小学生についての担任教師のコメント4）
[910430G；小川教諭；094：30〜094：45]

> 私もまだ、1カ月でね。あの、まだ、ま慣れるまではと思って、ちょっと今まで、そういうことは、細かいことはほとんど注意してないですね。あの子が、まあ、ね、あの、見ていきながら少しずつ自分でやっていく場面もあるだろうと思って。

という表現にとりわけ印象的である。

ここで、帰国子女の「適応」や「慣れる」ということに関連する問題を2つ指摘することができる。その1つは、教師自身が積極的にこの「約束事」を教えようとしないということである。4月末の訪問時に、小川教諭は裕太に対する指導について上のように語っている（I 5-12）。

最初の訪問インタビューの日から2カ月後の7月上旬、再度H小学校を訪問して、授業を観察し先生がたの話を聞くことができた。その時に裕太を観察したのは図工の授業であり、のこぎりを使って作品を作るというものだった。クラスの「約束事」といったものが表に出てくる機会はなく、裕太が3カ月の間に「細かいこと」をどれだけ学習しているかを観察する機会はなかった。小川教諭によると、裕太は「相変わらずですね、相変わらず。ボーとしてるときはボーとしてるし」ということであり、「細かい注意」を5月以降小川教諭が積極的に裕太に対して行ってきたというかんじではなかった。裕太が「見ていきながら少しずつ自分でやっていく」ということを期待しているということであろう。しかし、「暗黙のうちにできて」いるものを、まわりの様子を観察することを通して学習するのは簡単なことではないように思われる[5]。そのため、3カ月経過しても裕太は「相変わらず」であり、「クラスの約束事にうまく参加できない」という状態は改善していないということなのだろう。あと3カ月経過して、「転校生が慣れるのに半年かかる」と小川教諭が言っている「半年」に達すれば、裕太は変化しているのだろうかという疑問が湧いてくる。

「約束事」が教員のストラテジーであるとの自覚が教員の側に欠けている

ことに伴うもう1つの問題点が、その目的が明瞭ではなく、一種自己目的化していることであろう。カミングスが観察調査をした学級の教師が、小集団を活用するのは「仲間意識と共同感情を生じさせるため」であると説明したことを先に紹介した。中山教諭は、特別なやり方で発言順を決めるという慣行について、「できるだけ多くの」児童が発言できるようにというねらいがあると著者に語った。しかし、これらの目的が教師や児童たちによって常に意識されているわけではなく、また、秩序の問題のようにアメリカ人研究者による比較観察によって初めて明瞭となってくるものもある。「約束事」が果たすべき機能も「暗黙」のままに留まるのだとすれば、これも、新しく入ってきた「転校生」にとっては「慣れる」のに時間がかかる要因となっていると思われる。別の帰国子女の発言に見られるように、「なんのために、こんなことをやるのだろう」という疑問が生じてしまい、「約束事」の実践に反発を覚えることもあるのだろう（南 1996に引用されている帰国子女Aの発言参照）。

　小川教諭は、裕太についてかなり突き放した見方をしている。国内の転校生でも「慣れる」までに「半年」はかかるのだから、1カ月の時点であわてる必要はないということなのだろう。「みんなでやるときになかなかなじまない」というI 5-9の指摘も、著者にせがまれたあげく、事実をたんたんと語るという口調で行われた。対照的に、中山教諭は美枝子の友達関係で悩んでいた。I 5-11とその分析にも見られたように、「ただちょっといま、友達関係で上の子はぎくしゃくしてるところがあって」、「やっぱりこう、私からのはたらきかけっていうのが必要なのかなっていうかんじがしてます」と言うのである。

　だが、美枝子が教室の「約束事」に支障なく参加することができ、それについて教師として配慮する必要がないと中山教諭が感じているわけではない。I 5-4に関連する発言順のわりふりについて、「話し合い活動がこう、成立していくために、そういう約束事が、あるんです。ただまだ、美枝子ちゃんの中にはそれはまだ、あのう、かの、自分のものとしては育ってないと思い

ます」と中山教諭は述べている。また、実際に授業中にも、美枝子が慣れていないために「研究班」での授業という形式は取らないと説明している（「本当は、あのう、研究班をね、つくって、あのう、研究班の発表形式で、やりたいところだけども、江川さんもね、新しく加わって、まだ、そういう授業のパターンにはね、慣れてないと思うので、まだ、まだ、あの司会は先生のほうでね、進めていきたいと思いますけれども。」016：32〜016：51)。

　本節では、クラスのルーティン、「約束事」を中心に見てきた。児童の参加を促進するための「民主的な」仕組みとしての「約束事」との関連において、帰国子女がどのように教師によって評価されているかの一端が明らかとなった。帰国子女もクラスの「約束事」になじみのない「転校生」であり、「慣れるのに半年はかかる」存在である。美枝子も裕太も、特別に「アメリカから帰ってきたっていうハンディは感じられない」というのである。そして、「約束事」に「慣れる」ことについては、それらが「暗黙の」ものであるにもかかわらず、まわりの様子を「見ていきながら少しずつ自分でやっていく」ことが期待されているのである。

5　海外生活経験の理解——人間関係に関しての周囲からの注文

　「約束事」の習得という要因が授業への参加という行動のレベルで問題とされているのに対して、学級集団との距離の取り方、姿勢や心構えといった「自我」に関連すると思われるレベルで中山教諭は美枝子に注文を出している。Ｉ5-13は、Ｉ5-10の小川教諭の言葉に引き続いて、美枝子の状況を中山教諭が説明している部分である。「努力」不足という指摘であるが、ここでは「努力」が求められている内容を問題としたい。「集団の中に加わってどうとかこうとか自分がちょっとアレしたい」という意欲が薄く、「仲間として入っていこうとか、自分の存在をたしかなものにしよう、みたいなものが、やはり薄い」というのである。

　2節で紹介した場面のように、学級でのグループ作りがうまくいかないと

I 5-13 「仲間として入っていく努力が不足」——担任教師の帰国子女への注文
（帰国小学生についての担任教師のコメント 5）
[910430G；中山教諭；096：17〜097：03]

> ただ、お姉ちゃんの場合は、やっぱりその、努力っていうんですかね、なんか、いわゆる普通の日本の、なかから来た子、まあ性格にもよるんでしょうけど、その、とけ、とけこみたいとか、集団の中に加わってどうとかこうとか自分がちょっとアレしたいっていうようなあたりが、ちょっとやっぱり薄いような、気がしますねぇー。非常にその、あたりの意欲っていうのかなぁー。だから、自分っていうのをしっかり持ってる子だから（小川：うんうんうん）なんとなくその、自分なりにやっていけちゃうんだけれども。非常にそういう意味でこう、仲間として入っていこうとか、自分の存在をたしかなものにしよう、みたいなものが、やはり薄いというような気がいたしますねえ、上の子は。（小川：ふーん）ちょっとやっぱり、そのあたり努力をねえ、していかなくちゃいけないのかなと思うんですけどもねぇ。

いうようなことを、中山教諭が美枝子の「問題」として感じていると思われる。また、クラスで笑顔を見せることが少なく、楽しくないのではないかとも中山教諭は心配している。具体的には、「孤立気味」でクラスに親しくしている友達がいないということである。その裏には、学校にお金を持ってきていたのを日本の学校ではいけないことだとクラスの女子児童が注意しても、あるいは、そうじをきちんとやるように言っても、美枝子がそれに従わなかったという事情がある。「例えば私たちがアドバイスしたときに、やっぱりどうして彼女は受け入れてくれないんだろう、すなおに自分の中にいれてくれないんだろう」と女子児童は、中山教諭に訴えたというのである。

中山教諭は、「自分っていうのをしっかり持ってる子だからなんとなくその、自分なりにやっていけちゃうんだけれども」と美枝子の状況に対して理解を示すものの、やはり彼女の「努力」不足であると結局は考えている。お金を持ってこないことやそうじをきちんとするというきまりを、級友の「アドバイス」を「受け入れて」遵守するように美枝子は「努力」すべきなのである。中山教諭は「クラスのまとまり」という表現を使用をすることはなかったが、美枝子の逸脱行動のコントロールを級友にまかせて、その成否を「1つのトラブル」、「クラスのまとまり」にたいする脅威と見ていることは

Ⅰ 5-14 「違和感がなく、同じようなことを要求する」——子供たちの受けとめ方
　　　（帰国小学生についての担任教師のコメント6）
　　　　　[910430G；小川教諭；104：18〜104：48]

> うん、子供自身の中にあんまりそういう、違和感っていうのがない、と思うんですね、子供たち、ほかの、子自身の中にね。ただやっぱり、裕太君は向こうからきて、こっちの、また、ね、くらし始めるからっていうんで多分あるんだろうと思うんですけども、他の子は多分ないんですよ。だからアメリカっていう国を聞いただけでも、うーん、なんかよくわかんないけどもとか（笑いながら）、なんか、お金が違って言葉が英語なんかしゃべってるみたいだっていうのはわかるみたいだけども、その、感覚自体がやっぱり、つかめてないでしょうね。だから同じようにやっぱ、接していくので、多分同じようなことも要求するし、同じようなこともやっぱり、ね。

間違いないだろう。逆に美枝子の立場からすると、逸脱行動のコントロールと級友との関係とが分離されずに絡み合ったままで処理されようとしていることこそが問題だと言えるかもしれない。

　教室のルーティン、「約束事」が教師のストラテジーであり、教師が直接コントロールしているものであるとするならば、級友による対応は、教師の間接的なコントロールであると考えられる。クラスの子供たちは、アメリカという異なる「生活環境」で暮らしてきたという「違和感」を美枝子や裕太に持っていない。そのために、自分たちと「同じように」ふるまうことを「要求する」のだと、中山教諭も小川教諭も考えている（Ⅰ 5-14）。

　アメリカで3年間暮らしてきたということがどのようなものであるか、その「感覚自体」が子供たちにはつかめていないと小川教諭は言う。「アメリカっていう国を聞いただけ」では、「なんかよくわかんない」というわけである。「お金が違って言葉が英語なんかしゃべってるみたいだ」と、使われている通貨と言語の違いということは「わかる」のだが、「感覚自体」は「つかめてない」のであり、「だから同じようにやっぱ、接していくので、多分同じようなことも要求するし」ということになるのだろうと小川教諭は見ている。

　子供たちには「つかめてない」が、裕太には「違和感」があるのかもしれないと小川教諭は理解を示している。中山教諭も、美枝子にたいする子供た

Ⅰ5-15 「生活環境が違うのはハンディ」──まわりの児童への指導
（帰国小学生についての担任教師のコメント7）
[910430G；中山教諭；104：18〜104：48]

> ただその、やっぱり、私がその、一部の子とそのはなしを、ちょっと美枝子ちゃんは孤立気味だというのことをはなしをしたときにも、やっぱりその、3年もね、アメリカへ行ってて、かなりせいか［「く」と言いかけて表現をかえたよう］、考え方も、生活環境も違うっていうのはかなりやっぱりこうハンディだから、そのあたりは、あのあなたたちが当然と思ってることでも美枝子ちゃん**ほんとにわ**からないことが、あると思うよっていうようなはなししたんですね。そしたら、そのまあ非常にその、き、気の強い子なんですけど、でも先生、もう日本に来て1カ月近くたつのに、たとえば私たちがアドバイスしたときに、やっぱりどうして彼女は受け入れてくれないんだろう、すなおに自分の中にいれてくれないんだろうっていうふうにいうんですね。

ちの理解と自身の理解とに落差があることを感じて、「こちらは、かなり生活、習慣も違うからってかまえちゃいますけどねぇ。子供の中ではあんまりそういうのはないみたいですね」と話している。子供たちが美枝子に過大な要求をするのに対して、美枝子の状況を説明するように言い聞かせたと言うのである（Ⅰ5-15）。

「3年もね、アメリカへ行ってて、かなりせいか、考え方も、生活環境も違うっていうのはかなりやっぱりこうハンディだから、そのあたりは、あのあなたたちが当然と思ってることでも美枝子ちゃんほんとにわからないことが、あると思うよ」と美枝子に対して不満をもらす子供たちに言ってみたが、あまり効果はなかったというのである。

小川教諭も中山教諭も、クラスの子供たちが、美枝子や裕太の経験した生活環境を「つかめて」いないために過大な要求をしていると考えている。そして、美枝子や裕太が「慣れる」のに苦労するのは、ここに一因があると言うのである。しかし、さらに大きな問題は、教師たちが「感覚自体」を理解しているという自己呈示をしていることではないかと著者には思われる。子供たちは「つかめてない」けれども、「生活習慣」や「考え方」、「生活環境」の違いが「ハンディ」になっているのだろうと自分たちは知っているというわけである。だが、果たしてそうなのだろうか。

例えば、半年たてば他の「転校生」と同じように「慣れる」だろうという期待を小川教諭は持っている。これは、「約束事」を新しく習得することで達成されるものと考えられているようである。Ⅰ5-12に挙げた裕太についての小川教諭のコメントにもこれがうかがわれる。また、中山教諭が美枝子の「努力」不足を指摘するのも（Ⅰ5-13)、それが「努力」すれば達成可能であると考えていることを反映しているのだろう。

しかし、「自分っていうのをしっかり持ってる子」という表現は、「自己」のありようの違いとでも呼ぶべきもの、例えば、「個人主義」と「集団主義」、あるいは「間人主義」（濱口 1982）との対比を想起させる。そうだとすれば、「自己」のありようの変更を中山教諭は求めていることになる。しかし、そのような重大な要求をしているという認識が中山教諭にはないように見受けられる。帰国子女にとっては、これは、なかなか受け入れがたい注文なのではないだろうか。

中山教諭は、美枝子への理解を求めてクラスの子供たちに彼女の「ハンディ」を考慮するように訴えた（Ⅰ5-15)。その「ハンディ」がどのようなかたちで生じてきているのか。この点がよくわかっていないのである。本研究は、この点を探求するきっかけとなることを目指すものである。広く解明されていない現象であるからこそ探求する価値があると考えている。いずれにしても、帰国子女や海外での生活経験をクラスの担任教師や級友がどのようなものと理解しているのかということが、帰国子女への「要求」や期待を左右し、その結果として帰国子女の安寧に影響するということが、本節の議論から示唆される。このことは、6章3節の帰国子女悦子の観察（Ⅰ6-9）にもうかがわれる。帰国子女自身がどのような海外経験を積んできてどのように行動するのかという要因が、帰国子女の日本での社会生活に影響していることは言うまでもないが、まわりの人間が帰国子女にどのように対応するのかという要因も、同様あるいはそれ以上に重要なのである。

では、帰国子女があまり苦労することなく、「慣れて」いけるのは中山学級と小川学級のどちらのクラスだろうか。美枝子と裕太とでは、年齢と性と

いった人口統計学上の要因に始まって、学習に取り組む姿勢などに違いが見られる。「約束事」の習得や友達関係などに早く「慣れて」ほしいと考えている中山教諭と、「転校生は慣れるのに半年はかかる」と突き放している小川教諭の指導姿勢の違いもある。一口で結論できない問題である。

しかし、「帰国子女」として「特別視」されることがあまり良い結果をもたらさないというのは言えるようである。小川教諭のように、「転校生」の1人として突き放して接してくれるほうが、「英語をしゃべって」とことあるごとにせがまれるよりも、日本の教室においてはうまくいきやすいようである。4章において、学校選びの際に家族が考慮する要因として、他の帰国子女の存在ということが意識されていることを見た。実際に、都市部の学校、とりわけ受け入れ校は、帰国子女の直面する「問題」が少なく、地方の学校では多いという印象もある。この点は、次節の最後で戻ることにしたい。

6 友人関係と生活環境の変化
──帰国子女の「再適応」を規定する要因

1節においては、牧野家の3人の子供たち、とりわけ長男の俊弘を中心に帰国後の生活の様子を描写した。大きく分けて、友人関係と学習、英語、生活環境と4つの側面について子供たちの状況を見た。2節からは、教室場面に照準して帰国のプロセスを描写してきた。本節では、追跡調査対象の10家族の子供たちの状況を整理しておく。帰国時の年齢や滞米期間、帰国して入っていく文脈などによって、帰国経験にどのようなばらつきが見られるかをおさえることを目的とするとともに、帰国子女の「いじめ」問題についてのまとめとすることにしたい。

追跡調査対象の15家族のうち、著者が話を聞いたのが帰国後1カ月以上経過してからだったのは、10家族であった（家族番号01-10。付表1では、帰国時期の早い順番に並べてある）。これら10家族のうち幼児2人を除いた子供19人の帰国時の学年は、小学校1－3年生（小学校低学年）4人、小学校4－6年生

第5章　子供の帰国経験と教師のストラテジー

表5-1　帰国後の生活における問題（10家族19人）

帰国時の学年 （子供の数）	中学校 （4）	小学校 高学年 （11）	小学校 低学年 （4）
生活面			
友人関係	0	4	0
態度とパーソナリティ	2	1	2
生活習慣や生活環境の変化・健康	1	7	4
学習面			
学校の成績	2	5	—
学習塾や英会話学校	0	2	0

（小学校高学年）11人、中学生4人だった（19人の詳しいデータは、付表3 xvii頁）。

　表5-1は、これら19人の子供たちについて報告された「問題」を、「友人関係」、「生活習慣や生活環境の変化・健康」、「態度とパーソナリティ」という生活面の3つの側面と、学習面を「学習塾や英会話学校」と「学校の成績」という2つに整理したものである。以下、これらを順番に見ていくことにしたい。まず、帰国後のインタビューにおいて、子供の友人関係についてなんらかの「問題」が表明されたのは、小学校高学年の4人についてであった。4節と5節で紹介した小学校4年生の裕太（07BB）のほかの3人は女児であった。そのうち、裕太の姉の美枝子（07AG）と美佐代（05AG）は小学校6年生で、優子（08AG）は4年生だった。裕太は級友とうまくいかなくなり、暴力をふるわれているということだった。美枝子は当初なかなか友達ができなかったが、著者が2度目に学校と家庭を訪問したときには状況は好転していた。この2人についてはすでに詳しく見た。

　橋本美佐代（05AG）の場合は、帰国子女が少ない地域に帰国したということがその友人関係をむずかしいものとした主たる要因のようである。美佐代は北関東のある町で生まれ育ち、そこで幼稚園と小学校1年の1学期を過ごした。1986年の8月に渡米して、4年8カ月間S市に滞在した。そして、1991年3月に帰国して4月からかつて在籍した小学校の6年生となった。昔の幼なじみがいる学校へと「帰った」わけであり、母親である橋本夫人（05M）も「仲良くできる」と期待していた。この幼なじみの友達とはアメリカ滞在

中も手紙のやりとりをしており、一時帰国の時には一緒に仲良く遊んだ。橋本家が帰国する前年には、幼なじみは家族でアメリカまで遊びに来たほどであった。それが、彼女から意地悪されることになったのである。美佐代が「熱出して2日［学校を］休んだ時に、悪口がずいぶんまわ」った。橋本夫人は、幼なじみが美佐代を友達として独占したかったのに、違うクラスになったためにそれが果たせず、他の子供と美佐代が仲良くするのを妨害するほうにまわったのではないかと考えている。

　「いじめ」られている、うまくいっていないという話を母親から正確に聞き出すのは大変むずかしいことである。子供の話を又聞きすることになるからだ。辛い経験を想起してもらうわけでもあり心理的な負担が大きく、インタビューの場面においても緊張がはしる。さらに、「いじめ」ている子供の名前を挙げることがはばかられるという事情もある。橋本夫人も「幼なじみ」とはいうものの、その子供の名前を言わないため、話を聞いている著者としても「いじめ」の人間関係がよく把握できないというもどかしさがあった。それでも、「いじめ」っ子の名前を特定するように要請することは著者にもはばかられたのである。

　だが、美佐代の事例で強く感じられたのは、「アメリカ帰りの帰国子女」という経歴がこの地区では大きな意味を持っており、美佐代の学校での友人関係を複雑なものにしているということであった。些細な言動が、周囲の人間によって「帰国子女」というラベルと結びつけて解釈され、それに基づいて対応されることになる。なにかにつけて「帰国子女だから」と言われるのは、本人にとっても周囲にとっても自然な相互作用を阻害するものになるように思われる。

　帰国子女の友人関係についてよく指摘されたもう1つの要因が、小学校高学年の女子児童の間に見られる閉鎖的な集団関係である。これは、著者が話を聞いた小学校教員の多くが言及したことである。「思春期」の初期にあたる小学校高学年の女子にとって、新しい人間関係を築くことは、日本国内の転校生であってもたやすいことではない。友人関係についての「問題」が報

告された4人のうち、美佐代と美枝子が6年生の女児であり、優子が4年生であったということは、この観察を裏付けるものとなっているのではないだろうか。なお、北村優子 (08AG) の場合は、友達が「安定しない」ということが「問題」として母親から報告された。彼女は滞米が1年7カ月と短く、帰国してからの居住地も帰国子女が多い大都市圏である。やや積極的すぎるところがある優子が、相性のいい友達を探すのに少し時間がかかっているとの印象を著者は持ったのだが、母親は少し心配しているようで、それがインタビューで現れたということであろう。

　つまり、帰国子女の友人関係を規定する要因として、帰国していく文脈、まわりの人間が帰国子女を特別視するのか、それとも慣れているのかということがあり、これを規定するものとして大都市と地方という地域要因があるということが指摘できるように思われる。すでに帰国子女が多く居住している地域や学校では、「帰国子女」だからといって大騒ぎされることは少ないのだ。また、年齢や性といった属性も関係している。一般的に、年齢が低いほど帰国経験には「問題」が少ない。対人関係については、中学生を除くと、小学校高学年女子に「問題」が多いようである（帰国中学生については、6章で詳しく考察する）。

　追跡調査対象の子供たちの、態度やパーソナリティといった「性格の変化」について親や子供本人が言及したのは、小学校低学年では2人、高学年で1人、中学生で2人だった（表5-1）。このうちの3人は牧野家の子供たちで、「ものおじがなく、大らか」になった反面、「苦労を避けて通れると勘違い」されると困る（Ⅰ5-1）と父親が案じていたのは1節で見たとおりである。中学生の1人については、「毎日少しずつきちんきちんと勉強しない」という報告が母親からなされた（Ⅰ3-6；これは帰国前のアメリカ滞在中の発言だが、帰国後も同じ「問題」をひきずっているという印象だった）。もう1人は、英語がうまくしゃべれないためにシャイになったという女子生徒だった。ただ、本人はそう言うものの、母親は「ものをはっきり言い過ぎるようになった」と帰国前のS市でのインタビューでは心配していた。ここにも、「性格の変

化」評価につきまとう困難が垣間見られる（対人関係のスキルと「性格」については、6章で詳しく取り上げる）。

　学校の成績については、調査対象の子供全員が**なんらかの**「問題」を抱えているという印象であった。と言うよりも、成績がどれぐらいなのか、あるいはどれぐらいの成績を期待することが適当であるのかについて、まだ親も子供自身もわかっていないというところだろうか。単に「問題」が報告されたかどうかを問題として集計するよりも、どの教科について「問題」が感じられたかのほうが重要なことと思われる。

　学校外での学習、つまり学習塾や英会話の学習については、「問題」が報告されたのは小学校高学年の2人についてであった。どちらも小学校6年生だったが、中学校入試に備えるために塾に入りたいが6年生からでは入れてくれるところがないという江川美枝子のケースと、「帰国子女は学力が低いから入れない」と言われたという橋本美佐代のケースだった。中学校受験を目標にした塾は、小学校4年生や5年生からの一貫指導となっており、小学校6年生の4月から入塾を認めるところは少ない。塾に、「良い塾」に入りたいのだが入るのがむずかしいという問題は、他の小学校高学年の子供についても多く表明された。それが著者とのインタビューの時点までに首尾良く入塾できた場合は、「問題」として報告されることがなかったということのようである。

　美佐代の場合は、英語学習についても苦労していた。塾では「学力が低いから」と断られたのに、英語学校からは「レベルが高すぎる」と入れてもらえないというのである。大都市圏には、海外子女教育財団やYMCAなどが開催する帰国子女向けの英語教室があるが、美佐代の住む地区にはそのようなものはない。結局、教会に来ているアメリカ人に個人レッスンをしてもらうことにしたという。

　中学生の場合は、高校受験に備えての学習が最大の関心であり、4人中2人が学習塾へ通い、1人が家庭教師を頼んでいる。あとの1人は大学まで内部推薦によって進学することができる帰国子女受け入れ校に編入しており、

特に塾などには行っていない。小学校低学年の場合は、学校に慣れることが先決と考えており、様子を見ながら習い事を少しずつ増やしていこうと考えている家庭が多かった。

最後に、生活習慣や生活環境の変化を見てみよう（表5-1）。日米の生活習慣の違いや生活環境の変化にまつわる「適応問題」としては、小学校低学年で帰国した4人全員について、和式トイレに慣れるのに問題ありということだった。また、環境のいいS市では持病のぜんそくが出なかったのに、帰国して再発があやぶまれるという子供や、牧野家の子供たちのように体調をくずした例、さらに、身体的な異常は特にないのに腹痛を訴えるなどの報告があった。腹痛を訴えたのは小学校高学年で帰国した姉妹だが、彼女たちについては友人関係についての問題は特に報告されておらず、周囲は「順調」にいっていると見ている。だがそれでも体調不良を訴えるというのは、帰国という環境変化に起因する精神的なストレスは小さくないことを示している例ではないかと思われる。

3章で詳しく描写したように、S市で子供たちは「二重生活」を送っており、大きな負担にあえいでいた。帰国して日本語の学習に専念すればよいことになったわけであり、かなり「ラク」になったと感じている子供が多い。だが、それもクラブ活動や学習塾通いが始まるまでの一時的な「休息」であることも確かである。

帰国子女の研究においては、その「再適応」プロセスが関心の中心を占めてきた。いじめや学力不振などは海外生活のために生じた「ハンディキャップ」（小林 1981）の反映であり、その「補償」が「帰国子女教育」に求められる。また、「帰国子女とその家族たちが再び日本に帰国したときに体験する社会的違和感や疎外感」を「逆カルチュア・ショック」と呼ぶ立場もある（宮智 1990）。

環境の変化はストレスを伴う。著者が調べた中でも、滞米期間が5年以上と長い帰国子女に限らず、滞米期間が短くそれほどアメリカ化しているとは思えないような子供たちにも「アメリカへ帰りたい」と母親に訴える子供が

少なくなかった。ここからも、一度確立した生活のルーティンを離れることに付随する苦労は小さくないことが感じられる。他方、滞米期間が長いからと言って、みんながみんな「アメリカのほうがよかった。アメリカに帰りたい」というわけではない。Ⅰ7-1に見ることになるが、祥子もその1人である。

　家族や子供たちが海外帰国経験をどのように捉えているかを一言でまとめることはむずかしい。生活上の多様な課題に対して、家族それぞれが多様な対応をしており、それが生活「経験」となっている。帰国直後の様子をまとめてきたが、その中で「日本はいやだ、アメリカに帰りたい」と思ったり、「アメリカも良かったけれど、日本もいいじゃない」と感じたり、子供たちの受けとめ方はさまざまである。トモヤのように「悲劇的な」体験をしたものはいないが、なんらかの「運命のいたずら」でその途をたどらないとは限らない、帰国後の生活の一端がうかがえた。さまざまな要因の組み合わせによっては、トモヤのような「悲劇」が生じることもあるのだろう。だが一般的には、1990年代前半の帰国子女たちは、苦労しながらもなんとか日本の生活になじんでいっていると結論することができるようである。

　「帰国適応」を規定する要因を整理しておくと、滞米年数や帰国時の学年、性別などが関係していることがうかがわれる。だが、このような「帰国子女」本人の要因だけでなく、帰っていく学校や地域といった状況的要因も大きく関係していることは、橋本美佐代の事例などから明らかである。帰国子女の多い地域や帰国子女が多く在籍している「受け入れ校」に帰った子供たちは、報告される「問題」が相対的に少なく比較的うまくいっているということが言えるようである。

7　勤労精神と受験勉強──帰国子女の動機づけ

　帰国経験をテーマとする本章の最後に、アメリカ生活の影響として考えられ、長期的な効果をもつと思われる行動パタンの変化について見ておきたい。

勤労精神 (work ethics) と動機づけ (motivation) である[6]。

「日本人の国民性」として「勤勉」ということがよく言われる[7]。第2次世界大戦後の高度経済成長の理由としては、「後発効果」(Dore 1973) や「後進性仮説」といった産業革命の後発国としてのメリットなどの世界経済における構造的・歴史的要因のほかに、賃金制度や終身雇用制といった経済制度的要因 (Dore 1973 や Reischauer 1988)、日本社会の諸組織の原理が「タテ」の関係を中心としたものであるといった組織論的・人間関係論的要因 (中根1967、Vogel 1979)、さらに、西欧資本主義の精神的基盤となったプロテスタントの精神に類するものが徳川時代の儒教思想に見られるといった個人の心理要因 (Bellah 1957) も挙げられている。個人心理のレベルでは、日本人の間で「達成へ向けての社会化 (socialization for achievement)」が行われているというデボス (De Vos 1973) による指摘もある。

ある国の国力、とりわけ経済力を考える時に、労働力となる国民の質がしばしば言及される。日本社会については、国民の勤勉さとともに高い教育レベルが指摘されることが多い。そしてこれらを育成するものとして、日本の教育制度が賞賛の対象となっている (例えば、Cummings 1980、Rohlen 1974, 1983、White 1987、Vogel 1979)。これらの研究は、アメリカ人研究者が日本の学校で参与観察調査を行った結果を元にまとめられたものが多く貴重なものではあるが、その結論はまだまだ決定的なものとは言えないという印象が著者にはある。著者の調査は、このような大きな問いに回答を提供することを直接の目的としているものではないが、これに関連する興味深い発見があったのでここでそれを取り上げることにしたい。帰国子女教育にたずさわる教員たちの間で、帰国子女はあまり一生懸命やらないということがよく言われるのだが、このような観察の分析から、日本の生徒や学生の勤労 (学習) 精神がどのようにして生産され、再生産されるのかというメカニズムの一端をうかがうことができるのである。

教室場面において、一般的に生徒が新しいレッスンに進む用意ができているという期待を教師が持っているものと考えられる。知識やスキルの多くは

次第に積み重ねられていくものであり、現在学習している単元の内容は次の単元学習のための土台となる。学習者に必要とされるものには適切なコミュニケーション能力が含まれる。しかし、このような認知的なスキルに加えて欠かせないものがある。「態度」と呼ばれる、行動創出のエネルギーとなるものである (Strauss 1992)[8]。「やる気」、あるいは「基本的学習習慣」という言葉が使われることもある。文房具を忘れて持ってこなかったり、宿題をきちんとやってこなかったりした帰国子女は、「基本的学習習慣」ができていないと担任教師から評されることになった。著者は、これに類する言葉をよく聞いた。「授業中でもボーッとしてる」、あるいは、「あまりお勉強が好きではないみたい」などといった表現も聞かれた。

学習精神と動機づけがとりわけ問題となるのが受験勉強においてである。日本の教育制度は、大学受験という競争に向けて生徒を徐々に準備していく仕組みであると見ることができる。ツカダマモルは、浪人生を対象とする調査を行って、「同質的な若者の集団が大学受験のために1年間予備校生活を送るなかで、どのようにして大学間格差という階層性を正統なものと見るようになるかを示して」いる (Tsukada 1991 : 103)。予備校の教師としての調査経験を踏まえて「正統化」の過程に照準した分析を行ったツカダであるが、浪人生活には他の帰結もあるという。その一つが「個人的努力への信頼の内面化」である。

> 第2次世界大戦以降、日本文化は平等を強調してきた。これは、受験生が一流大学を志望する基盤となっている。日本社会では機会の平等が保障されていると信じられており、人々は努力すればなんでもかなうと考えることとなった。これに対して、アメリカでは、才能は生まれつきのものであると考えられている。日本の受験生は、個人的努力が大切であるという信念を内面化して、大学入学試験の合否はつぎ込んだ努力の量によって決まると考えている。浪人生は、自分が受験に失敗したのは高校時代の努力が足りなかったからだと考えているのである。　　　(Tsukada 1991 : 100)

日本では「入学試験においては、高校のカリキュラムで取り上げられた知識について試験することで志願者が大学生としてどれだけやっていけるかを見るよう作られている」(Tsukada 1991:11) と広く信じられている。試験の合否は、ある程度努力の量にかかっている。浪人生も高校生も、これを信じて志望の大学への入学をかち取るために勉強する。生まれつきの才能に恵まれた学生でも、高校の授業内容を学習することなしには合格は望めない。受験生は努力が必要だと考え、実際に努力する。入試制度は、受験生が一生懸命勉強することを要求し、また、そのためには努力が大切であるというメッセージを植え付けることになっているというのである。

A高校は、帰国子女が生徒の3分の2を占める「帰国子女受け入れ専門高校」である。本書4章の分類では受け入れ校タイプ1に該当する。この学校の教頭である笹川教諭の話は、帰国子女の動機づけを考えるに際して興味深い素材を提供してくれる。A高校からは、生徒の大半がA大学へ内部推薦によって進学することができる。それに対して、別の「帰国子女受け入れ専門高校」であるB高校では、B大学へ進学する生徒の比率は小さく、一般受験を経て他の大学に入学する生徒が多い。笹川教諭はこの違いに関連して「帰国生徒教育と受験指導は両立しない」と発言したのである。

A高校の教頭である笹川教諭は、生徒の8割以上が系列のA大学へ推薦で進学できるという「エスカレーター」制度を自慢に思っているのだが、著者の関心は、帰国子女教育と受験指導という対比にある。笹川教諭の考えによると、受験勉強には「画一的な勉強」が必要である。これに対して、帰国子女教育は「個性的な勉強」である。A高校は、帰国子女が海外で身につけた「個性」を大切にして伸ばすことを目指すというのである。

笹川教諭は個性ある個人の教育と動機づけとを直接関連するものとしては取り上げなかったが、動機づけについても著者とのインタビューの中で話してくれた。インタビューの冒頭のところで、A高校の説明があったのだが、帰国生の指導方法がどのように確立されたかという観点から笹川教諭は学校

の歴史について話した。帰国生がなすべきに適応には教科面と学校生活面とが区別されるというが、後者に関連して「潜在的なカリキュラム」という概念が飛び出し、それにつられて著者が話し出したのがⅠ5-16のやりとりである。

　このインタビューにおいて、著者は2つの大きな目的を持っていた。1つは、情報収集のための聞き取りとして、A高校およびその在籍帰国子女についてできるだけ多くの情報を笹川教諭から引き出すことであり、もう1つは、教室活動を観察させてもらう許可を得ることであった。実際の教室の授業場面において帰国子女がどのように行動し、どのように教師や級友と相互作用しているのかのデータを収集したかったからである。A高校を訪問し話を聞かせてもらうという約束を笹川教諭から電話でとりつけた時にこの希望を伝えたのだが、あまり良い返事は返ってこなかった。そこで、インタビューにおいて笹川教諭が「潜在的なカリキュラム」という言葉を使ったのは、教室活動の観察の必要性を訴える好機だと著者は捉えた。笹川教諭は学校生活への適応を通じて獲得する内容を「潜在的なカリキュラム」にたとえているわけだが、それが「普通の」学校と同じかどうかを見たいのだと著者は主張する。「教室の雰囲気」を知りたいというのである。ここでは、教科面ではA高校はそれほど「普通の」学校とは違わないだろうし、わざわざ観察させてもらう必要もないということが含意されている。「潜在的な」という表現が示しているように、教師などの当事者に平常意識されていないものだからこそ、「この目で見」る必要があると主張しているのである。

　ここまで話したところで、笹川教諭があまり納得しない様子だったので、観察を断る趣旨の回答が笹川教諭の口から出ることを恐れて、著者は具体的な授業風景へと話題を転じている。授業風景の観察を要請するのは、インタビューの最後まで待つことにしたようである[9]。この日約束の時間より少し早くついたので時間をつぶしながら観察した、校庭で行われていた体育の授業風景を話題として、著者自身が高校生だったころの体育の授業との比較を行っている。A高校の体育の授業は、テニスとハンドボールとに分かれて行

I 5-16 「モティベーションが重要」——帰国子女教育についての
帰国子女受け入れ専門高校の教員の見方
[910523J；笹川教諭；007：19～009：54]

南　：あ、そうですか。あの、わたしは、まあ、社会、学者でありまして、教育学者じゃないんで、特にまあそのへん、あのう、ま日本では佐藤郡衛先生ですか、(笹川：ええ、ええ)あのう、なんかが、おっしゃってるみたいですけど、ま特に興味がありまして、(笹川：はい)じゃあそのう、実際に、その、教室の雰囲気ですね、それがその、違うのかどうかっていうことを、実はこの目で見たいといいますか、思ってるんで。で、まあ、あのう、教室をと、まああれなんですが、実際にその、まあ、あのう、教室の雰囲気とか、あ、先生はその、よその普通の中学校とか高校ご存じかわからないんですけど、その、違うんでしょうか。例えばちょっと、今日早く来たんで、見て、あのう、ちょっと、その、体育の授業は見せていただいたんですけどーお、その、例えば、あのう、テニスとか、ハンドボールやってらっしゃいましたけど、あまり、こうーお、日本の、まあ、わたしなんか15年前の、その、軍隊式のイメージっていうのか、ないんですけど、それは、そういうところを意識されてやってらっしゃるんですか。

笹川：ええ、あのう、それはね、あのう、結局、まあやっぱり、一番そういったもので、教科指導いぜんに大事だっていうのは、モティベーションを、いかに生徒にあたえるかっていう、これが重要なんですね。で、あのう、結局、帰国生徒っていうのはやっぱり、かなり個性的、ということは、これはもう、間違いないと思うんですが。で、その個性的っていうことはどういうこと、かたちであらわれてるかというと、やっぱり、自分で、「これをなぜやるか」ということが理解できないと、なかなかやらない、と。ところが理解し、して、「これは、なるほど、こうやる。これで、だから、やるんだな」っということを理解すると、非常にこう積極的に、やると、いう点があると思うんですね。そういう点で、そのう、教科で教える前に、いかに、その、モーチベーションを、生徒にあたえていくかと、これはあのう、1つ、重要だと思うんですね。で、これは、まあ、やはり、教師の力量に、よると思うんですけれども、だから、うちの学校の体育の場合は、あのう、まあ、笛を吹いてどうのこうのという、やつじゃなくて。

[009：12-009：39 略：体育の授業のやり方について。生徒をいくつかの集団に分けて、やりたいスポーツの種目をその日ごとに選択させるようにしているという話]

これは、あのう、体育なんかはあのう、その生徒のからだを動かす、ということですから、やっぱり、モーティベーションがないと(笑いながら)、なかなか、やらないと、いうことやと思うんですね。だから、まあ、あのう、具体的にそのう、それも1つ、あの潜在的なカリキュラムというか、重要や、だと思うんですねえ。

われていた。著者は関西の公立高校を卒業したが、高校では施設の関係で体育の授業でテニスをすることはなかったし、ハンドボールはあるにはあったがもっと厳しい雰囲気だった。A高校の授業では、教師が「笛を吹い」て生徒がその指示に従うというようなことはなく、各自のペースで楽しそうに運動しているようであった。A高校などの帰国子女受け入れ専門の学校では、柔道や剣道などの格闘技が体育の授業で全員必修として課されることはないと聞いていたこともあり、「軍隊式のイメージはない」と発言している。著者の印象としては、大学の教養の体育の授業というものだった[10]。

著者のA高校訪問に際しての調査疑問は、帰国子女受け入れ専門の学校としてA高校は「普通の」学校とどう違うのか、また、その違いのために帰国子女にとってはどの程度適応しやすいものであるかということであった。笹川教諭のコメントに含まれる4つの命題を中心に笹川教諭の考えを整理してみることにする。

(1) 帰国生は、個性的である。
(2) 個性のあらわれの1つとして、なぜやるかを理解しないと積極的にやらないということがある。
(3) 教師に求められるのは、モティベーションを生徒に与えることである。
(4) 体育という科目は、とりわけモティベーションが大切である。

命題3と4でいう「モティベーション」とは、命題2にあるように、ある活動を授業で生徒にさせようとする場合に、なぜそれをやるかを説明して生徒に理解させるということを指しているようである。教師の「笛」に合わせて全員が一斉に行動するというのではなく、生徒各自が自分で選んだ種目をやるという形で体育は進められることが必要なのだ。A高校の教員として10年以上帰国生の教育にたずさわってきた笹川教諭の言葉として、命題3と4は重みがある。「なぜやるかを理解しないと積極的にやらない」という命題2の後段が、帰国子女の「個性」を考える鍵である。なにかをやりなさいと教師に言われても、なぜそれをやるのかを理解しないとやらない。しかし、「理解して、『なるほど。これはこうやる、これで、だから、やるんだ』って

いうことを理解すると、非常にこう積極的にやる」というのである。これは、I5-2の牧野氏の言葉を想起させる。「普通の」生徒はそんなことはなく、なぜやるのかに疑問を持つことはあまりない。教師の言うことは絶対正しいと教えられ続けてきたのである（南 1996：99．図3のC教諭の言葉参照）。

インタビューの後の部分で笹川教諭が「帰国生徒教育は受験指導と両立しない」と言った時に、「モティベーション」の問題が念頭にあったのだと考えられる。「個性的な」帰国生は、モティベーションをあたえるのがむずかしく、暗記や繰り返し学習が必要とされる受験勉強には向かないというのであろう。

ツカダの研究と帰国子女についての笹川教諭のコメントからうかがわれるのは、日本の教育システムが、個人の努力と勤労精神という価値を子供たちに再生産しているということである。日本人の勤勉さや日本の経済繁栄の原因として日本の教育が賞賛されることが多い。日本の経済的な成功に関連して、日本人の教育水準の高さが重視されているが、著者は、勤労精神の植え付けがそれにまさるとも劣らぬものであると考えている。

ツカダの指摘にもあるように、勤労精神の内面化において受験勉強が大きな役割を果たしていると考えられる。笹川教諭の言葉から示されるのは、適切な社会化なくしては受験勉強というプロセスに参加することができないということである。前節までに見てきたように、日本の小学校や中学校の教室場面での帰国子女の様子の分析を通じて、日本の「普通の」子供たちが「受験地獄」に向けて段階を踏んで準備づけられていくメカニズムが明らかとなってくる。まず、小学校低学年では「基本的学習習慣」の確立が重視される。小学校1年生は、小学校を好きになり、先生を好きになり、級友（お友達）を好きになるようにと指導される。忘れ物をしないように、きちんとした姿勢で着席するように、先生の話をしっかり聞くように繰り返し注意される。宿題もきちんとやってくるようにと教えられる。

しかし、日本の「受験戦士」育成にとって大切なのは中学校である。児童の参加を重視する「学級王国」の小学校から、教師による一斉講義中心の中

学校へと、教室の雰囲気はがらりと変わる。教科の内容はむずかしくなり、教科ごとに担当の教師が変わる。予習復習などの自主的な家庭学習も中学校では期待されるようになる。3年後の高校入学試験が、中学校生活の目標となる。

日本の中学校の経験がなく、高校生として帰国した生徒には、家庭学習の習慣ができていなくて苦労したものが少なくないということもこの見方を支持する。例えば、6章で取り上げる森本真紀子の姉は、帰国してA高校に入学したが、A大学への推薦を受けられる成績をおさめることができなかった。真紀子は中学校1年生で帰国したために、日本の中学校での勉強の仕方を学ぶ時間があって幸運だったという意味のことを姉からよく言われたという。真紀子の姉は、高校生となってから帰国したので、日本の高校生としての学習習慣を身につける期間が十分ではなかったというのである。

5章のまとめ

本章では、子供たちの帰国経験を多様な種類のデータを活用して見てきた。1節では3人の小学生の帰国後5カ月の様子を、両親の観察を中心に描き出した。長男がいじめにつながりそうな状況にあったが、教師の協力もあって順調に行っているということだった。著者が直接観察した小学校の教室風景を提示したのが2節である。日本の教室経験から離れていた帰国子女がなじむのに苦労しそうな慣行が目についた。3節では帰国中学生による日米教室比較を見た。違いに驚きながらもこの中学生は、日本の中学校の授業にうまく対応しているようだった。滞米6年あまりで3回行った体験入学の効果もあるように思われた。

4節と5節では、帰国子女を受け入れる立場にある小学校教師の観察を素材とした。国内の転校生という文化モデルに帰国子女をあてはめていることがうかがわれた。また、周囲の子供たちには海外経験の理解がむずかしいだろうと指摘しながら、当の教員たちもあまり帰国子女の経験を理解している

とは思われないような対応をしていると感じられた。

　追跡調査対象の子供たちの帰国経験をまとめたのが6節である。小学校6年生で帰国した女児2人と4年生の男児1人が友人関係で苦労していた。2人の女児の場合は、思春期初期にあたるという要因のほかに、1人は帰国子女が少ない地域に帰国したということも関係しているようであった。男児の状況についてはよくわからないが、教員がかなり突き放した指導をしていることがなんらかの関係があるのではないかとは思われる。これら3人の滞米期間は、4年8カ月、2年9カ月、2年9カ月と、それほど長いわけではない。「帰国適応」は滞米期間によって一意的に規定されるものではなく、多様な要因が複雑に絡み合って決まるものであることが示唆される。

　7節で紹介した帰国子女受け入れ専門高校の教員の観察は、海外経験の長期的な影響を考える糸口を提供してくれる。自分でその意義を理解しないと行動しないという帰国子女の「特性」は、「画一的な」受験勉強には向かないというのである。勤勉さと同調とに関連するこの「特性」が、日本の中学高校生活を通じて育まれていることがここからうかがわれる。

注
1) このような形で、家族の父親からも話が聞けたということはあまり多くなかった。追跡家族では、15家族のうち2人の父親の話を聞くことができた。牧野氏と、3章3節の優子と直子の父親である北村氏（08F）である。著者がインタビューのために家庭を訪問したときに在宅していた父親が他に2人いたが、話を聞かせて欲しいという要請ができる雰囲気ではなかった。なお、帰国後の郵送調査をきっかけにインタビューに応じてくれた16家族の間では、3人の父親から話を聞くことができた。
2) 中山教諭は、以下のように、美枝子がこれに慣れていないということにも付言した。「話し合い活動がこう、成立していくために、そういう約束事が、あるんです。ただまだ、美枝子ちゃんの中にはそれはまだ、あのう、かの、自分のものとしては育ってないと思います」。
　なお、付論の方法論に関する議論でも言及しているが、学校へのアクセスの確保は容易なものではなかった。H小学校には、アメリカから江川家の3人の子供を追跡しているということで、かなり強引に押しかけた格好になった。そのため、教室での観察を行うことはなんとかできたものの、美枝子たちにあまり直接関係していない事柄について中山教諭に詳しくたずねることはためらわれた。

3) なぜか、著者は「一時入学」という言葉を使用している。「一時帰国」と「体験入学」を混同しているのだろうか。
4) 外見から転校生であるかどうか判別できるという主張は、興味深いものである。実際にどのように異なるのかが同定できるかどうかは注意する必要がある。もし可能であるならば、それは人間形成に「文化」が与える影響を行動レベルで特定するものとして貴重な発見である。だが、それができないのならば、これは教師の側の思い込みということになる。児童生徒の側がなんとなく落ちつかない、不安であるという感覚があり、それが顔つきや動作に現れているのだとしたらどうだろうか。例えば、病気や不登校で長期欠席していた児童生徒にも同様の顔つきや動作が観察されるかどうかと比較してみるということが考えられるだろう。
5) このような観察能力や学習能力には、年齢差や個人差があると著者は考えている。3節で取り上げた祥子は、この能力に長じているものと思われる。江川家の子供たちの中では、年上の美枝子のほうが弟の裕太よりも、教室のルーティンに敏感であるように見受けられた。だが、それも後述するように、中山教諭が美枝子に配慮して「約束事」を多用した授業運営を差し控えているからかもしれない。
6) Ph.D.論文の第4章 "Methods of Identity Study" において、著者は実際の行動を説明するものとしての「態度」概念の有効性を批判している。「勤労精神」を持ち出すことは、これに矛盾するのではないかとの批判が予測される。しかし、著者は「態度」概念そのものをしりぞけるわけではない。各個人の行動パタンの中に、個別の状況を超えて一貫性が見られる傾向があることは否定できないと著者は考えている。人類学は、外界への適応パタンのセットとして「原始」社会の文化を捉えている（原子 1983、祖父江 1986）。行動にパタンや傾向性が見られることと、その基盤として態度や性格、性向などの概念を記述的に使用することとを著者は否定するものではないことを断っておきたい。これに関しては付論も参照のこと。
7) 著者の日本文化論、日本人論の整理として、Ph.D.論文第2章 "National Character and Study of Cultural Conflict" がある。これはデータ収集方法に力点を置いた方法論的な整理となっているが、以下のまとめはこの章の議論に多くを依拠している。
8) 人間形成の文化差において、認知レベルの差異のみならず動機レベルの相違が重要であると著者に繰り返し指摘してくれたのは、Ph.D.論文の審査委員でもあるRoy D'Andrade教授だった。D'Andrade教授がClaudia Straussと編集した *Human Motives and Cultural Models* は1992年に出版されているが、これはちょうど著者が論文をまとめる時期にあたり、D'Andrade教授が著者を指導してくれた時期と一致している。
9) I 5-16の著者の発言に対して、笹川教諭は冒頭は「はい」と相づちを打っていたが、観察を要請するあたりではそれがなくなっている。そして、著者が体育の授業について話し出すあたりでそれが復活していることがテープから観察できる。だが結局、著者はA高校の教室での授業風景を見せてもらうことが残念ながらできなかった。ただ、A高校の卒業生何人かに話を聞くことができたので、そ

の時に授業の様子などを聞くように努めて少しは情報を収集することはできた。
10) その後、大学のカリキュラムが弾力化されて体育の授業は必修ではなくなった。それによって、大学の体育の授業の「雰囲気」がどのように変わったかは著者には不明である。なお、いわゆる「管理教育」を指す言葉としてアメリカでは"regimented 軍隊式"という表現がよく用いられる。日本の教育を形容する時にもこれが使用されることがあるが、著者の用語はこのような事情を反映していたのかもしれない。

第6章 日本の中学校と帰国子女
　　　——元帰国子女の自己分析を中心に

　2章から5章まで、時間的な経過に従って、出国時の準備、S市でのアメリカ生活、帰国時の学校選び、帰国してからの生活と、当事者の視点に重点を置きながら日本人家族の海外帰国経験を見てきた。本章では、これら一連の経験を通り抜けた「元帰国子女」が、その体験をどのように捉えているのか見ておくことにしたい。母親や父親、教師による観察が本書の中心的なデータであり、子供本人によるものは5章3節の祥子のものを除いてあまりなかった。帰国後約8年を経過して大学生となっている帰国子女の観察ではあるが、子供自身が、海外帰国経験をどう見ているかの一例を提供するものである。

　1人の帰国子女、森本真紀子の報告を中心に取り上げる。真紀子は主要言語が英語になるほどに「アメリカ化」した事例である。その真紀子が中学校1年生で帰国して、教師の体罰に驚きおびえたり、クラブの先輩のいじめに悩んだりして、「日本的」になっていった。大学3年生の時に交換留学生としてアメリカに1年間滞在して、このことを自分自身で発見している。著者は、渡米直前に1回と、アメリカ滞在中に2回、真紀子から詳しく話を聞くことができた。帰国子女がその「再日本化（re-Japanization）」を語った談話として貴重なデータを収集することができたと思っている。真紀子の自己分析を再構築することによって、大学生となった帰国子女が、自身の海外生活経験や帰国経験をどのように見ているかの一端を提示するとともに、日本人の「国民性」形成に占める中学校生活の意義を、5章7節とは別の角度から考える

手がかりとすることができる。

1 社交的な帰国子女と人見知りする帰国子女
—— 元帰国子女交換留学生の自己分析

　森本真紀子（82BG）は、アメリカ西海岸のZ市で生まれた。生後間もなく日本に帰国し、小学校1年生まで「普通の」日本の子供として育った。小学校1年生で再度Z市に渡り、現地の小学校に通学した。帰国して中学校1年生になる直前の時点では、すっかり「アメリカ化」して、自分のことをアメリカ人と思うまでになっていた。帰国後は関西の公立中学校に通い、「再日本化」のプロセスを経験した。その後、帰国子女受け入れ専門高校であるA高校からA大学へと進学した。そして、真紀子はA大学2年生の時に、アメリカの大学との交換留学制度に応募した。

　本章では、真紀子が自分を含め数人の帰国子女の「性格」やその形成について語ってくれたことを中心データとして、分析を進めていく。結論から言うと、真紀子は、アメリカでは活発で楽観的な子供だったが、3年弱の日本の中学校生活を通じてすっかり神経質で内向的な性格に変わってしまった。これを強く感じたのが、交換留学生としてS市で学生生活を送った時のことである。アメリカ人の学生とつき合うよりも、日本人の留学生仲間といるほうが「居心地がいい」という自分の姿に真紀子は一種ショックを受けている。この変化の要因として、日本の中学校生活を真紀子は考える。帰国子女の友人たちと話していた時にこのことが話題となったことがあり、公立の中学校生活が長かった帰国子女は内向的であり、日本の中学校生活が短期だったり、帰国子女受け入れの中学校に通ったりした帰国子女は外向的であるという結論に達したというのである。

　このような真紀子の報告は、日本の中学校生活についての帰国子女の見方の1つをよく表象していると思われる。外向的から内向的へという性格の変化が、暗い中学校生活の思い出と結びつけられている。このような見方がリ

第6章 日本の中学校と帰国子女 181

I 6-1 「日本人以外と友達になるのはむずかしい」
——自分が日本的であることの再認識
[920402S；82BG；068:19〜071:11]

南　　：で、今度来てですね、やっぱり、その、アメリカ人とつき合うよりも日本人と一緒にいるほうが楽なんですか。
真紀子：それは楽ですね。はい。交換留学で一緒に来てる友達とか、[留学先のD大学] から [S市へ] 来てた子とか、あと石本さんとかといろいろ話したりするんですけど。彼女たちは、やっぱりせっかくアメリカに来たんだから、アメリカの友達をつくって、こっちの生活を、エンジョイして。まあ、彼女たちが直接わたしにそうゆったわけじゃないんですけども、わたし、自身が受ける印象としては、彼女たちはそういういき方なんだと思うんですね。で、あたしもはじめてこっち来たときは、やっぱり、ふたりがゆうことにすごく影響受けて、じゃ、わたしもすごいもっとアメリカ人、とか、ほかの国から来た [人とつき合って]、日本人、とはなるべく、[つき合わ] ないほうがいいのかなっと思ってたんですよ。うん、でも、なんか、やっぱり、せっかく1年しかいないんだから、アメリカ人とつき合ったほうがいい、とか、まあ、それもよくわかるんですけど、気持ち、としては。で、わたしはもしかしてこれをゆって自分の、いままでの行動を、弁解しようとしてる、のかもしれないんですけど。でも、1年間しかいないんだから、じゃあ、なるべく自分が、居心地のいい、環境をつくったほうが、1年間でえ [ら] れるものは多いんじゃないかな、っていうふうに、11月ごろぐらいだったかなあ、すごく意識が切り替わって。なんか、アメリカに来て、もっとアメリカ人の友達をつくるのは簡単だったと思ってたから、大きなまちがいだったっていうのと、まえアメリカにいたときは、だれもわたしを、Japaneseとして見てなかったんじゃなくて、みんなの仲間として見てくれてたのが、今回こっちに来たらやっぱり、知り合い、が、いないということと、やっぱり、すごく自分の考え方が日本的、だっていうことも、たぶんあったと思うんですけど、とにかくもう、アメリカ人は、もちろんですけど、そのう、日本人以外の人と友達になるっていうのがすごくむずかしくって。

アリティをどの程度反映しているものであるかは今後の研究を待つほかはないが、中等教育期の持つ意義を指摘するものとして、5章7節の笹川教諭の見解と合い通じるものが感じられる。

I 6-1に見られるように、交換留学生としてアメリカに来た真紀子は、初めのうちはできるだけ多くの「アメリカ人」の友人をつくろうと努力する。同じA大学からの交換留学生で、D大学に行っている友人や同じS大学に留

学中の石本里佳子に刺激されたというのである。そして、真紀子は日本からの交換留学生たちとのつきあいを避けようとした。だが、「アメリカの友達をつく」るのに苦労している自分の姿にすぐに気づく。小学校を卒業するまで滞在していたZ市での生活の記憶では、「アメリカ人の友達をつくるのは簡単だった」のに、大学生になって来てみるとかなり勝手が違う。そのため、留学生活3カ月目にあたる11月から、それまでは回避していた日本人の交換留学生とつき合うようにしたというのである（「でも、1年間しかいないんだから、じゃあ、なるべく自分が、あのう居心地のいい、環境をつくったほうが、1年間でえれるものは多いんじゃないかな」）。

　アメリカ人との友達づくりがうまくいかない理由として、7章で取り上げるように、言葉の問題、コミュニケーション能力の問題が考えられる。しかし、真紀子の英語力は、「でもやっぱりすごいこまかい、感情とか、はやっぱりすごく表現しにくい」とはいうものの、「日常生活するうえではほんとに、あの、さいわい、ですけども、ほんとに、そんなには不自由しない」レベルである。微妙な感情を表現するのに苦労することがあるとはいうものの、それが原因で友達づくりがうまくいかないという英語力ではない。真紀子は、同じインタビューの別のところで、日本人の留学生でアメリカ人との友達づくりがうまくいっている友達と自分とを比較して、うまくいっている人間を「積極的でパワフル」と表現している。つまり、語学力やそれまでの経験もあるが、「性格的なもの」もあると言うのである。

　とりわけ注目すべきは、「すごく自分の考え方が日本的」だという発言である。16-1の元となったインタビューは、真紀子の留学生活のほぼ3分の2が終了した時点で行われた。その主題は真紀子の生い立ちであり、留学生としての経験はインタビューのほんの一部を占めるにすぎなかった。生まれた時のことから、再渡米した時のこと、アメリカでの小学校時代、帰国後の中学校生活、A高校入学と、時間的順序に従って聞いていった。16-1の直前にはA高校での交友関係が話題となったのだが、「結局、アメリカにいた時のように、すごくハデな人とつき合ったりとかそういうのはなくて」と、

日本の中学校生活を通じて自分が「日本的」な考えに慣れていったという趣旨の発言が見られた（後掲 I 6-8 とその直前の部分）。アメリカに留学してきて、「日本人以外の人と友達になるっていうのがすごくむずかし」いという不満、アメリカ人とつき合っていると「居心地」が良くないということが、真紀子の心の中では日本の中学校での経験と結びつけて理解されているのである。

自分が「初対面がダメな人」であるのに、同じ帰国子女で留学生仲間である里佳子が社交的にふるまうことができるのが真紀子の関心の的となっていたようで（「なんであんなふうにできんねやろ」）、留学生活を締めくくるアメリカでの2回目のインタビューでも話題となった（I 6-2）。日本から交換留学生としてこの年S大学に来ていたのは10人ほどだった。その内男性は2人だけで残りは女性であった。そのなかに、真紀子の他に「元帰国子女」が3人いた。石本里佳子と鈴木しのぶ、元木加世子である。真紀子は、自分と里佳子との違いについてしのぶと加世子と話し合ったことがあり、I 6-2ではそのときのことが中心になっている。

しのぶと自分とが似ているところがあると真紀子が発言したところ、しのぶはそれに賛同し、加世子は自分が2人とは異質であり里佳子と似ていると発言したというのである。このタイプ分けは3人の認めるところとなり、この違いを生み出した要因が**渡米時の学年**だということでも見解は一致した[1]。ただ、渡米時の学年がどのように影響しているかというメカニズムについては話し合われなかったようで、真紀子は、彼女独自の「解釈」であるといっている（「まあそれはあたしの勝手に、こう解釈したわけなんですけど」）。

里佳子と加世子が渡米したのは「6年生か中学1年生ぐらい」であり、「はじめて」「異国に行った時に」、「はいっていくのがすごい大変だ」ったのだろうと真紀子は推測する。それに対して、アメリカの小学校に通って「自分の仲間」をつくる時間的な余裕がしのぶや自分にはあった。つまり、里佳子と加世子は「順応しないといけないような状況に、に幼いうちからこう、さらされてて」、そのために社交的でだれとでもすぐに友達となれる「性格」を獲

1 社交的な帰国子女と人見知りする帰国子女

I 6-2　人見知りするのは渡米時期の違い」──アメリカ経験と「性格」の関係についての帰国子女の自己分析
[920611S；82BG；004：40～010：57]

南　　：ほかに、その、発見としては。
真紀子：発見としてですか。
南　　：ええ。
真紀子：あとは、そうですねぇ。こっちに来たから気がついたっていうことか、ちょっとわからないんですけど、最近考えてたことは、こないだも南さんにゆったかもしれませんけど、はじめここに来たときに、やっぱりおんなじ大学で一緒に来てた、っていうこともあるし、高校から知ってたっていうのあるんですけど、やっぱりその、石本さん、の存在っていうのはあたしにとっては、すごいやっぱ大きい。大きいっていいますか、やっぱり、つねに、ライバルっていったらなんか変ですけど、やっぱりそういう、意識っていうのは、少なからずともあたしはどっかにあったと思うんですね、この１年間とおして。で、特にはじめ来た時は、すごく彼女、こう、バーッと社交的にやってて、なんであんなふうにできんねやろとか（笑い）すごい考えてたんですよ。で、あたしはどっちかっていうと、大勢の人とバーッといるより、特定な友達をつくって、その人と仲良くなるっていうほうが、どっちかって言うと、居心地がいいし。けっこう、初対面がだめな人ですから、あたしは（笑い）。緊張しちゃう、ほうなので。彼女がそういうふうにやってるのを見て、すごいなといっつも、思ってたんですよ。まあそんなこんなしてるうちに、あの、鈴木さんと知り合って。で、すごく最近仲良くしてるんですけど。彼女と話してて、やっぱり、帰国子女でもすごい、違うなって思ったんですよ。あたしと彼女はすごく似ているんですね、ある意味で。まあ、それはただ単に性格が似てるとか、性質が似てるっていうだけのことだ、偶然なのかもしれませんけど。（2）見てたら、わたしと鈴木さんはすごく似てて、考え方とか、そういう、ちょっと、人見知りしてしまうところとか、あの、だけど、慣れたらもうすごい、だいじょうぶっていうとことか。で、それに対して石本さんと元木さん、元木さんも、ブラジルの帰国生なんですけど、２人はすごい似てるんですよ。すごく社交的で、だれとでもバーッとしゃべって、っていう。それを、「不思議だね」っていうふうに、まえ鈴木さんと元木さんと一緒にはなしてて。彼女たちも、「そうそう」とかゆって。鈴木さんも、「あたしはどっちかっていうと森本に似てる」って。元木さんは、「でもあたしはどっちかっていうと石本」、「里佳子に似てるわ」とかいって。「なんでやろうね」とかゆってて。もしかして、やっぱりその、日本に帰国した時期っていうのが、すごいおっきく関係あるんじゃないかなあっていう、結論に最終的には達して。やっぱり、石本さんとか、元木さんっていうのは、アメリカに、行った時期も、鈴木さんの場合は５年生から行ったからちょっと、あれかもしれませんけど。石本さんにしても、６年生ぐらいから、行って。

で、元木さんも、6年生か中学1年生ぐらいから、たしか、行ったっていう話なんですね。だからきっと、その、はじめて異国に行ったときに、あのう、はいっていくのがすごい大変だったと思うんですよ。言葉は、問題あるし、ましてや自分は、日本人だっていうかんじで。それで、小学校のころにもう仲間っていうのがだいたいできあがってて、まあ、公立中学に行ったら、その、小学校から一緒だった子がまあだいたい一緒に中学に行くので。やっぱりもうそれで、仲間みたいなのができあがってて、すごい、はいるのに大変だったと思うんですね。まあそれはあたしの勝手に、こう解釈したわけなんですけど。でもそれに対して、あたしは小学校1年生から、アメリカに行って。もうゆってみれば、ちっちゃいころからもうみんなと一緒にやってきて。6年生に、なった時点ではもうすでに自分の仲間みたいなのができてて、いつも遊ぶ子とかも決まってて。鈴木さんにしても、彼女は5年生から来たんですけど、やっぱり5年生から入っていったら、まだ小学校が一緒だから、入りやすかったっていうんですね。でも、これが6年生になってたらもう中学校になってるから、ちょっとはいりにくかったかもしれないねっていう話をしてて。でまあ、そこに1つ違いがあるっていうことと。(2)で、だから彼女たちは、きっと、幼いころから、ひと、と、こう、うまくやっていくっていうか、まあ、けっきょく、ちゃんと、その順応しないといけないような状況に、に幼いうちからさらされてて。どっちかっていうとあたしなんかは、ちっちゃいころから、もう、そういう努力が(笑い)なく、きたんじゃないかなあと思って。(2)思ってまして。

南　　：その、そのう、元木さんと石本さんは、そんなに似てます。
真紀子：やっぱりあのう、仲いいうんぬんとかいうのは、別にして、性質としてはすごい似てると思いますね。あんまりこう、神経質に気にしないとか。すごいおおらかだとか、アクティブだとか、石本さんに比べたら、元木さんのほうがもうちょっとあれかもしれませんですけど。でも、比較的、2つのタイプに分かれるとしたら、やっぱり、そういうふうに分かれるんじゃないかなあと思う、はい。

得したというのであり、「もうどっちかっていうとあたしなんかは」、「そういう努力が(笑い)なく、きたんじゃないかなあと思って」いる。しのぶや真紀子自身は、小学校でできた「自分の仲間」と一緒に中学校に進学したため、いきなり中学校に入ることになった里佳子や加世子が払ったであろうと推測されるような「努力」を強いられることがなかった。「人見知り」するようになったのはこのためだというのである[2]。

4月のインタビューにおいて、真紀子が同じA大学からの留学生仲間の石

1　社交的な帰国子女と人見知りする帰国子女

Ⅰ6-3　帰国時期の違い——日本の中学校経験と「性格」の関係についての帰国子女の自己分析
[920611S；82BG；012：34〜014：31]

> 真紀子：それと、もう1つ、関連するんですけど、やっぱりあたしたちが、日本に帰国したっていう時期も、なにか関係があるんじゃないかっていう話になって。あたしと鈴木さんは、中学校1年生の1学期で、日本に帰ったんです。だから小学校6年生の、6月を終えてそれで日本に帰ったんですね。だけど、元木さんと石本さんは、元木さんは中学校3年生の、なかばかはじめか、ぐらいに帰って、それで、石本さんは、高校に入ってから、日本に帰ってきたっていうはなし×××。それで、やっぱり日本の中学で、こう押しつけられたっていう、みんなと足並みをそろえないといけないっていう意識は、わたしたちのほうが強いんじゃないかっていうはなしを、鈴木さんと元木さんともしてて。で、元木さんも、「そういえば、あたしの弟も、すごいそんなかんじだ」ってゆってて。「どっちかっていうと森本たちみたいで、みんなと、合わせないといけないっていう意識がすごいあるみたいで、あんまりそんな、変わったこととか、はしたがらない」っていうんですね。それ、あたしも自分の姉と、石本さんと、元木さんを見た場合、そういう意味ではすごく似てるんですよ。人とちょっと変わってても、まあいいやっていうか、まあそれはわたしはわたしやしみたいなかんじの、人の目をそれほど気にしないっていうか、そういうところが似てるなあって、思うんですけどね。
>
> 南　　：それは、いちおうは、あてはまります。あてはまるっていうか、あれですねえ、中学校を、だいたい、中学校の期間日本でいなかったっていうのは、（真紀子：ええ）説明できるかもしれませんねえ。

本里佳子と自身との比較を行っていたため（Ⅰ6-1）、著者も興味を持ち石本里佳子にたいしてインタビューを申し込んだ。里佳子が著者に話したところによると、渡米後彼女は現地校の5年生となったが、入ったのは8年生まである学校だった。上級学校である高校に進学する時までには友達ができ、高校に進学した時に特に友達づくりに困ることはなかったという。Ⅰ6-2に続く部分では、著者がそのような情報を提示して、真紀子のいう渡米時期仮説への疑義を表明した。すると、真紀子がもう1つの要因である帰国時期を持ち出してきたのがⅠ6-3である。

ここで、真紀子たちが行ったタイプ分けを整理しておこう。帰国子女の「性格」タイプとして、2つに分かれるというのであるが、真紀子が自身のこ

とを「内向的」と呼んでいる（I6-7）ので、「内向的」と「外向的」と呼ぶことにする。I6-2とI6-3の部分で、「内向的」タイプに属する人間として言及されているのは、真紀子と鈴木しのぶ、そして、元木加世子の弟である。対する「外向的」タイプは、加世子、石本里佳子、真紀子の姉の3人である。

真紀子が自分とは違うタイプの帰国子女たちを形容する表現として使用したのが、「社交的で、だれとでもバーッとしゃべる」こと、「あんまり神経質に気にしないで、おおらかでアクティブ」なこと、「人とちょっと変わってても、まあいいや。わたしはわたしやし、みたいなかんじ」などである。これに対して、しのぶや真紀子自身の特徴として、「人見知りするが、慣れたらだいじょうぶ」であり、「みんなと足並みをそろえないといけないという意識が強い」ところがあると言う。

表6-1は真紀子たちによるタイプ分けの整理である。ここで、両タイプの特徴として挙げられている表現に着目したい。I6-2での対人関係におけるふるまいのありようを描写する表現と、中学校で「押しつけられた」ありよう（I6-3）とは、少し違っている。前者がいわゆる「外向的」や「内向的」な人間の典型的特徴とされているものであるのに対して、後者はより受け身の印象が強い。「自己」のありようを評価する際に、他者の目をどれだけ考慮するかという基準にかかわっているものと言うことができる。

表6-1　元帰国子女の2つのタイプ

タイプ	形容の表現	該当者
外向的 (I6-2)	社交的で、だれとでもバーッとしゃべる	石本里佳子
	神経質に気にしない	元木加世子
	すごいおおらか	
	アクティブ・活動的	
(I6-3)	人と変わっていても、まあいいや	真紀子の姉
	「わたしはわたしやし」	
	人の目を気にしない	
内向的 (I6-2)	特定の友達をつくって仲良くなるほうが居心地がいい	森本真紀子
	初対面がだめ・緊張する	鈴木しのぶ
	人見知りする	
	慣れたらだいじょうぶ	
(I6-3)	みんなと足並みをそろえないといけないという意識が強い	加世子の弟
	変わったことはしたがらない	

1　社交的な帰国子女と人見知りする帰国子女

このギャップをどのように考えるかはむずかしい。いわゆる「性格」と言われているものの内実が、実はよくわかっていないからだ。例えば、ダンドラーデ (D'Andrade 1985, 1995) は、人（アメリカ人）のパーソナリティには5つの主要次元があることを見出したというウォーレン・ノーマン (Warren Norman 1963) の研究を批判的に吟味している。ノーマンが人間のパーソナリティという「外的構造」について5次元を発見したと主張するのにたいして、これは測定に使用された用語間の「内的構造」を反映したものであるとダンドラーデは批判する。外向性 (extroversion)、人当たりのよさ (agreeableness)、誠実さ (conscientiousness)、情緒的安定 (emotional stability)、文化 (culture) という5つの「主要次元」は、すべて人を評価 (evaluate) するときに使用される「人びとについての知識を文化的に意味あるしかたで組織する方法」であると見なすことができる (D'Andrade 1995: 85)。第2次元の「人当たりのよさ」は対人行動において他者をどう扱うかということであり、第3次元の「誠実さ」は、しごと (work) をどのようにこなすかという評価次元である。第5次元の「文化」とは、社会における基本的な理想を体現している知識や芸術に照らして人を評価するものである。こう考えると、人の「内的な性質」と言えるものは第1と第4の次元だけである。しかも、第4次元の「情緒的安定」は、社会関係において人が表出するコミュニケーション体系にかかわるものであり、第1次元は社会的参加のレベルの測度と見なすことができ (D'Andrade 1995: 85)、どちらも対人関係という社会的なありようにかかわるものである。

ダンドラーデがここで提起している問題は、本書のみならず行動科学全般にとって重大なものである。人間の「性格」や「パーソナリティ」が、それを表現する言語と独立に取り扱うことができるかどうかという問題である。本章では、とりあえず、真紀子の発言内容に即して議論を進めることにしたい[3]。真紀子の行っている、「人の目を気にしない」と「変わったことはしたがらない」という対比は、「外向的」と「内向的」という軸よりも、周囲からの同調圧力への敏感度の差異と呼ぶほうが適切であるように思われる。真紀

子は、アメリカでの子供時代は「外向的」だった自分自身が日本の中学校生活を通じて「内向的」になったと考えており、この変化の原動力として周囲からの同調圧力を考えているようである。

Ｉ６-２では、「元帰国子女」が「性格」で２つのタイプに分かれるのは、アメリカに初めて行った時の学年の相違、そして、その時に友達づくりにどれだけ苦労したかが要因であるとの考えが提出されている。しかし、それと同等に、いやそれ以上に重要な要因として真紀子が考えていたのが、日本での中学校経験なのである。この考えは、アメリカでの１回目のインタビューですでに提示されている。Ｉ６-４は、アメリカに交換留学生としてやってきて半年以上たった時点で行われたアメリカでは初めてのインタビューの一部分である。日本に帰国して中学校１年生に編入した真紀子は、剣道部に入部している。しかし、間もなく病気になり、投薬治療を受けて運動も制限されることになった。１年間も投薬治療が続いたという話を受けているのが著者の言葉である。それに、真紀子が病気前後での「性格」変化という話でこたえている。Ｉ６-４で注目しておきたいのは、「性格」の変化が「表情」に現れて当時の写真にも見て取ることができるという真紀子の主張である。この時期の前後に撮った写真で自分の表情を比べるとその違いが一目瞭然だという。

Ｉ６-４ 「はみ出ないようにと必死だった」――帰国後の変化について
[920402S；82BG；054：21～055：31]

南	：ああ、そうですか、１年間も、やっぱり。じゃその間やっぱり、わりと、あまり、活発な、活動はしないで、っていう感じですか。
真紀子	：そうですね、なんか。すごくアメリカにいたときは、なんやろう、楽観的で、あの、よく走り回って、すっごく元気な子で、あの、いっつも、元気いっぱい、っていう感じの子だったんですけど。その、中学校に入ってそういういろいろな変化があって、やっぱりその時が一番、なんていうのか。その時に、すごく自分の性格が変わったっていうか、(4) 気がしましたね。す、もう、中学校３年生ぐらいの時の写真を、見たら、その、はじめて帰ってきた時の、その、すごく生き生きした、顔とは、もう、ぜんぜん、違う表情で。なるべ、なるべく、はみ出ないようにっていうか、ま、外見面で、はみ出ないように、先生に怒られないようにっていう、ので必死だった。

中学校3年生ごろの写真は、「なるべく、はみ出ないように」という心情が見て取れるような、「すごく生き生きした、顔とは、もう、ぜんぜん、違う表情」だった。「先生に怒られないようにっていう、ので必死だった」姿が見られるというのだ。

真紀子は、アメリカ生まれで日米双方の国籍を持っている。大学生として交換留学制度に応募したのは、この事実に触発されてのことである。大人として「アメリカ」を見て、自分の過去の体験を見直し整理したかったと言うのである。自己のアイデンティティを問い直す旅だったとも言えよう。中学生として帰国した時のつらい体験を再評価したいという気持ちも強かったのだろう。2節では、「性格」の変化を引き起こしたものとされている中学校生活の様子を詳しく見ていくことにする。

2 「いつもビクビクしてた」中学校時代——体罰の恐怖といじめ

体罰の恐怖は、真紀子にとって大きなものだったようである。彼女の中学校生活は、この恐怖に支配されていた。自分の「性格」変化の主要因として、

Ⅰ6-5 「いつもビクビクしてた」——体罰の恐怖(1)
[920402S；82BG；033：05〜034：24]

> あの、ほかの子が、なんか、制服を変形したりとか、髪形、をちょっと、ちょっとこのへん（頭を指さしながら）段入れてたりとか、し、てるの見つかって、あの、先生にたたかれるのを、見たんです。で、あのう、その時にすっごくショックを受けて。アメリカの先生、にたたかれたことはないし、あたしの両親も一度もあたしをたたいたことがないので、あたしにしてみたら、「もう、なんなんだろう」とか思ってしまって。それから、すっごく、先生がこわくなってしまって。
> [033：46〜034：06、中学校で一番こわい先生の描写]
> もう、**すっごく**その先生がこわくって。まあ、その先生を筆頭に、あのう、とにかく違反したら、たたかれるんだっていう意識がすごく、自分の中へ根づいて。なんかいつも、中学時代はなんか、もういつも、ビクビクしている××××。

真紀子は体罰の恐怖とクラブの先輩によるいじめとを考えている。他の生徒が体罰を受けるのを目撃したときの話（Ⅰ6-5）に、彼女の体罰に対する恐怖の大きさを見てとることができる。

　Ⅰ6-5は、日本に帰国して中学校生活を始めたころの様子を語っている部分である。中学校では制服だったが、真紀子は母親の指示に従った服装をしていたので違反することはなかった。しかし、服装規定に違反した生徒に対する教師の体罰を目撃して、真紀子は「すっごくショックを受け」た。それまでに体罰を受けたことがなかったため、「もう、なんなんだろう」と思ったと言うのだ。教師にたいする恐怖が生じ、「とにかく違反したら、たたかれる」という意識が「自分の中へ根づいて」、「もういつも、ビクビクして」いたと言う。

　インタビューはその後、当時の教科の成績や家庭学習、クラブ活動などの話題を経て、Ⅰ6-4の病気から性格変化の話となった。Ⅰ6-4のコメントは、真紀子の中学校生活のまとめとして位置づけられるものである。Ⅰ6-4とⅠ6-5に共通するのは、真紀子が「はみ出る」や「違反する」という言葉を使って、同調と逸脱という軸でものごとを見ていることである。日本の中学校生活における同調圧力の大きさを反映しているコメントと言えよう。

　日本の学校には集団志向的な慣行が多く見られる。5章において見てきたように、これらの慣行になじむのに苦労する帰国子女は少なくない。服装規定などの校則は明示されているのに対し、集団志向的な慣行は明示されていない。Ⅰ6-4に続いて、著者が真紀子に集団志向的な慣行についてどう感じたかをたずねているのがⅠ6-6である。

　著者の問いに対して、真紀子はなにを聞かれているのかわからなかったのかすぐには反応がなかった。それで著者は具体例を挙げている。真紀子は、特にこれらの慣行に反発を感じた覚えはないという。アメリカから帰国する直前には自分のことを「アメリカ人」と思うほど「アメリカナイズされ」（Ⅰ6-8）ていた真紀子にとって、日本の中学校での集団行動重視の慣行には反発があったと考えれられる。しかし、本人も言うように、「はみ出て」逸脱し

I 6-6 「疑問をもったらたたかれる」——体罰の恐怖(2)
[920402S；82BG；055：34〜056：41]

> 南　：そのーお、日本の、学校、まあ、社会全体そうですけど、その、集団責任とか、グループ活動とかよくありますよね。そういうことへの抵抗は、中学校時代、どうでしたか。
> 真紀子：（無言）
> 南　：たとえばそのーお、修学旅行なんかに行くのでも、こう、班で行きますよねえ。そういう班を決めるのが、で、班でこう、みんなで起きて、みんなでそろって食事をするとか、
> 真紀子：あーあ、そういうのは、抵抗はあ、ったのかもしれないんですけど、やっぱり、それにはみ出てる人、が、先生にたたかれるの、を見て、やっぱりそれのほうが、もうずっとわたしにとってはこわい、っていう意識が強かったので。もうとにかく、そういう面では、あの、「なんで、こうみんなで、こうゾロゾロ行かないといけないんだろうな（笑いながら）」と思った時もあ、あったんですけど。でも、そう思ってしまったら、「あ、また、先生にたたかれる」っていう、その、それがすごくこわかったって、いうのが強かったですね。

たときに受けるであろう体罰というサンクションへの恐怖が強く、その「抵抗」を抑圧したのである。「なんで、こうみんなで、ゾロゾロ行かないといけないんだろうな」と集団行動に対して疑問を持ったこともあったのだが、そのように考えること自体が「外見面で、はみ出」た言動となり、その結果体罰を誘発する可能性がある。そのため、批判的な見方そのものも抑圧したというのである。真紀子にとって体罰の恐怖はそれほど強烈であった。ここには、行動の抑圧が意識の抑圧や変化につながるメカニズムの一端がうかがわれる。

　真紀子が帰国再適応の問題について語る時によく使ったのが、「わくからはみ出る・はみ出す」という表現である。日本の「普通の」中学生の言動が、そこから逸脱すべきではない「わく」として真紀子に感じられたというのである。「わく」がどのように真紀子に映っていたかは、彼女自身の「適応」の進展を示すものとなっている。

　アメリカでの2回目のインタビューの時に、「わく」や「はみ出る」という表現の内容についてさらに詳しく聞き出そうとたずねているのがⅠ6-7の

I 6-7 「わくに近づこうと努力した」——仲間集団の同調圧力
[920611S；82BG；024：25〜027：10]

> 南　　：その、わくがあってはみ出すっていうイメージ、
> 真紀子：うーん、ですね、と、自分は、そう見てます。
> 南　　：ふーむ。で、そのわくっていうのがだんだん見えてくるようになるわけですか。
> 真紀子：いや、むしろ、中1のときにそのわくがいちばん見えてて、自分がいて、みんながいる、みたいな感じ、こういうかんじで。で、どんどんどんどん自分がそれに近づいていかないと、その、やっぱりいじめとか、先生におこられるとか、そういう、しないとそうされる、その恐怖感、で、こっちがみんなに近づいて行こうと思って。それでもう中3になっ、中2のときがいちばんその、先輩のいじめがひどくて、ひどいっていうか、まあ、そ、その、あの、暴力とかふるわれたことなかったんですけど、やっぱり口で、言われたりとか、陰で言われたりとかいろいろしてたから、そのときがいちばんこう、自分にとってはすごい、しんどくって。なるべくこの、みんなのところに近づこうって思ってた時だと思うんですね。で、中3になった時点で、あ、そうそうそう、ほんで、中2の時病気になったんですよね。
> 南　　：ええ。その、クラブはいつ、中2のいつおやめになったんでしたっけ。
> 真紀子：中2のたしか、夏、だったと思いますね。はい。
> 南　　：あ、そうですか。じゃあ、中2の1学期がい、いちばん大変だったですか。
> 真紀子：／いちばんきつかったですね。あの、下級生が入ってきて。でー、2年生はあたしひとりだけで、お、女子は。で、先輩、3年生の先輩5人いて。で、やっぱり、1年生、1年生みたいなかんじで。で、あたしひとりだったから、いっそうちょっと、立場が、弱くて。で、まあ、それで、その、2年生の1学期、のときに、やっぱり、もう、ぜ、もうみんなと一緒にならな、ならなーって思ってて。それで、どんどんどんどんこの、みんなと一緒のほうに近づいてって。もう中学3年生になったときには、わくが見えなかったっていうか。もう、その中にどっぷりつかってたっていうか。で、気がついたときには、けっこう内向的な子、子っていうか、なってた。

部分である。「わく」というのは、真紀子と「みんな」とを分かつ境界のようなものであるらしい。これが一番鮮明だったのが帰国直後の「中1の時」である。片方に「自分がいて」、他方に「みんながいる」みたいな印象だった。つまり、自分が異質で際だつ存在だったのである。「みんな」がだれを指すかは明示されていないが、真紀子の学校には帰国子女は真紀子1人だけであり、

「普通の」日本人の生徒を漠然と指しているのだろう。「みんな」がいる「わく」(境界)の反対側に自分が独りいる、という認識だったようである(「こういうかんじで」という発話のところではなんらかのジェスチャーをしたと思われるのだが、それはフィールドノートにも残っていない。残念なことである)。

「わく」、そしてその向こう側にいる「みんな」に「どんどんどんどん自分がそれに近づいていかないと」いけないという圧力を感じたという。「みんな」と違っていることで、「いじめ」られたり「先生におこられ」たりする可能性があった。その「恐怖感」から、「みんなに近づいて行こうと思っ」たのである。教師の体罰への恐怖についてはすでに紹介したが、剣道部の先輩による「いじめ」も恐怖の対象となるサンクションであった。「中2の時がいちばんその、先輩のいじめがひどくて」というのである。

真紀子の病気が発見されたのは、中学校2年生になって間もなくのことだった。それで、剣道部退部の時期との前後関係を確定するやりとりが入っている。そして、中学校2年生のときが(精神的に)「すごい、しんどくって」と言うので、それが1学期のことかと著者は確認している。中学校1年生の帰国直後に「日本の文化にもすごく興味があ」っという理由で入部した剣道部だったが、2年生の時には真紀子が学年でただ1人の女子部員だった。1年生の時には先輩に対して敬語などが使えなくても「帰国子女」だからと大目に見られていたのが、新年度になって「下級生」が入部してくるとそれもなくなってくる。そのため、先輩からのいじめという圧力が激しく、それに応じて「みんなと一緒になら」ないといけないという意識がとりわけ強かったのが、中学校2年生のころだったというのである。

日本人の相互作用において、年齢などの地位の差は重要な要因となっている。日本を「タテ社会」と言うときの「タテ」の関係を構成するものである。年長者が主導権をにぎり、年少者が従う。このような年齢を基準とする秩序下の行動パタンに日本人の子供が集中的に接触するのは、中学校時代、とりわけクラブ活動においてであると言うことができるのではないかと著者は考えている。中学校入学以前にも、両親や小学校の教師などといった大人の権

威には出会っている。だが、自分たちよりもはるかに年長であり、自分たちが権威者の立場に立つことはない。しかし、中学校の先輩はほんの1歳ないし2歳年上という存在である。中学校1年生で「先輩」に従っていた子供も、1年もたてば「後輩」ができて、「先輩」の立場になるのである。

　「性格」の変化という事態についての真紀子の考察は、交換留学生としてアメリカにやってきて、留学生仲間の里佳子のようにふるまえないという自己の姿の発見に起因している。里佳子はアメリカ人の学生と苦労せずにつきあっているように見えるのに、自分は英語の問題はないのにアメリカ人と「居心地」よくつき合うことができない。今の自分は里佳子とは違うが、アメリカにいた小学校6年生まではきっと自分も里佳子のようにふるまっていたのだろう。このような変化が生じたのは、日本の中学校生活だったと真紀子は考える。中学校の日本的行動パタンに同調し、「みんなと一緒に」なるように強制された。そして、「はみ出ない」ようにと努めているうちに、「わくが見えな」くなり「内向的な子」になっていたというのである。人格形成や性格の変化というのは大変複雑な過程であり、その全体像を明らかにすることは本書のなしうることではない。しかし、これまでの真紀子のコメントやそれらを踏まえてのI6-7の言葉は、期待される行動パタンに同調して繰り返すことで、それが安定し「自己システム」の一部となるということを示しているものであるように思われる。

　周囲への意識的な同調を繰り返すうちに、それが「習い性と成る」ということが顕著に見られるのが、I6-8である。真紀子は、A高校では、高校生になってアメリカなどから帰国してそのままA高校に入ったような、「すごくアメリカナイズ」した生徒には「圧倒され」たという。帰国子女の友人は多かったが、「すごくハデな」帰国子女とはつきあわなかった。日本の「中学校の3年間」（1年生の7月に帰国しているので厳密には「3年間」ではないが、真紀子はこのように言う）のために、A高校に入学するまでに「日本的になった」というのである。

　真紀子は、自分は「けっこうアメリカナイズされ」ていると思っていたの

I 6-8 「いわれたとおりにやるほうが楽になった」──再日本化について
[920402S；82BG；0065：42〜068：17]

南　　：それは。
真紀子：それはー、（2）なんででしょうねえ。で、やっぱりその、わたしはその、日本の中学校3年間暮らしてきたっていう、経歴があって、でも、その、かわりに、やっぱりその、うちの姉のように、アメリカから直接、［A高校］に入ったっていう人もいますよね。やっぱりそういう人、に圧倒されるっていうか、あのう。（3）やっぱりその、自分のその中学校の3年間、っていうのがあって、その人たちは、アメリカで中学校3年間暮らしてきたっていうので、やっぱりその子たちは、もう、もうすごくアメリカナイズ、わたしも、自分はけっこうアメリカナイズされてるほうだろうなと思ってたんですけど。その、中学校3年間に自分が、得たその、日本の文化とか、日本の、社会の仕組み、とかいうーのがすごくこう。もういつの間にか、そういう社会のシステムに、こう自分が、慣れてきてて、入ってて。で、そのーう、ある意味で、あの、そういう日本の、日本の社会のし、社会っていったら、まあ、どっちかといったらそのう、ひ、人に頼っ、頼るっていうのは、×××ですけど。そんな独立心が、強い、感じでは、ないですよね。だから、とにかくこ、こう、今までは、みんなとはみ出ないように、しようしようと思ってたんですけど、それに慣れてくると、けっこうそっちのほうが楽に、なって。そのへんぐらいからすごく、こう、日本、的になったのかもしれませんね。
南　　：それは、高校、
真紀子：高校、ぐらいから。あのう、中学のあいだは、まだなんか、こうしたいんだけど、こうしたら、「はみ出てる」って言われそうだからとか、あの、しないっていうかんじ。まあ、どっちかわけ、どっちかっていって分けたらそういう感じで。高校に入った時点では、もうすっかり、そうしないことに慣れてしまって、なんかすごい抽象的な話ですけど（笑い）、あのう、慣れてしまって、むしろ、「こうしなさい、ああしなさい」っていわれて、そのとおりにやるほうが楽だっていうことを、に、気がついたっていうか、無意識のうちに。

だが、それが間違っていることに気づいたという。中学校3年間で「日本文化とか、日本社会の仕組み」に「慣れてきて」順応してしまったという。これが、16-7などで述べられた、「みんなにあわせて」、「みんなと一緒に」しようとすることの帰結と考えられているのである。

「日本社会」で推奨される行動パタンについて、「人に頼る」や「独立心が強くない」という表現を真紀子はここで使用している。「はみ出」ないように

して「みんなと一緒に」なろうとするというのは、独自のユニークな自己に価値を置く、いわゆる個人主義とは対極にあるということなのだろう。自分らしさに価値を置く行動パタンから相互依存を重視する集団志向的な行動パタンへの移行は、かなりの意図的努力を必要とするものだったようである。「なんで」と自分の頭で考えて疑問を持ってしまうことを意図的に回避するために、「みんなとはみ出ないように、しようしよう」と心がけたと真紀子は言う。それを続けているうちに、そうすることに慣れて「そっちのほうが楽に」なったという。「日本的になっ」て、「再日本化」が完了したというわけである（「再日本化」という表現を真紀子が使ったという意味での引用符（カギ括弧）の使用ではない。「アメリカ化」と同じように本書に特徴的な用語法であることを意識してつけている。このように、真紀子の談話を多用する分析においては、なんらかの区別をするのが好ましいのかもしれない）。

その時点が高校であることを確認しようとする著者の問いに真紀子は同意する。「中学のあいだは、なんか、こうしたいんだけど、こうしたら『はみ出てる』と言われそうだからとか、あの、しないっていうかんじ」で、意識的な努力が必要だったのだが、「高校に入った時点では、もうすっかりそうしないことに慣れてしまって」、意識的に自分の行動を制御する必要もなかった。このように、「再日本化」が完了していたからこそ、Ａ高校では帰国したばかりの「ハデな」帰国子女とは波長が合わず親しくならなかったということなのだろう。

3 対人関係のスキルと中学校経験

真紀子の中学校生活を詳しく見たところで、「内向的」対「外向的」という区別に戻ることにしたい。真紀子は、交換留学生としてやってきたアメリカで、「アメリカ人」とつき合おうとして「居心地」が良くないことに気づいて自分自身ショックを受けた。留学生仲間の里佳子が楽しそうに「アメリカ人」とつき合っているのに、自分はできないというのが納得できなかった。

表6-2 元帰国子女大学生の中学校経験

	在外期間	出国時学年	帰国時学年	中学校	高校
真紀子	6年＊	小学1年8月	中学1年7月	公立	A
しのぶ	2年1ヵ月	小学5年8月	中学1年8月	公立	不明
正 吾	11年以上	アメリカ生まれ	小学6年8月	公立	非受入
真紀子の姉	5年8ヵ月＊	小学5年8月	中学3年3月	なし	A
里佳子	4年6ヵ月	小学5年2月	高校1年7月	なし	A
加世子	3年	小学6年	中学3年	不明	B
典 子	3年6ヵ月＊	小学6年	中学3年12月	公立	A
悦 子	13年7ヵ月	1歳	中学2年8月	国受入	A
昌 子	8年7ヵ月	小学1年8月	中学3年2月	なし	B

＊：前回の在外期間を含まず。在外地は，加世子がブラジル。他は全員アメリカ合衆国。

この違いを生み出したものとして真紀子が考えているのが、帰国時期、つまり、日本の中学校での生活という要因なのである。

　真紀子としのぶが帰国したのはそれぞれ中学校1年生の7月と8月であり、2学期から公立中学校の「普通の」中学生となっている。それに対して、真紀子の姉は帰国してすぐにA高校の1年生となり、里佳子は高校1年生の7月に帰国してA高校に編入している。どちらも日本の中学校には在籍していない。加世子は著者が直接インタビューしていないため、在外時期などの情報がそろっていないが、真紀子の話によると、小学校6年生の時にブラジルに行って、帰国したのが中学校3年生とのことである（加世子の弟についての情報はまったくないために、表6-2には含んでいない。I 6-3に引用されている加世子の言葉からは、日本の中学校にかなりの期間通学したことが推測される）。真紀子は、中学校3年生の時は同調圧力がそれほど強くないと主張する。最上級生なので先輩はいないし、周囲は高校受験に気を取られて「帰国子女」と騒ぎ立てることも少ない（ただ、帰国子女枠を利用して高校受験ができるので「ずるい」という意味のことは言われるようである）。真紀子と仲良しの典子も、中学校3年生の12月に帰国して3学期だけ日本の中学校に通学したのだが、その経験も踏まえての話である[4]。真紀子によると、加世子と典子はそれほど「神経質」ではなく、よく似ているという。対して、しのぶは真紀子自身に似ている。しのぶは日本の公立中学校に1年生の時から通い、真紀子と類似の経験をしている。交換留学に応募したのも真紀子と同じ理由からで、海外経験

と帰国経験を自分なりに見直したかったというのである。

　真紀子やしのぶの集団志向的性格が日本の中学校生活によるものだとする主張は、表6-2を見る限りは説得力のあるもののように思われる。小学校や大学などと比べて、中等教育の期間は仲間からの同調圧力が強い。とりわけ、中学校時代は人間形成において重要な時期である。多くの子供が思春期を迎え、仲間からの圧力は強く感じられる (Cole & Cole 1989：548)。高校受験に備える時期でもあり、学習スタイルの上でも急激な移行期でもある。高校生になると少し成熟して、仲間関係においても自制心がはたらくようになってくる。そうは言っても、真紀子のような帰国子女が、アメリカから帰国して「普通の」高校の生徒になったりすると、周囲との摩擦は大きなものだろう。だが、現実には、このような事態はあまり生じない。帰国子女受け入れ校というものが存在して、「軟着陸」の場となっているからである。A高校もB高校も、帰国子女の受け入れを目的に設立された学校であり、表6-2に取り上げた帰国子女の大半がこれらの高校に通学している。

　真紀子が「日本的」と表現した「人見知りするが慣れたらだいじょうぶ」という対人関係での行動パタンや、「みんなと足並みをそろえないといけないという意識が強い」という同調圧力が、日本人の「国民性」や「文化」であると主張することができるかどうかには留保が必要だ。しかし、これらが中学校という思春期に対面的な相互作用を通じて習得されるものであるという可能性は強い。箕浦 (1984：245) は、「対人関係領域の文化文法 (意味空間) の体得」という表現で著者と類似の現象に言及し、その獲得の臨界期が9歳から15歳であると主張している。

　真紀子の報告やその分析を踏まえて、著者は、対人関係の行動パタン確立にとって中学校生活が重要であるとの仮説を提出することができると考える。これは、言い換えると、公立の中学校が日本人の社会化の中心的エージェントだということである。この関連で、国立の帰国子女受け入れS中学校に在籍した遠山悦子 (83AG) の事例は興味深いものである。S中学校は、著者が4章で受け入れ校タイプ1と分類した、帰国子女に優先的に入学を認め帰国

I 6-9 「こういう場でこういう態度をとれというのがわからない」
──受け入れ中学校に通った帰国子女の不満
[910624J；083AG；013：45～014：19]

悦子：でもそれは自分のすごい、自分がおかれた状況っていうのを把握するでしょう正吾っていうのは。その、あ、正吾っていうんですけれど［いま話題となっている弟は］。(南：はいはい)あたしね。その、例えば、こういう場であったら、こういう態度を取りなさいっていうのがありますでしょ。(南：はいはい、はい)そういうのがわからないんです。(南：うーん)でも、彼としては、その、何人かの仲間がいたら、どういうふうに自分は、行動すればいいのかっていうのがちゃんとわかってるっていうか、
南　：／ああ、そうですか。
悦子：あの、わきまえてると思うんですけど。
南　：その、それは、例えば、日本的な状況においてですか。
悦子：そう、なんか、権力こうせいっていうのがあります××、
南　：／ありますねえ。
悦子：それ、そういうのとか、ちゃんとわかってると思うんです。

子女に配慮した指導を行う体制を備えた受け入れ校である。真紀子の友人である悦子は、中学校2年生で帰国してS中学校の帰国子女学級に入学した。定員16人の学級でクラス全員が帰国子女だったためか、悦子には中学校時代に真紀子のように「苦労した」思いはない。「帰国子女のクラスがあって、英語で、理解してくれる人もいて、だから、べつに日本語、をしゃべらないといけないっていう、雰囲気ではなかったんです、ずっと」と悦子は言う。悦子は、自分がそういう環境で「ずっと甘えてきた」と言う。アメリカでは「あっちではあっちで、日本人として甘えてきたし、こっちではこっちで、帰国子女として甘えてきた」。悦子自身は、このことを対人関係において感じる戸惑いと結びつけている。

悦子は、弟の正吾のことを「自分がおかれた状況を把握」することができると言う。それに対して、悦子自身は、「こういう場であったら、こういう態度をとりなさいってのがありますでしょ。そういうのがわからない」。1歳のときに渡米し、中学校2年生で帰国した時にはカタカナの読み書きもできなかった悦子であるが、その後の努力のおかげで、大学生となったこの時点では難解な哲学書を日本語で読みこなすことができるようになっていた。弟

の正吾は、小学校6年生で帰国したためか日本語も英語も中途半端な状態なのだが、相互作用状況でのスキルは身につけていて、悦子はそれがうらやましいのである。「何人かの仲間がいたら、どういうふうに自分は行動すればいいのかっていうのは、ちゃんとわかってるっていうか、あの、わきまえてる」ように見えるのである。

　個人の特性、いわゆる個性を基盤にすえるアメリカ社会では、自己の意思を明示的に主張することが求められる。日本のように同質性を前提とすることができれば他者による配慮も可能となるのであろうが、異質な者同士では、言語による自己主張がコミュニケーションにとって欠かせない。悦子が困っているのはこの違いに起因するものだろうかというつもりで著者が質問したのに対して、悦子は「権力こうせい」という言葉で答えている（残念ながら、「権力」に続く言葉を録音テープから特定することはできない。当初は「関係」と理解していたのだが、あらためて聞き直してみると違うようである。「抗争」だとすると意味が通じるが、これとも少し違うようである）。仲間内での行動に「権力」要因が絡んでいるという指摘は、「普通の」日本人にとって新鮮なものである。中根千枝は『タテ社会の人間関係』でタテ関係の重要性を指摘したが、悦子は「水平」と思われている仲間の間にも上下関係があるというのだ。配慮に関して言うと、配慮すべき立場と配慮を期待できる立場の違いが仲間の間にもあって、悦子の弟の正吾はそれを瞬時に判断してその立場に沿って行動するが、悦子はそれができないというのである。

　悦子は、弟の正吾と自身との対比を、真紀子たちのような「内向的」対「外向的」、「みんなと足並みをそろえないといけないという意識が強い」対「人の目を気にしない」という軸では行ってはいない。「自分のおかれた状況を把握」することができるかどうかという対比である。ただ、インタビューの別のところでは、「自分はどう見られてるのかっていうのが、ちょっとだけ感じるようになってきた」と悦子は言っている。「性格」が「17歳ぐらいにコロッと変わ」ったというのである。しかも、この変化は家庭における使用言語が英語から日本語へ変化した時期と相前後しているというのである。

悦子と正吾の帰国時期と帰国後の中学校経験、そして「自分がおかれた状況」を把握できるかどうかの関係は、真紀子の提出した仮説を支持するものと言える。悦子が中学校2年生の夏に帰国して帰国子女ばかりの学級に編入し、卒業後は帰国子女受け入れ専門高校であるA高校に進学した一方、正吾は、小学校6年生の夏休みに帰国して、帰国子女受け入れ校ではない中学校から高校へと進学している（表6-2）。悦子が「ずっと甘えてきた」と感じるのは、弟の正吾の苦労を身近に見てきたからであろうか。そして、「何人かの仲間がいたら、どういうふうに自分は、行動すればいいのかっていうのがちゃんとわかってる」という正吾のスキルは、そういう苦労のなかで身についたものと悦子は考えているようだ。公立中学校に通った弟と帰国子女受け入れの国立中学校に通った自分とを対比しているのである。

　悦子の自己分析は、真紀子のものに照らしてみると興味深い。悦子は、「外向的」で独立心が強いスタイルを相互作用において示しながらも自分に疑問を持っている。帰国子女である友人とのつきあいでは感じないが、「普通の」日本人とのつきあいではなにかおかしいと感じるのだ。他者の思惑に配慮する行動パタンをアメリカ生活で身につける機会がなかったためだろうか。帰国して、S中学校、A高校と帰国子女の中で暮らして、真紀子のように「再日本化」の機会を持たなかったことの反映だろうか。著者が強調したいのは、悦子の「自分のおかれている状況がわからない」という訴えと「内向的」になったという真紀子の自己分析とが、同じ行動パタンの別の表現形態であると考えられる点である。精神的な働きである思考（注意・関心）の対象として他者をどれだけ考量するかにおいて、「内向的な」真紀子は他者に大きく配慮し、悦子は他者に配慮しないといけないようだということは理解しながら、どのようにすればいいのかわからない。どちらも日本に帰国する前はよく似た行動パタンを示していたと思われるが、帰国時期と帰国してからの学校の状況が異なるがために、かたや「再日本化」されて「内向的」になり、かたやその機会を持たなかったと考えることができる。

　これまでの議論から日本の「普通の」公立中学校の社会化機能が浮かび上

がってくる。自分が「再日本化」されていない事実を意識しており、著者とのインタビューにおいて言及した帰国子女は悦子の他にはいなかった。このようなことに思いいたった悦子さえも、それは、帰国して5年以上が経過した大学生になってからのことだという。大学に入学して、運動系のサークルに入って「普通の」学生とのつき合いが多くなって、気づいたというのだ（ただし、悦子とのインタビューに同席した、悦子より4歳ほど年長であるいとこの哲夫は、悦子の性格は17歳ごろに「コロッと変わった」と言っている）。

　帰国子女受け入れ校、とりわけ、タイプ1の受け入れ校と公立中学校とが、帰国子女の中学校経験にどのような違いを生み出すのかをきちんと整理する必要があるだろう。著者は、家族や子供自身の話を聞いた他に受け入れ校にも出かけていった。国立の受け入れ中学校や受け入れ専門高校、公立の受け入れ中学校（タイプ2）などを訪問して、教員の話を聞いたり、授業を観察したりした（A高校では観察を許可されなかったのは、Ⅰ5-16に見たとおりである）。「普通」の公立中学校と受け入れ校とは、なにかが違うということは間違いないが、それを簡単に説明する言葉は思い浮かばない。学校1校について1冊のエスノグラフィーを書いて初めて適切な描写が可能となるようなものだと思われる。ただ、誇張を恐れずに言えば、受け入れ校、とりわけ、タイプ1の受け入れ校は、帰国子女が集まっているという事実が重要であるように思われる。生徒同士で英語で話すことができるし、それがおおっぴらに認められている。教師の側も、受け入れ校だから帰国子女のニーズに対処しなくてはいけないという意識を持っている。それが、悦子の言葉に見られるように、「べつに日本語、をしゃべらないといけないっていう、雰囲気ではなかった」という帰国子女の側の受けとめ方につながっているように思われる。少人数のクラスとか進度別学級編成なども、個々の帰国子女のニーズに配慮しようという姿勢の現れと言えよう。逆に、このような「雰囲気」が、あまり「アメリカ化」していない帰国子女や英語圏からではない帰国子女にとって負担となる面はある。クラスメートからあまり自然に英語が出てくると疎外感を感じてしまうというコメントを、滞米がそれほど長くない帰国子女の口

から聞いたことがある。この生徒は劣等感を感じており、在籍している帰国子女受け入れ学級は好きではないということだった。

　本章の分析から、5章7節と合わせて、帰国子女の「再日本化」において中学校生活が大きな位置を占めているという命題が強く示唆されるように思われる。このことは、帰国子女のみならず、「普通の」子供にもあてはまるのではないだろうか。中学校時代に、子供たちは伝統的で保守的な仲間集団文化にさらされる。思春期という発達段階にあり、仲間集団からの同調圧力はとりわけ痛切に感じられる。これらの要因が、中学校の社会化機能の強さの源泉となっている。日本の公立中学校生活という社会化プロセスを経験するか否かが、元帰国子女の相互作用場面における志向の違いを規定することになっているように思われるのである。

　中学校生活が日本人の「人間形成」において大きな位置を占めているという命題は、箕浦が提唱した「対人関係領域の文化文法体得の臨界期」説を支持するものと思われるかもしれない。臨界期が9歳から15歳ごろまでであるという主張とぴったり重なるのである。ただ、箕浦の説が年齢という生理的要因に重点を置きすぎているいるところに著者は抵抗を感じている。著者の見るところ、暦年齢そのものよりも、子供の日常的な社会生活の構成が10歳代前半と後半とでは変化するという要因のほうが大きいのではないかという気がしている。中学生でピークに達する同調圧力が、高校生になると成熟に伴って下がってくる。あるいは、友人関係の選択の幅が広がり、自分とは合わない行動スタイルの友人と無理に交際する必要もなくなる。そもそも、学校が義務教育でなくなり選択の幅が広がるというところに、仲間集団の同質性が増加する契機の一端を見ることができる。帰国子女が受け入れ校を選択するということが、まさにその種の選択なのである。帰国子女受け入れ校に行けば、自分の対人関係スタイルとよく似たものを持った帰国子女に囲まれることになる。極端な場合は、無理に日本語を話さなくても、悦子の場合のように英語で理解してもらえるのである[5]。

　逆の見方をするならば、公立中学校は日本的な相互作用パタンとの接触を

子供たちが強制される場であると言えよう。国立や私立の中学校を選ぶ子供たちを除くと、日本の子供の大多数は、かなり同質的な行動期待にさらされることになる。日本社会における社会化の中心的エージェントが中学校、とりわけ公立中学校であるという命題は、このような側面も含意しているのである。

6章のまとめと元帰国子女のアメリカ再発見

　交換留学生としてアメリカに来ている元帰国子女の大学生は、当人たちの自己分析によると、「内向的」と「外向的」という2つのタイプに分かれる。前者は、対人関係において「特定の友達をつくって仲良くなるほうが居心地がいい」、「初対面がだめで緊張する」、「人見知りするが、慣れたらだいじょうぶ」という特徴を示す。周囲の人間との関係において「みんなと足並みをそろえないといけないという意識が強」く、「変わったことはしたがらない」。後者の「外向的」タイプは、「社交的で、だれとでもバーッとしゃべる」、「神経質に気にしない」、「すごいおおらかで、アクティブ」という性向が見られ、「人と変わっていても、まあいいや」、「わたしはわたしやし」みたいな感じである。

　このような違いを生み出す要因として、渡米した時の友達づくりの苦労と日本での中学校経験という2つが考えられたが、著者の調査協力者の真紀子は後者をとりわけ重要なものと考えている。真紀子の日本での中学校生活は、教師の体罰と先輩のいじめに対する恐怖が支配していた。相互作用における適切なふるまいへの同調圧力が痛切に感じられた様子がうかがえる。行動期待に同調を重ねているうちに、それを自己自身のものとしていく過程が示唆されている。

　行動パタンや「性格」の変化を、自己報告データから論じることには多大な危険が伴っている。しかし、本章で紹介した真紀子の報告から、対人関係の知識やスキルを学習する時期と場所としての日本の中学校生活の意義が浮

かび上がってくる。このことは、帰国子女受け入れ中学校に在籍したために、これらに接触する機会を持たなかった帰国子女悦子の報告からもうかがわれる。日本の公立中学校の社会化機能について、5章7節とともに貴重な見方を提示するものとなっている。

元帰国子女の真紀子が海外帰国経験について回想し分析した内容を中心に見てきた本章を、彼女が大学生の目で見たアメリカについてのコメントを紹介して締めくくることにしたい。帰国して日本の学校生活になじむのに苦労をした帰国子女に共通して見られるアメリカへのノスタルジアとその幻滅が見られるものとして興味深い。

アメリカ生活を締めくくる2回目のインタビューの終わり近くに、1年間の交換留学生経験の「将来へのインパクト」について著者は真紀子にたずねた。真紀子は、「自分の見直し」とアメリカの見直しの2つを挙げた。「自分の見直し」とは、本章で見てきたように、「自分の性格」について考え直す機会となったということである。

アメリカについての再認識の内容がⅠ6-10である。真紀子の心の中では、

Ⅰ6-10 「アメリカはユートピアじゃなかった」——元帰国子女のアメリカ再発見
[920611S；82BG；069：42〜070：59]

> そうですね。でやっぱり、アメリカに関しては、もう、アメリカが、思ってたユートピアじゃなかったていう（笑い）それと。もう、来た、[語学研修のために] L大に行ってた時から、もうそれは、あー、あたしが思ってたアメリカじゃないっておも、まあ、それは、あのう、期待にそってくれたところもありますし、あの、思ってたよりはこのへんは、良かったな、予想外にこのへんは、あー、思ってた以上にここは、自由な国だなってと思った、りした時もあるし。でも、なんか、もう、秩序のない国やな（笑い）って思った時もあるし。いろいろですね。でも、きた、はっきりこういうイメージを持ってきたっていう、まあそのアメリカが、自分にとって、その、自由の国っていうか、まあその、天国みたいなところだっていう、以外には××、具体的には、こうこうこういうイメージがあってっていう、のは、はっきりいって自分でも、わかりませんけど。でも、たしかにその、なんとなく感覚的に自分で感じてたものとは、違う印象っていうか、今では。

「ユートピア」、「自由の国」そして「天国みたいなところ」であったアメリカだが、大学生として来てみると違っていた。「なんとなく感覚的に自分で感じてたものとは、違う印象っていうか、今では」というのである。

　帰国子女の間には、滞在していた国にもう一度行ってみたいという気持ちがかなり強く見られる。帰国後の生活で「問題」が多い子供ほど、この願望が強い傾向がある。真紀子にもこのようなメカニズムが作用していたのではないかと推測される。関西の公立中学校で長く帰国子女担当を務めたある教師が、帰国子女は一度滞在国に戻れば落ちつくという趣旨のことを言っていた。日々の暮らしのなかでどうしても美化してしまいがちな滞在国の現在の姿を見ることが、帰国子女を安心させるのだという。真紀子は、高校1年生の時に2週間、かつて滞在したZ市を訪問したということだが、その時はそれほどの印象を持たなかった。交換留学生としての1年間のアメリカ生活が、思い出を評価し直す機会となったということなのだろう。

注
1) 直後の話の内容としてはこのように言えるが、真紀子の発話はもう1つの要因である**帰国時期**を指示している：「もしかして、やっぱりその、日本に帰国した時期っていうのが、すごいおっきく関係あるんじゃないかなあっていう、結論に最終的には達して。」これは、後に見るように、4月のインタビューにおいてすでに真紀子が言明しているもので、のちにⅠ6-3で結論として敷衍されるものである。
2) アメリカの小学校は、日本の小中学校と同じように、学級制が取られているのにたいして、アメリカの中学校では選択する教科に応じて生徒各人が教室を移動する。このため、同じ仲間といつも一緒の授業を受けるのではなく、友達づくりは小学校よりもむずかしい。この事実が、真紀子の議論では前提とされているようである。
3) ただ、5次元と照らしてみると、5章7節で取り上げた勤勉さがNormanの第3次元にあたり、ここで取り上げている「外向性」とは別のものであると考えることにはある程度の妥当性があると言えよう。D'Andrade自身は第3次元を動機づけの問題としている (D'Andrade & Strauss eds. 1992)。
4) 海外の学校の学年が、日本での学年よりも1つ下になることがある。その場合、日本の高校入学直前の2月か3月に帰国しても、海外の（学年末が6月のところでは）学校の9年生修了の資格がなく、日本の高校への出願資格がないことになる。その場合、早めに帰国して中学校3年生の3学期のみ在籍して日本の中学校

卒業資格を取得し、それをもって高校に出願することになる。
5）暦年齢による説明が、著者の主張するような社会生活の変化の基底にあるのだという反論が予想される。しかし、暦年齢仮説が決定論的様相が濃いものであるのに対して、社会生活仮説は相対主義的である（少なくとも著者にとっては）。子供の社会生活の詳細な記述を目的とした本書の立場は、このような問題意識と密接に関連している。

第7章 アイデンティティの再生産と浸食

　本書の締めくくりとして、本章では、社会文化的アイデンティティという観点から子供たちの海外帰国経験を捉え直してみたい。1990年代になって、「アイデンティティ」はいよいよ人気ある概念となっている。この概念の歴史については、Gleason (1983) や時津 (1998) が詳しく検討しているが、著者も自分なりの整理を試みたことがある (南 1998a)。近年、アメリカやイギリスにおいて「アイデンティティ」が取り上げられているのは、政治に関連する領域でのことが多い。なかでも、カルチュラルスタディーズの視点からの表象分析と結びつけて、アイデンティティはよく論じられているようである (例えば、Hall & du Gay eds. 1996、Woodward ed. 1997 参照)。

　これらの研究がアイデンティティをめぐるディスコース、とりわけ公的な領域におけるディスコースに焦点をあてているのに対して[1]、本章では、アイデンティティの日常経験的基盤について考えていく。「アイデンティティ」とは、「同一性」という意味であるが、ある「人間」がなんらかのもの、社会的カテゴリーと同一である状態を指していると考える。なかでも、本章が問題とするのは、「日本人」や「アメリカ人」といった、社会文化的アイデンティティである (詳しくは、南1998aを参照。ただし、「社会文化的アイデンティティ」という用語の用法が南1998aと本章とでは違っていることに注意が必要である。南1998aでは、「社会的カテゴリー」との同一化ということで「社会的アイデンティティ」という用語を使用したが、本章では、「日本人」や「アメリカ人」といった「社会文化的」なカテゴリーを「社会的カテゴリー」の一例として考えて、「社会文化的ア

イデンティティ」という用語を使用している)。

　本章では、海外帰国子女の「日本人アイデンティティ」が、海外帰国経験とどのように結びつけられるか、海外帰国経験からどのように理解できるのか、といった疑問と関連するデータを提示して考察していきたい。どのような生活経験がアイデンティティと関連するものとして摘出できるのかを探ることを目標とする。一種の政治的イデオロギーとしてのアイデンティティがトップダウン式にはたらくものであると言うことができるとするならば、著者の問題意識はボトムアップ式のアイデンティティ分析である。「日本人」という社会的カテゴリーとの同一化を生み出す基盤となる生活経験はなにか、というのが本章の究極的な問いである。

　この問いに対する回答として、相互作用にうまく参加していることが重要であるいう仮説を1節で提出する。相互作用に参加して「快適(comfortable)」であり居心地がいいと感じていられることが不可欠であると考えて、これを「機能的成員性」と呼ぶことにする。そうすると、「機能的成員性」を可能にするものはなにかが問題となる。相互作用への「機能的参加」のための要件として、言語能力と文化的知識とが指摘できる。これらを欠いている帰国子女が、コミュニケーションにどんな問題を抱えているかを2節以降で詳しく見ていく。

　結論として、アイデンティティは、相互作用において不断に再生産され浸食されるものであるという命題を提出する。相互作用に「機能的成員」として参加するためには、言語能力や文化的知識が必要である。相互作用に適切に参加して「機能的成員」であることに成功すれば、居心地がよく違和感を感じない。このような成功感覚が、「日本人」であるという自己意識の再生産を生む。うまくいかない時に、このプロセスは問題化され可視化される。真紀子の事例を6章で取り上げたが、彼女は、アメリカ人とのつき合いで居心地の悪い思いをした。アメリカ人との相互作用において居心地がいいと感じることができないために違和感が生じ、自分が「アメリカ人」であるという自己意識に浸食が起こる。このように、本章ではアイデンティティを、一種

の評価を反映した内的プロセスであると捉えていくことにする。

1 アイデンティティの再生産と浸食

　帰国子女の「日本人アイデンティティ」が本章の主題である。海外帰国子女の研究においては、「あなたは日本人ですかそれともアメリカ人ですか」、「日本は好きですか」や「アメリカに帰りたいですか」などの質問がこれを測定するものとしてよく使用されている（小沢 1995 参照）。しかし、著者は、これらが「日本人アイデンティティ」や「アメリカ人アイデンティティ」などの社会文化的アイデンティティを直接測定するという立場を取らない。社会文化的アイデンティティを心理的な実体と捉えるのではなく、それがある場面においてどのように再生産され、本人や周囲の人間によってどのようなかたちで経験されるのかという視点から問題としていく。

　Ｉ7-1は、5章3節で詳しく見た、6年余の滞米後帰国した中学2年生の木下祥子が、帰国後1カ月の時点で語った言葉である。1カ月の日本の中学

Ｉ7-1　「でも、こっちもいいじゃない」
　　　　――社会文化的アイデンティティの言語報告
　　　[910502J；04AG；068：06～068：55]

南　：あのう、なにか、なんていうんですかねえ。まあ、英語でいうとミス（miss）するものがありますか。向こうで、なにがいちばん、帰ってきて。
祥子：ああ、向こう。えーと、やっぱり、ずっと英語でしゃべってたから、こう、日本語の社会にいると、なんか、**無性に英語にしゃべ**、英語でしゃべりたいときとかがあって。それで、だけど、ひとりごと言ってんのも、ちょっと変だし（笑い）。だから、「英語がしゃべりたい」っていうときがたまにある。
南　：あー、そうですか。
祥子：けどね、やっぱり、なんか、あの、こんな、こと言えるんだよって［先生が］ゆって、「ああ、そういえば、向こう［アメリカの学校］でもやったなあ」っていうと、思い出にふけるっていうか（笑い）、いろんなこと思い出したりして［なつかしい］。ほんで、あっちもよかったなあって思えるんだけど、でも、やっぱそういうときは、「でも、こっちもいいじゃない」（力強く）ってかんじで［自分に言い聞かせる］。

校生活のなかで「あっち［アメリカ］もよかったなあ」と思える時もあるが、「でも、やっぱそういう時は、『でも、こっちもいいじゃない』」と自分に言い聞かせるというのである。「なにか、英語でいうとミス (miss) するものがありますか」、アメリカから帰ってきて、何かアメリカのほうが良かったなということがありますかという著者の質問は、「アメリカに帰りたいですか」という問いかけを少し遠回しに表現したものである。従来の研究においては、この問いへの回答をもって「日本人」あるいは「アメリカ人」であるとの「アイデンティティ」の判断根拠とされてきたものである。

しかし、このような質問と回答のやりとりがどのような場面でなされているのか、という社会言語学的分析視点が考慮される必要があると著者は考える。アイデンティティを、相互作用における機能的成員性の評価を含むものであると主張していくことはすでに紹介したが、これと関連するもう1つの本章の主張が、「アイデンティティ」のデータとなる言語報告や相互作用の観察そのものが、相互作用場面における言語行動をなんらかの形で反映しているというものである。つまり、Ｉ7-1の祥子の言葉は、レイブたちの言葉を使用すれば、「状況に埋め込まれた行為 (situated action)」(Lave & Wenger 1991) なのである。

コミュニケーションの民族誌という研究領域を提唱し、そこで取り上げるべき発話の要素をSPEAKINGと整理したのはハイムズ (Hymes 1972) である[2]。Ｉ7-1の分析に関連するのが、このうちのシーンＳと参加者Ｐである。著者が帰国子女の問題を調べており、アメリカからこの家族を追跡して調査していることを祥子は知っている (P)。また、このインタビューは著者が祥子の家庭を訪問して行ったものであり、祥子とのインタビューに先だって彼女の母親にインタビューしたことも祥子は知っている。また、著者とのインタビューに同席していないものの、母親が隣接するキッチンで夕食の支度をしており、祥子の言葉に興味津々耳を傾けている (S)。このような状況で「アメリカに帰りたいですか」と問いかけても「本音」が引き出せないだろうと判断して、著者が具体的にアメリカのほうが良かったと思うところはどんな

ところかとたずねているのである。

　慣れた環境から新しい生活に移っていやなことがあると、「あっちもよかった」と思うのは当然のことであろう。その時に、「でも、こっちもいいじゃない」と自分に言い聞かせることができるのはなぜだろうか。これを問うことのほうが、「アメリカに帰りたいですか」という質問よりも、帰国子女の置かれている状況についてより豊かな情報を提供してくれると著者は考える。これは、「アメリカに帰りたい」という「気持ち」を、それを生み出すプロセスと切り離すのではなく、帰国子女が直面する解決すべき課題の反映と見る立場なのである。

　日常生活において「こっちもいい」あるいは「やっぱりあっちが良かった」と思わせるものはどんなことなのだろうか。そのような「感覚」を持つのは、相互作用場面においてなにかがうまくいった時、あるいはうまくいかなかった時であるとの仮説を本章では主張していく。日本社会で相互作用に「快適（comfortable）」に参加している時、「居心地がいい」（6章で取り上げた真紀子の表現）と感じる時に日本人アイデンティティが再生産されて「こっちもいい」と感じられる。相互作用で「不快（uncomfortable）」を感じる時に日本人アイデンティティが浸食され、「あっちが良かった」ということになるのではないだろうか。このような考えの参考となるのが、ガンパーツたちの研究である。

　生涯のうちで、生活の場である文化を移動するという通文化的な発達経験を有する人間は、コミュニケーションに障害を持つと想定される。日常生活場面や学校などで、その有効性が問われるのである。例えば、ガンパーツたち（Gumperz 1982、Gumperz eds. 1982）は、対面相互作用（face-to-face interaction）を研究して、談話戦略（discourse strategies）の差異を原因とするコミュニケーション問題が多くあると指摘している。言語使用の相違と関連する社会文化的要因のために、エスニック集団ごとに異なるコミュニケーション慣習が利用されている。そのため、ある文化場面において**どれだけ効果的に機能できるか**が、ある人の社会文化的アイデンティティ形成に大きく影響する。ガン

パーツ(Gumperz 1982)は、とりわけ、対面コミュニケーションを左右する韻律（prosody）の微妙な側面に注目している。例えば、Gumperz & Gumperz (1982) は、ロンドン教育局のある会合を分析している。参加した西インド諸島出身の委員の発言が説得力を欠いたのは、議論の組み立て方に加えて、発音が西インド風のアクセントだったために、英語母語話者に対して意図せざる効果を与えたからであることを示唆している。

ここから推測されるのは、ある集団への帰属感を持つためには、そこで居心地がよいと感じる（feel comfortable）ことが必要であり、そのためのスキルを身につけている必要があるということだ。そして、この集団への帰属感こそが、社会文化的アイデンティティの構成要因なのである。ある社会文化集団へ新しく参入した人間にとっては、自分が効果的な集団参加をしているかどうかは簡単には判断できない。集団の他の成員からのフィードバックが必要である。社会文化集団が社会化のエージェントであるとよく言われるが、このような評価機能も集団が社会化のエージェントとして果たす重要なものの1つである。対面相互作用において、新参者が効果的であるかどうかの評価は他の成員によって提供されるのだ。例えば、自分が教室で言ったジョークにアメリカ人の級友が笑うのを見て、アメリカの学校に通っている日本人の少年は、自分の英語がうまく通じているとの自信を持つことができる[3]。タネン（Tannen 1982）の次の文章はこの点を表現している。

会話がうまくいったという満足感を生み出すのは、会話の戦略が共有されているからである。これにより、理解されたという感覚、「同じ波長である」という感覚、帰属感、アイデンティティを共有しているという感覚がもたらされる。逆に、会話の戦略が対応していないときには、反対の感情が生まれる：不協和の感覚、理解されていないという感覚、帰属していないという感覚、アイデンティティを共有していないという感覚などである。会話スタイルが、われわれがエスニシティと呼ぶようになったものの主要な構成要素であるのは、この意味においてである。

(Tannen 1982 : 217. 強調は引用者による)

　デボラ・タネンのこの文章は、会話戦略と社会文化的アイデンティティとの関係を示唆している。「会話がうまくいったという満足感」が媒介項として措定されているが、これが、著者のいう「機能的成員性」の感覚にあたる。会話戦略が共有されるメカニズムについて想定されているのは、世代から世代へと「仲間・友人・親族ネットワークに参加すること」(Gumperz 1982 : 65) により会話戦略が伝達され、「その許容される使用法が、ある集団に暮らすことで生じる不断の実践を通じて獲得される」(Gumperz 1982 : 69) ということである。会話戦略の伝達と練習の場を提供する、社会文化的な集団の1つとして、タネンはエスニック集団を考えている。そこでは、生活経験が共有され、内集団の成員に特有のコミュニケーション上の慣習が発達されてきているのである。

　ガンパーツたちの研究を手がかりとして、本章では、機能的成員性を媒介概念として議論を進める。「日本は嫌い」などの発話にいたるプロセスを問題としたいのである。つまり、帰国子女の「再適応」プロセスを詳しく調べることで、社会文化的アイデンティティが構築されるメカニズムを明らかにすることを目標としている。人間発達の研究においては、日常生活のルーティンに着目してこれを理解しようという研究が増えている。ペギー・ミラー (Miller 1996 : 184) によると、「近年、ヴィゴツキーや実践・語用論、ブルデューなどの理論が登場し、社会的行為者は居住している社会を、文化的に組織された日常ルーティン的プラクティスに参加することによって、維持・変更・再生産するという見方を提示している」。著者のアイデンティティ概念は、「日常ルーティン的プラクティス」を相互作用と読み換えて、その「参加」のフィードバックや手応えとでも呼ぶべき機能的成員性を反映するものとして考えられている。そして、「日常ルーティン的プラクティス」への「参加」によってアイデンティティが不断に再生産されるものであるとするならば、これが途切れたときにはアイデンティティは「浸食」されることになる

と考えるのである。

「浸食」はerosionの訳語であり、土壌の浸食現象からのアナロジーである。土壌のように物質的に「強固」なものが風雨や水の力で浸食されていくというのが一般的なイメージであり、「アイデンティティ」はそれほど「強固」に構築されているのだろうかという疑問が予測される。しかし、エリクソン(E.H. Erikson 1963)の図式が示唆するように、青年期に確立されたアイデンティティは安定したものであるという想定が広く持たれているようである。本書では、このアイデンティティ構築過程の複雑さ、また、「構築」されたアイデンティティの脆さや危うさを強調するために「浸食」という用語を採用するものである。

2 英語力の獲得と日本語力

「日常ルーティン的プラクティス」と呼ぶにしろ、「相互作用」と言うにしろ、これへの参加の基盤となるのは、言語運用能力(language competence)である。相互作用場面とアイデンティティを考えていくにあたって、まず、帰国子女たちの語学力がどのようなものであるかを見ておきたい。アメリカに滞在した帰国子女は英語力を獲得し、その反面日本語力が年齢レベルに到達していないということがよく言われているが、その実状を著者の収集したデータから示しておくことにする。

英語力の獲得が海外経験の一大帰結(outcome)であることを否定するものはいないだろう。帰国子女がどれだけの英語力を身につけているかは、海外生活の影響ということを考える時に興味深い。ただ、これをどのように測定するかはむずかしい問題である。帰国してから通う中学校や高校での英語科の授業の成績は、帰国子女がアメリカで獲得してきた英語力を測定するものとは言いがたい。ある帰国子女の父親は、中学校の英語のテストでは、英語力ではなく、日本語力が試されていると主張した。彼の子供は、"This is a pen."という英文を訳すのに、"pen"をなんと訳していいのかわからず、「万年

筆」とすべきか、「ふで」、あるいは「鉛筆」とすべきかを延々30分も悩んだという。また、"There are some pens." を訳す問題では、"some" の意味を知っていることを示すために「いくつかの」という言葉を使う必要があるのだが、それを知らなかったために減点されたという。この父親は、子供がこれらの経験を通じて、英語ではなく日本語を学習したと考えている。

実践的な英語力を測定するものとして、実用英語技能検定（英検）がある。1級、準1級、2級、準2級、3級、4級、5級と7段階で受験者の英語力を検定している[4]。英検は、一般社会においても英語力の基準として重視されている。例えば、高校生を対象とした留学プログラムのアメリカ・フィールド・サービス（AFS）は、英検2級に合格していることを応募の条件としている。また、東京都立国際高校では、卒業までに同じく英検2級の合格を英語教育の目標としている。

表7-1に見られるように、著者の調査した帰国子女の中には、高校在学中に英検1級に合格し、さらに難関の国連英検の特A級にも合格している人が2人いる[5]。海外生活経験がない場合、大学生や社会人でも英検1級の合格率は極めて低いという事実からすると、これは滞米経験の賜物であると考えることができる。しかし、英検を受験していない帰国子女も多く、また、試

表7-1　英語検定試験：帰国子女の英語力（N＝10）

ケース番号	滞米期間	アメリカ最高学年	英検3級	英検2級	準1級	英検1級	国連A	国連特A	1991年度の学年
16BG	8:07	G10				高2		高2	社会人3
71AG	6:09	G8			中2	高1＊			高校1
20AB	7:08	G7				Y	Y	Y	大学1
20BB	7:08	G6			高1				高校1
23AB	3:00	G6	中1	中2＃					高校1
21AB	10+	G5	中3	高1					高校2
22AB	5:08	G5		中1	中3＃				高校2
19AB	5:06	G5	中2						高校2
21BG	10:07	G4	中2						中学3
22BB	5:08	G2	小6＊						小学6

滞米期間：年：月
アメリカでの最高学年：Grade 1（小学校1年）－Grade 12（高校3年）
Y：合格したが、その時の学年が不明のもの
＊：インタビュー時点で結果待ち中のもの
＃：受験したが合格しなかったもの

験のインストラクションが日本語で行われるというテストの性格上、純粋に英語力を測っているものではなく、それほど生態学的妥当性の高い測定であるとは言いがたい。

　帰国子女の英語力に関しては、近年の帰国子女の英語力は以前の帰国子女と比較すると下がってきている、というコメントを著者は帰国子女教育関係者から聞いたことがある（1991年6月と7月に海外子女教育財団を訪問した時、担当者が英語保持教室の受講者について話してくれた内容などから）。著者の調査協力者の間でも、英検1級や国連英検特A級に合格しているのは、調査を行った1991年よりも5年以上もまえに帰国した子供たちである。これは、日本人駐在員の海外派遣期間、そして子供の滞米期間が短くなってきていることや、海外へ進出する日本企業が増加して、その結果海外の生活においても日本人の友達がいるという環境が増えてきたことを反映しているものと思われる[6]。

　このような事情を反映してか、帰国子女の日本語力はと言うと、問題を指摘する声は帰国子女教育関係者の間で減ってきているようである。著者の調査した子供たちも、たまに奇妙な文章を発話することもあるが、普通文の構成（syntax）はしっかりしている。帰国直前の時点では日本語よりも英語のほうが話しやすいと言っていた帰国子女も、帰国して日常会話に困るということはなかった。著者の調査協力者ではない子供たちの間では、日常会話に困るという事例も聞かないわけではなかったが、それもほんのひとにぎりのようである（だからと言って、帰国子女教育で日本語の（再）教育は必要ないなどと主張するつもりはまったくない。また、「日常会話」とはなにを指すのかは簡単には決められない問題である）。帰国子女は「文法」ができないということがよく言われる。だがこれは、いわゆる宣言型知識（declarative knowledge）としての文法知識のことである。「おもしろくない」と言う時の「おもしろく」が「形容詞の未然形」であるなどといった知識であり、これには帰国子女が苦労することが多い。補習校では、時間的制約から授業中に文法事項を扱うということはほとんどしていないからである。しかし、「おもしろい」を「ない」の前では、「おもしろくない」と活用して使用することに苦労する帰国子女は少な

い(これは宣言型にたいして、手続き型procedural知識と呼ばれるものである)。宣言型知識としての文法を苦手とするのは、日本で育った子供たちも同様であり、帰国子女はその程度が大きいというところだろう。

文法よりも大きな問題は、書くことと語彙である。海外子女にとっては、まず書くことが問題となる。補習校の授業では、小学校1年生でひらがなを教えるが、カタカナは家庭学習となる。そのため、小学校3年生になってもカタカナが書けない海外子女は少なくない。極端な事例だが、6章3節で取り上げた悦子は、中学校2年生で帰国したときにはカタカナが読めなかった。漢字も、日本の学習指導要領では1年生から学習するものだが、漢字の成り立ちなどを学んで漢和辞典を使えるようになるのは、小学校4年生である。つまり、日本語力の基礎は、小学校4年生あたりまでかけて学習するのであり、それを日本で終えてから海外へ出る子供とそれ以前に出る子供では、海外で日本語力をうまく伸ばせるかどうかが分かれるようである[7]。

語彙の獲得もまた積み重ねである。子供の語彙獲得は、その生活世界が広がり、経験が多様なものとなるにつれて進むと考えられる。最初は生活空間が家庭内に限定されていたのが近隣へと広がり、やがて学校へと通うようになる。それにつれて、生活において接する具体的なものの種類も増える。また、抽象的な対象を指示する語彙も獲得していく。1歳から8歳までをS市で過ごした女児の母親は、帰国後娘が「押し入れ」や「おでん」といった「基本的な」言葉を知らないことに驚いたという。同様の報告が多くの帰国子女の母親から行われている。これはまさに生活経験の相違に起因しているものと考えられる。日本では冬になると必ず登場する家庭料理のおでんも、ちくわなどの練り物を日本から輸入しているS市では高価で食卓にのることは少ない。また、アメリカの家屋には日本の押し入れと類似の機能を果たすクローゼット(closet)やストーレッジ(storage)があるが、これを大人が「押し入れ」と呼ばずにアメリカ流に「クローゼット」と呼んでいれば、日本に帰ってきて「これを押し入れにしまってちょうだい」などと言われても子供は困ってしまうということなのだろう。

言語能力の基盤となる言語知識が、相対的に抽象度の高い文法知識などのみではなく、具体的な生活経験に根ざす度合いの高い文化的知識からも成り立っていることが顕著に見られるのが、語彙や語用論の分野である。これには、海外で全日制の日本人学校に在籍していた子供の体験が参考になる。日本の教科書を使用して学習する時間の絶対量が短い補習校に通っていた帰国子女に比べて、海外で全日制日本人学校に通っていた帰国子女は、学習面での「遅れ」は大きくないと考えられている。と言うのは、海外で暮らしていたとはいえ、その間も基本的には文部省のカリキュラムに従った教育を受けてきたからである[8]。そして、家庭では日本人の両親に育てられ、放課後一緒に遊ぶ友達も日本人ばかりということが多い。にもかかわらず、海外で日本人学校に通っていた帰国子女にも「基本的な」問題があるのだという。生後すぐにヨーロッパのある国に行って、小学校4年生の3月まで滞在した男児の母親（梶原夫人：72M）は、Ⅰ7-2のように語っている。

この母親の子供は、幼稚園は現地の幼稚園に通って現地語での教育を受けたものの、小学校1年生からは全日制の日本人学校に通っている。にもかか

Ⅰ7-2 「イネがお米だっていうこともピンと来ない」
——日本人校の子供は社会が不得意
[910620J；72M；039：55〜040：42]

南　：で、あのう、まあ、お勉強的にも、ま、そんなに、問題の、っていうか、あの、科目はあったとか、そういうことはなかったですか。×××
梶原：「問題の科目」、ありました。
南　：ああ、ちょっと遅れてるとか。
梶原：あります。
南　：ああ、それは。
梶原：社会です（笑い）。
南　：あー、そうですか。その、あちら［の日本人学校］に、はいった時ですか。
梶原：はい。だから、［帰国後の今も］そのままひきずってる、ところもあるんですけど。ていうのは、［日本人学校の］1年生で田植えとか出てきたんですね、その当時。で、田植えっていってもわからないですからね。もう、ぼくじょーう、とねえ、田植えなんか見たこともないし。で、こう、ま、せつ、学校の本とか、なんだって、き、きっとスライドとかも見せてもらっても、やっぱピンと来ないんですよね。だからもう、イネって、イネがお米だっていうこともピンと来ないみたいだし。

わらず、小学校入学の時点ですでに社会科は「問題」のある科目だったという（ここで、この母親が比較の対象としているのは、幼稚園まで日本で育ち小学校に入学する直前ごろに日本からやってきた子供たちである）。その実例として、「田植え」を母親は挙げている。季節の移り変わりや年中行事などが小学校1年生の社会科で取り上げられ、その中に田植えもあったのだが、実際に田植えを見たこともないこの子供にとっては理解しがたいものだった。滞在していた国は、ヨーロッパの酪農国で「牧場」ばかりである。水稲栽培などはしていない。教科書や副読本の写真、あるいは学校でスライドなどを見ても、「ピンと来ない」のだろうという。おそらく、母親も学習を助けようと説明を試みたのだろう。稲の栽培のプロセスの一部として田植えを説明しようとして、「イネ」と言ったところ「イネ」とはなにかと聞かれ、「イネがお米」だと説明せねばならず、それも「ピンと来ない」ということがあったと言っている。

著者の調査対象のうち、中学生以下で帰国した90人の子供について、帰国してからどんな教科で「問題」があったかをたずねたところ、帰国の学年にかかわらず国語が高い割合を占めている。小学校低学年で48％、高学年で53％、中学校で52％にあたる子供が、問題のあった教科として国語を挙げている（表7-2参照）。社会科は、小学校高学年で42％、中学校で52％となっているが、小学校低学年では16％である。このような傾向があることを既存の研究から知っていたため、全日制日本人小学校に入学した時から社会科に問

表7-2　帰国時の学年と問題を感じた教科（N＝90）

教　　科	中学生	％	小学校高学年	％	小学校低学年	％
国　　語	11	52.4	20	52.6	15	48.4
算数・数学	5	23.8	8	21.1	6	19.4
社　会　科	11	52.4	16	42.1	5	16.1
理　　科	9	42.9	9	23.7	4	12.9
体　　育	2	9.5	9	23.7	3	9.7
音　　楽	9	42.9	8	21.1	5	16.1
美　　術	6＊	30.0	5	13.2	4	12.9
技術・家庭科	4	19.1	4#	21.1	—	—
合計人数	21	100.0	38	100.0	31	100.0

＊：インタビュー時点で美術の授業を受けていない子供1人あり。パーセントはこの子供を除いて計算。
＃：家庭科は小学校では、5年生から教えられている。ここでの総数は5・6年生で帰国した19人である。

I 7-3 「普通に会話をしてるから、なんでもわかってる
　　　かな思う」——生活に関連する語彙知識の欠如
　　　[910620J；72M；040：43〜042：15]

　で、あのーお、ふ、い、1度ね、あ、その「問題がわからない」って言って、きたときがあるんです。で、で、テスト返してもらって、見たら、「市場が混むのはいつですか」ってあるんですよ。で、「『いちば（市場）』ってなに」ってね。「『し（市）』の『ば（場）』って書いてあるけど、『市場』ってなに」って言うんです。だから、「まあ、あの、マーケットみたいなん、あるでしょ」って。「マーケットみたいな」。あの、フリーマーケットがバーとあって、「だから、オープンマーケットみたいなの、に屋根が付いててね」って、こう、こう教えてあげるんですよ。で、教えてあげて、「あ、わかった」って言ったら、「じゃあ、混むのは、『混む』ってなに」って言うんですよ。で、「『混む』っていうのは、人がいっぱいでね、ぎゅうぎゅう詰めでね、そうなってるのを『混む』っていうんだよ」って言ったら、「ああ、そう。そういう意味だったんかって、『混む』」。で、「じゃあ、何時」って言ったら、「じゃあね、10時か11時だね」って言うんですよ。で、「日本、日本のおうちでは、あのう、お買い物行くのはね、3時とか4時とかね、そういうゆ、夕食前に行くから」っていう、また、説明をして、やっとわかったっていう感じ。だから、わたしが**知ってる**っと思う、わたしはもう普通に会話をしてるから、なんでもわかってるかな思う、けれども、どこかのところの、ちょっとした単語をふすむ、あ、それから、あれもわからなかったんですよね。ひごもわからなかったんですよ（笑いながら）、算数のときに「ひごが何本」て。「『ひご』てなに」、「『ひご』てなに」っていうんですよ。だから。そういうのが、もう、たびたび、ちょこちょ。それで、やっぱり、あの、算数なんか、まあ、計算とか、1年生とか2年生ですから、わかりますよね。大体の感覚でいけるけど、**社会**はそういうわけにいかないんですよ（強い口調で）。

題があったというこの母親の話は著者にとって驚きであった。

　田植えのエピソードに続いて、母親は、別のエピソードを紹介してくれた（I 7-3）。ある日、子供が帰宅して学校のテストで問題がわからなかったという。返却されたテストを見ると、「市場が混むのはいつですか」とある。この子供は「市場」を知らず、母親はそれから説明することになった。その国の「フリーマーケット」や「オープンマーケット」を引き合いに出して、それに類似したものとして説明したという。また、「混む」という単語の意味も説明した上で、あらためてこの質問への解答をたずねると、子供は「10時か11時」だと言う。これはその国のマーケットが混雑する時間だったようで、日本の主婦が買い物に行くのは夕食前の時間であることを母親が教えて、よ

うやく「正解」にたどりついたというのである。

　母親は、子供が日本語で「普通に会話をしてるから、なんでもわかってるかな思うけれども、どこかのところのちょっとした単語を」知らないという。同様のことがたびたびあって、子供の社会科での「問題」は大きいと考えている。17-3に載録した部分は、一気呵成にという表現がぴったりの口調で話していたが、語り口からもこの問題を深刻なものと受けとめているのがうかがえる。著者が母親にインタビューしたのは、子供が小学校5年生の4月に帰国してから1年以上経過した6年生の6月のことであった。だが、いまだに社会科は苦手だと梶原夫人は強い口調で訴えている。

　ここに見られるのは、文法などの言語の知識とは区別される文化的知識 (cultural knowledge) が、人間のコミュニケーションに占める役割の大きさである (文化的知識については、Spradley 1972参照)。梶原夫人は、子供が日本語での日常会話を支障なくこなしているので、日本語の力、国語の力は問題がないのだろうと思ってしまうのだが、実は、子供が所有していると母親が想定している文化的知識に欠如している部分が大きいのだ。これは、母親の挙げた例にも見られるように、語彙とその語彙が背景としている文化的知識の理解の問題としてあらわれている。「市場」と言われても、「市場」の実物を見たことがないとわからない。母親と買い物に行くのは、「マーケット」であって「市場」ではない。母親に、「市場」とは「オープンマーケットに屋根が付いた」ようなものだと説明されて、なんとなくイメージはできるだろう。しかし、「市場が混むのはいつか」と聞かれると、マーケットが混雑する時間で答えるしかないのである。生後3カ月から日本を離れて暮らしていれば、日本の主婦の買い物パタンなど知りようがない。また、「田植え」にしても、稲が実ったところも見たことがない人間にとっては、教科書の記述だけではよくわからないのは当然だろう。毎年梅雨どきになると稲の生育がニュースになる日本と、梅雨がないヨーロッパ北部とでは、生活経験がまったく異なるのである。

　語彙やそれに関連する文化的知識の獲得に関連して興味深いものとして擬

態語（オノマトペ）がある。これは、海外帰国子女があまり獲得していない語彙の例としてよく指摘されるものの1つである。「へびがニョロニョロ」、「雪がしんしんと降る」などの「ニョロニョロ」や「しんしん」の擬態語は、生活経験との結びつきがとりわけ強固な語彙であると考えられる。幼児期にへびを見て、まわりの大人が「にょろにょろ」と形容する。あるいは、雪の日には周囲の喧噪があまり聞こえてこない。このような経験が記憶に染み込んで、これらの語彙はその経験としっかりと結びつくと考えられる。海外で幼児期を過ごしたがためにこのような経験がなかった、あるいは、経験をしたとしてもその際に、これらの語彙があわせて提示されなかったのが海外帰国子女と言えるのだろう[9]。

　本節では、帰国子女たちの英語力を見たあと、日本語力の問題として指摘されているものを取り上げた。言語能力を文法知識に照準して捉えようとする立場が言語学においては主流であるが、本章では、言語の運用に必要とされる文化的知識に注目する。帰国子女の海外経験との結びつきがとりわけ顕著に見られると思われるからである。生活経験と文化的知識の関係が見られる点として、獲得語彙の相違や社会科での問題、擬態語などが指摘された。3節では、相互作用場面に引きつけて機能的成員性を考えていきたい。本節の議論が比較的静的な場面を対象としていたのに対して、3節では、対面相互作用を問題としていく。

3　機能的成員性とアイデンティティの浸食——昌子の事例

　ガンパーツたちの研究は、異なる談話戦略が採用されているやりとりを言語学的に詳細に分析している。シフリン（Schiffrin 1994）は、ガンパーツを社会言語学の1派として数え、ゴフマンと合わせて「相互作用的社会言語学（interactional sociolinguistics）」と呼んでいる。本章の分析は、ガンパーツたちの知見に大きく依拠しているが、データの種類としては異なっている。日常のやりとりの録音テープやトランスクリプトというミクロな相互作用分析に

不可欠のデータを、5章2節で提示した小学校の授業風景のものを除くと著者はほとんど持っていない[10]。このため、本章の議論はインタビューデータを中心に進められることになる。

　本節の事例は、コミュニケーションがうまくいかないという経験がフラストレーション(「つらい」、「いやだ」という感情)を引き起こし、それが人生行路の転換につながる意思決定に結びつきかけたというものである。人間の行動や相互作用に照準するミクロな分析では、マクロな社会レベルへの含意を分析視角に取り入れることは容易なことではない。このような難問を克服するためにシクレルが取った戦略は、意思決定のなかでも社会構造上の帰結をもたらすようなプロセスを研究対象とすることだった。彼が分析したのは、高校生が進学するかどうかの決定（Cicourel & Kitsuse 1963）や、若者の非行が刑事処遇の対象となるプロセス（Cicourel 1967 (1995)）、夫婦が子供の出産をどのように決定しているか（Cicourel 1974b）などといった意思決定プロセスであった。本節で問題とする、受け入れ校からインターナショナルスクールへの転校も、このような社会的な含意（social significance）を有する意思決定の1つと考えることができる[11]。

　帰国子女沖田昌子（16BG）の帰国後の経験は、相互作用場面での機能的成員性と社会文化的アイデンティティとの関係を考える糸口を提供してくれる。昌子は、アメリカに8年以上滞在し、1980年代前半の春に帰国して帰国子女受け入れのB高校に入学した。昌子の主要言語（primary language）はアメリカ滞在中に日本語から英語へと変化しており、日本語力は学年レベルに達していなかった。そのため、高校1年生のときには「国語」ではなく「日本語」の授業を選択することになった[12]。外国人の生徒や日本人でも日本語力がかなり未発達の生徒が「日本語」を選択することになったのだが、当時の記録によると昌子と一緒に「日本語」を選択したのは、日本人6名、外国人1名となっている。

　昌子とのインタビューは、1991年7月に行われた。彼女が帰国してから約10年経過しており、高校・大学を卒業し、社会人になって3年目のことで

3 機能的成員性とアイデンティティの浸食

Ⅰ7-4 「中途半端にわかるからよけいわからない」
　　　　──帰国直後のコミュニケーション上の不満
　　　　[910707J；16BG；022：28〜023：40]

> 南　：具体的に、どういう、ことがつらかったんですか。
> 昌子：なんか、普通の、普通の授業っていうのは、それほど苦しくないんですけど。たとえば、ホームルームとか、とか、朝の、連絡事項とかいって、そういうのがわかんないんですよね。それで、そういう、授業だったら先生に聞けばいいですよね、べつに説明とか受けますけど。なんか、そういう連絡事項とかいって、なかなか、「え、今のなんだったの」とか、聞きづらいですよね。そういうの、とかがすごく、いやだったんです。なんか、ちい、ちょっとした説明とか、そういうのがわからないんで。うーん。
> 南　：その、たとえば、ホームルームで、話し合ってることが、その、なんかいろんな話し合いなんかしますよね、そういうのがわからなかったり、するわけですか。
> 昌子：そうなんです。だから、あの、中途半端にわかるんですよね。だからよけいなんか、わかんないんですよ（笑い）。ぜんぜん、まったくわかんなければ、「今の全然わかんなかったから教えてくれる」とかそういうふうに聞けばいいんですけど、なんか、ほとんどわかってるのに、ちょっとわかんないために、なんかわかんなくなって。とかいうのが、うーん。

あった。そのために記憶の正確さなどの問題もあると思われるが、逆に10年経過したからこそ言えることもあるだろう[13]。

　インタビューで昌子は、B高校入学当初「つらくて」、インターナショナルスクールなどの英語で授業が行われている学校に転校したかったという。そこで「具体的に、どういうとこがつらかった」のかをたずねたところ、連絡事項などのアナウンスメントがわからなかったという回答が返ってきた（Ⅰ7-4）。ホームルームや朝の時間にいろいろなアナウンスメントがあるのだが、それがわからず、友達にも「え、今のなんだったの」とは聞きづらくて、そういうのが「いやだった」のだ。授業でわからないところがあれば先生に聞けばいいのだが、それもできなかったという。

　しかし、連絡事項がわからなかったという昌子の主張が著者には伝わらず、ホームルームでわからないことがあったという部分に反応して、話し合いのスタイルに反発を感じたのかと質問している。5章でも見たように、いろいろなことを「話し合い」で決めるという学級運営が日本で多く行われており、

第7章 アイデンティティの再生産と浸食　227

著者の調査協力者である小学校教師がこの慣習に批判的なコメントをしたり（南 1996参照）帰国子女の間でも評判が悪かったりということがあり、このような質問となっている。

　著者の質問にたいして、昌子は著者の意図とは少し違った解釈をしている。「そうなんです」と著者の問いに肯定的に答えながら、「中途半端にわかる」のが問題で、「全然わかんなければ」友達にも聞きやすいのだという。「ほとんどわかってるのに、ちょっとわかんないためになんかわかんなくなって」しまうことが、不満だというのである。

　具体的に特定されているわけではないが、ガンパーツたちが見出したような微妙な談話戦略やコミュニケーション慣習の違いが存在していると推測することが可能だろう。昌子は、日本の高校生活についての「適切な」文化的知識を保持しておらず、また、「適切な」コミュニケーションスキルも欠落しており、そのためにアナウンスメントを理解できなかったのだと考えられる。そして、昌子は、他の生徒にとって「自明」であることについてたずねることがはばかられたのだろう。当然と思われていることについてたずねることほど、困惑の強いことはない。その結果は、以下のインタビューに見られるように、昌子に転校を考えさせるほどに影響の大きなものであった。

　１７-４のやりとりの後、著者は、自分の持ち出した論点についての昌子の考えを聞きたくて、日本的な「話し合い」への反発があるかどうかを再度たずねている（１７-５）。この問いを昌子は即座に否定している。「始めのころは、そういう反抗」はなかったのだという。ここで、「反抗」という言葉を使用していることが目を引く。つまり、日本の慣習を否定的に見るというのが「反抗」であり、それが「帰国子女」によく見られるということは昌子もわかっていたということなのだろう。

　「反抗」などはなくて、「ただ、本当にわかんなかった」のだという。なにがわからなかったのか思いだそうと苦労して、ようやく「ここに何年いましたか」とかそういう細かいことがわからなかったのではないかと言っている。これは、帰国子女指導のための資料として、どこの国のどの都市にいつから

I 7-5 「『インターへうつりたい』っていったら、親はゆるして
くれるかな」——コミュニケーション上の不満と学校選択
[910707J；16BG；023：40〜025：59]

南　：それは、感覚がわからないんですかね。
昌子：感覚もわかんないんでしょうね、きっと。言葉も多少あると思うんですけど。
南　：はい。その、たとえば、なんかこう、みんなで話し合ってなんとか決めましょうっていう、どうしてそんなことするのかとか、お、思うわけですか。
昌子：いや、そういうなんか、（2）始めのころはあんまりそういう、反抗っていうんですか、そういうのはなかったんですね。ただ、本当になんか、わかんなかったんです。なにがわかんなかったか（笑いながら）よくわかんないんですけど。うーん、なんだろう（自分に問いかけるように）。そういえば、なんか、あの、なにかを記入しなさいとかいうので、説明とかいろいろありますよね、なんか。「ここに何年いましたか、ここに」、そういう、細かいのがわかんないんですよね。ええ、わかんなかった、なんでわかんなかったかよくわかんないんですけど（笑い）、なんなんだろう。そういうちょっとしたことがわかんない、なんかつみあ、積み重なって、だんだんいやになって。でも、すっごくいやだったのはもう、始め、始めは結構楽しかったと思うんですよね、なんか、すごいめずらしくて。でも、親が帰って、夏前ですから。［入学して］1カ月後ぐらいかしら。やっぱ、やっぱりいやだなとか思ってきて。
南　：ああ、そうですか。それはじゃあ、寮を出て、あれしてからですか。
昌子：いや、寮の出る前ですね。まだも、あ、親がアメリカにいて、で、×××××電話の、公衆電話の前とかで、こう立ち止まって、（笑いながら）「電話しようかな、どうしようかな」とか考えたことがあるんですよ。で、いま電話して「インター［ナショナルスクール］へ移りたい」って言ったら親は、うつ、ね、移らせてくれるかなとかいろいろね、考えて。ずうっと電話の前で考えたことが覚えてるんですよ（笑い）。でも結局なんか、でも、悔しいとか思って。ここで負けたら、ねえ、ずっと日本語できないまで、なるんだとか思ったりして。でなんか、あのう、インターとか行くと、今はそうじゃないと思うんですけど、インターとか行っちゃうと、日本の大学行けないって聞いてたんですよ。それがすごい気になって。あの、やっぱり、自由にね、選びたいですよね。そんなことで制限されたら悔しいとか思って。それで少しがんばったんですけどね。でも、1年とか1年間半ぐらいは、すごいつらかったですね。アメリカで苦労しなかった分、ぜんぶそこで、（笑い）かたまって、一気に［苦労することになった］。

いつまでどれくらい滞在したのかという情報を収集することがあって、その時の質問文だと思われる。だが、それがなぜ昌子に理解できなかったのか、

昌子本人にも今となっては思い出せない。しかし、「だんだんそういうちょっとしたことがわかんないのが積み重なって、だんだんいやになって」、インターナショナルスクールへの転校を親に申し入れようという気になったのだという。

　昌子は、日本に帰国後B高校に入学して最初の1カ月は、「結構楽しかった」という。「めずらし」いことが多かったのだ。しかし、初期の珍しさとそれに伴う興奮が冷めてくると、「やっぱりいやだな」という気持ちが強くなったようだ。アメリカに残っている母親に電話をして、インターナショナルスクールへ転校させてほしいと頼もうかどうかと、「電話の前で考えた」というのだ[14]。昌子は日本語でのコミュニケーションがままならず、日本の学校社会の機能的成員であるとは感じられず不満を募らせていた。そのために、学習も生活も英語でできるインターナショナルスクールへの転校を考えたわけである。だが転校すると、日本語を学習する機会が失われる。「ずっと日本語できないまま」になってしまう。しかも、インターナショナルスクールの高校課程（12年生）修了の資格では、進学できる日本の大学は限られており[15]、それも「気に」なる。これら2つのことが「悔しくて」、結局昌子は、インターナショナルスクールへの転校を親に申し入れる電話をしなかった。「日本語」の授業をとったりして「1年か1年半」日本語の学習に「少しがんばっ」たのだが、「すごいつらかった」という。そして、これは、アメリカで英語を習得するのにあまり苦労しなかった反動が「一気に」きたのだと昌子は考えている。

　I 7-5に見られる昌子の言葉は、コミュニケーション能力（communicative competence）と社会文化的アイデンティティとの結びつきと、その複雑さをよく示している。昌子は、教室での普通の（mundane）連絡事項が理解できずに不満が鬱積した。授業ではそんなに苦労を感じなかったが、ホームルームや朝の連絡事項が「中途半端にわかる」、中途半端にしかわからず友人にも聞けない、ということから生じる苛立ちが理由で、自分の得意な英語でコミュニケーションが行われているインターナショナルスクールへの転校を真

剣に考えるようになった。結局その希望を親に伝えることはしなかったわけだが、もし、昌子が希望を親に表明してそれが認められてインターナショナルスクールへ転校していたら、彼女の人生はまったく違ったものになっていただろう。それは当時の昌子も考えたことであり、日本語が「できないままで」、大学も日本の大学では入学できるところが制限される。ひょっとしたら、アメリカの大学に進学し、職場もアメリカということになっていたかもしれない。現在彼女は自分のことを「元帰国子女」と捉えているが、インターナショナルスクールからアメリカの大学に進学し、就職もアメリカ本土の企業ということになれば、「日系アメリカ人」と自分を捉えるようになっていたかもしれない。しかし、実際には、昌子はそのままB高校に留まり、「再日本化 (re-Japanize)」の過程に耐える道を選んだのである。

「元帰国子女」や「日系アメリカ人」といった社会文化的アイデンティティは、生活経験の蓄積として再生産され確立されると著者は考えるわけだが、生活経験とは、相互作用場面におけるコミュニケーションを反映するものである。昌子が学校生活において感じた不満の原因は、先生がアナウンスする連絡事項などを理解できなかったことである。しかも、理解できなかったので教えて欲しいと級友に聞けなかったことである。これは、自分が学級における機能的成員の要件を満たしていないと昌子に痛感させることになったのだろう。タネンの言葉を使えば、「同じ波長」であるとは感じられなかったということである。昌子が理解できなかったようなことは、他の級友にとっては「自明」のことであると昌子に思えたのだろう。「『え、今のなんだったの』と聞きづら」く、「すごくいやだった」のだ。どうしてわからなかったのかは、どんなことがわからなかったか想起されないために推測するしかないが、昌子の日本語の語彙力の不足はあっただろう。さらに、日本の高校生活についての知識といった文化的知識の欠如もあっただろう。これらが原因で、昌子のコミュニケーション能力は不十分で、学級における機能的成員たりえず不満が鬱積し、実行されていれば将来を大きく変えたであろう転校という選択を思い立たせるにいたったのである。

機能的成員とは、本人の実感に即して見ると、ある場面に参加していてとくに不快であるということがない状態であると考えられる。これには、英語では、"feel comfortable"という表現がピッタリくるのだが、当時は日本語で適当な表現を見つけられずに、著者は、昌子とのインタビューにおいて「いい」や「しっくりくる」という表現を使って、このあたりの感覚を引き出そうとしている（後掲の17-8と17-9参照）。その言わんとするところは通じたようで、昌子は普通に回答しているが、昌子自身がこれらの表現を使うことはなかった。この状態は、通常はあまり意識されることがないというのがその理由の1つであろう。逆に、6章の真紀子がアメリカ人とのつき合いで「居心地」がよくないと感じたように、ものごとがうまくいかなくて、「アレ、こんなはずではなかった」というような瞬間に、"feel uncomfortable"と呼べるように意識されるものであると考えられる。級友にはわかる「ちょっとしたこと」が自分にはわからないという昌子の体験は、「不快感」を覚えさせることになったのだろう。つまり、B高校に入学して数カ月の昌子は、アイデンティティの「危機」状況にあったと考えられる。「日本人」という社会文化的アイデンティティが危機にさらされ浸食されていたということができる。コミュニケーション能力になんらかの不足があり機能的成員と感じることができず、「日本人」アイデンティティの構築につながらないような生活場面の選択（インターナショナルスクールへの転校）が真剣に考慮されることになったのである。

　ここで、日本からアメリカへ行ったばかりの日本人の子供のことを考えてみよう。この子供たちは、新しい友達、新しい仲間集団文化に入っていくことになる。新しい状況において快適であると感じることができるかどうかが、アイデンティティ形成に重要であると考えられる。ガンパーツたちが研究対象としたのは、ある社会文化集団に特有のコミュニケーション慣習をすでに習得したと想定されている大人であった(Gumperz & Cook-Gumperz 1982: 19)。それに対して、著者が研究したのは、文法の基礎や音声、語彙などに加えて言語慣習をも新たに学習するというプロセスの途上にある日本人の子供たち

である。英語のコミュニケーションスキルを習得することで、日本人の子供たちは効果的に機能できるようになり、不快感を感じることが少なくなる。しかし、その反面、アメリカ人としての社会文化的アイデンティティを樹立し、日本人としてのアイデンティティを弱体化させるという危険が生じることになる。ガンパーツたちの研究においては、社会文化的アイデンティティが、コミュニケーション上の問題を説明する独立変数として考えられている側面が強いが、著者はこれを従属変数と捉えて、日本人の子供が新しい社会文化的アイデンティティを確立するに際しての機能的成員性の感覚に着目するというアプローチを取っている、という対比をすることができる。

別のところで（南 1998a）、著者は、自己を機能的成員として呈示することで社会文化的アイデンティティを確立するという命題を提出した。グッデナフの文化定義を援用して、「他の成員によって適当と認められるようにふるまう」(Goodenough 1957: 167) ために成員が習得しておくべき文化的知識が存在するという前提が置かれた。対面相互作用においては、ガンパーツやグッデナフが提唱した社会文化的アイデンティティ保持のためには、言語やコミュニケーションスキルが不可欠であることを示しているのが、本節の昌子の事例であった。

4　言語使用についての自己報告

海外帰国子女の社会文化的アイデンティティについてさらに理解を深めるためには、言語使用と社会文化的アイデンティティとの関係をより詳しく見ておく必要がある。すでに紹介した沖田昌子と森本真紀子の事例を取り上げる。2人の事例は、アメリカに住む日本人の子供が「アメリカ人」になろうと意識的に努力したという言語報告が見られるという点で貴重なものである。

アメリカ、少なくともＳ市の学校では、木下祥子が述べているように、「英語をしゃべれる生徒はアメリカ人」であるという共通理解がある。祥子は、英語をしゃべれるにもかかわらず日本人同士でいつも一緒にいることを「アメ

I 7-6 「一緒になろうとして英語をしゃべる」——使用言語変更の動機
[910707J；16BG；008：13〜009：56]

南　：もう、あの、当初から—あ、ていうか、行かれて、も、その、お母さんが、先生になって、お勉強を、日本のお勉強をですね、やってらしたと思うんですけど、最初は、まあそれが、いかがでしたか。たのしみだったっていうか。
昌子：(笑い)
南　：悪くなかったんでしょうけど。
昌子：ええ、あのう、通信教育っていうんで、
南　：え。
昌子：うーん、あん、なん、何年生ごろかなぁ。なんか、6年生ごろかな、5年生ごろかなぁ。なんか急に、なんか日本語がいやになった時期があったんですよ。それでもう、それからもう全然しゃべんなくなっちゃって、いえんなかでも英語でしゃべってて。それで。そのころですよね、きっと、通信教育（笑いだす）く、こう、めんどくさくなって。やっぱり向こうの学校も、大変なんですよ、宿題とかが出て。そういう点ではわりと、親も理解があって、あのやっぱりじ、いま、いま行ってる学校の、勉強の、を重視、するようにしたんですけど。そうするとやっぱり、おろそかになりますよね、通信教育とか、日本語の、勉強とか。それで、××かこう、2・3年、4年生ぐらいまではちゃんとやってたかもしれません（笑い）。
南　：その、5年生か、6年生ぐらいですか。
昌子：そうですね。なんか、急に、意識っていうか、(3)「わたしは違うんだ」みたいな、みんなとね。それで一緒になろうと、しようとするのかなあ。
南　：ほう、なるほど。（ここで、昌子がなにか言おうとしているのをさえぎって）その、なん、ああ、その、日本語をしゃべってる、とか、親が日本人だって（昌子：そうそうそうそうそう）いうことで、違うと。
昌子：／そう、そうで、みんなと一緒にしようとするんですよね。それでずうっと英語とかしゃべってて。

リカ人」の生徒が非難しているのを聞いたことがあるという。ここに、言語使用と社会文化的アイデンティティ、国家的アイデンティティとを結びつける考え方が「アメリカ人」生徒たちに保持されていることが見て取れる。多言語かつ多文化のS市地方においては、英語が唯一の共通の絆なのである（アメリカにおける英語の社会的な位置づけについては、Crawford 1992＝1994が参考になる）。だれもがこの「言語ゲーム」に参加すべきなのだ。このような期待は、新しくやってきた者に対して英語のスキルを獲得することを迫る大きな圧力として作用する。そして、新参者にとっては、自分の英語がうまく機能

していることを実感することは、英語が話されている集団への帰属感を強めるフィードバックとなるのである。

　昌子は、アメリカ人の他の子供たちと「一緒にしようとする」意識的な努力をしたという（I 7-6）。昌子は、日本の小学校1年生の夏休みに渡米した。S市では、9月から現地の学校の2年生になった。最初は、通信教育などで日本の学校の勉強もきちんとしていたが、5年生か6年生のころに急に日本語がいやになったと言う[16]。

　昌子は、日本語の勉強を「2・3年、4年ごろまでちゃんとやってたかもしれません」と言う。それで、著者は、英語への意識的な切り替えが起こったのは5年生か6年生かとたずねている。昌子はそれに肯定的に答えているが、切り替えの時期を確認しようという問いに同意しているという口調ではなく、形式的な同意とでも呼ぶべきものである。言語変更の時期よりもその心理のほうに関心がいっている。「意識っていうか、『わたしは違うんだ』みたいな」意識が、使用言語変更の心理の根底にあったというのである。周囲との差異を意識して、それを克服するためにみんなと「一緒になろうとし」て、英語を家庭でも話すようになったのだと言う。

　このような発言は、著者の関心の核心に迫るものである。昌子が続けて何か言おうと考え込んでおり、じっくりと聞くべきところであった。しかし、著者は拙速に、昌子が「わたしは違うんだ」と感じたのはどんなところかと具体的に（誘導尋問的に）たずねている。「日本語をしゃべってる、とか、親が日本人だ」というところなのだろうか。これは、インタビューの技法として、今から思うと稚拙だと反省するところである。昌子は、しかし、「自然に」応じてくれている。著者の例示にも即座に相づちをうっている。つまり、著者が無理な誘導を行っているのではないと言うことができるだろう。英語をしゃべる行為は、まさに「みんなと一緒にしようとする」ことの反映なのである。「同化」促進を意図して日常言語を日本語から英語に転換したと明言したのは、著者が話を聞いた帰国子女の間では昌子が唯一の事例である。だが、「みんなと一緒に」というのは、6章の真紀子が日本の中学校生活を描写

するのに使用した表現と同じである（I 6-7参照）。いじめられたり、ボールゲームがうまくできなかったりするのは、自分が「みんなと一緒」ではないからなのだろう。「みんなと一緒」とは、機能的成員性の経験レベルの表現と考えることができるのである。

次に、6章でも取り上げた森本真紀子（082BG）の例を見ておこう。言語使用と社会文化的アイデンティティとの関係について、別の角度からの手がかりを与えてくれる。彼女は、帰国直前のころには自分のことを「アメリカ人」だと思っていたという。真紀子は、アメリカ西海岸北部のZ市生まれである。当地に駐在中の日本人夫婦の次女として誕生した。真紀子が1歳になった時に父親は日本勤務となり一家は帰国し、彼女が小学校1年生の時に再度同じZ市に移るまでは、「普通の」日本人の子供として育った。日本の小学校1年生の1学期が終了したところで再渡米し、9月から現地の学校の1年生に入学した。真紀子は、現地校に通うかたわら補習授業校に通学した。

真紀子は急速に英語を獲得した。当時から約10年経過している、大学4年生のインタビュー時に彼女が語ってくれたところによると、再渡米してから2年で違和感がなくなったという。小学校3年生の時に、「あ、もう私は日本人じゃない、というか、私はアメリカ人だってすごい意識しはじめた」。本人は、なぜかとははっきり言わなかったが、著者が英語の不自由はなかったかとたずねたところ、3年生の時点では全然なかったと言う。そして、英語の不自由がなくなったから自分のことをアメリカ人と感じるようになったのではないかと著者が示唆したことに同意して、「多分それだったんでしょうね。言葉に自信がついたというか、はい」と続けた（これもまずいインタビュー技法である）。

多くの帰国子女の場合、家族、とりわけ母親が、子供が「アメリカ化」することに対して注意し警戒する。父親の駐在という理由で滞米している以上、帰国命令が出たら日本に帰るのであり、アメリカ生活は「仮住まい」（箕浦1984)なのである。英語が話せるようになれば、それは好ましいことではあるが、まず第1に重視されるのは、日本語と日本の学校の勉強である。その

ために、補習校や通信教育が活用されることになる。だが、真紀子の場合少し事情が違ったようで、アメリカ滞在中に母親は、「あなたはアメリカで生まれたから、アメリカ国籍があるから」ということをかなり強調していた。アメリカ国籍のパスポートを見せられたこともあるという。真紀子は、「なろうと思えば、日系の友達とかもいたので、私でも十分［アメリカ人に］なれると思ってた」。真紀子が補習校で仲良くしていたのは、アメリカ生活が長く英語が主要言語になっている子供であり、補習校そのものはあまり好きではなかった。日本語の本を読むことはなく、読むのは英語の本ばかりだったという。真紀子の英語獲得は、彼女の母親によって促進された面が強いと考えられる。アメリカ生まれで市民権があると話して聞かせたことに加えて、真紀子が家庭で英語を話すことも許したのである。

このような真紀子にとって、日本に帰国するという知らせは大きな衝撃だった。よくは覚えていないが、ずっとアメリカに住むつもりになっていたのだろうと真紀子は回想する。アメリカがそれほど好きだったのはなぜだろうかと著者がたずねたのが、Ｉ７-７の冒頭部分である。

日本に帰国したくない、アメリカに残りたいと感じた理由として真紀子が挙げているのは、言語である[17]。アメリカでは、「言葉の不自由」がないというのがその理由である。日本に帰ったら言葉に「不自由」するだろうと予測できたのである。そのころ、真紀子は日本語の読み書きに苦労していた。「日本人学校［補習校のこと］がいやになっ」ていたのだが、その理由は、日本語が不自由だったからである。

日本語の会話にはそんなに不自由はしないのだが、漢字の読み書きは海外子女の多くが苦手とするものであり、真紀子も例外ではなかったのだろう。そして、言語力は当然のことながら学業成績と密接な関係を持っている。漢字の読み書きができなければ、国語はもちろん、他の教科でも良い成績は取れない。算数でも、「文章題」では問題文が読解できなければ解答に取りかかることすらできないのである（Ｉ７-３の梶原夫人の言葉を想起せよ）。現地校と補習校の２つの学校に通っていた真紀子にとって、良い成績を取ってみんな

第7章 アイデンティティの再生産と浸食

Ⅰ7-7　「言葉のハンディが大きかった」——帰国がいやだった理由
[920402S；82BG；017：43～018：48]

南　　：そのーお、まあ楽しかったっていうことと、アメリカが好きだったわけですか。
真紀子：はい。
南　　：どの、へんが。
真紀も：やっぱりまあ、言葉の不自由がない。もう日本に帰ったら、とにかく言葉の不自由と、あと、書くのがもう全然できなかったんですね。読むのは、ま、もちろんのことなんですけど。あのう、とにかくそのへんのハンディが自分でも、大きいなっていうのは、かなりにんし、意識してたっていうか。やっぱり日本人学校がいやになったっていうのは、その、英語、のほうがよくなったっていうの、で、日本人学校に、が、に行くのがめんどくさくなったっていうの、まあ一番の理由なんですけど、ま、でもやっぱり自分、で、アメリカ、の学校では、けっこう、まあ、その小学校ですからね、成績がいいとか言っても知れてますけど（笑い）。あのう、まあ、そういうふうに、あれだったのに、日本人学校に行ったら、すごくこう、新しく来た人、がよくできるので、まあ、ある意味、でちょっと劣等感っていうか、を感じてた、っていうのかね。

の尊敬を集めていた現地校と、劣等感を感じる補習校とでは、前者のほうが好きなのは当然のことであった。日本から来たばかりの子供が補習校の成績が良いのは当たり前のことであるのだが、真紀子はそのような子供に対して「劣等感」を感じていたというのである（逆に、渡米後間もない子供は、現地校では英語がわからずに「お客さん」的存在であり、ますます補習校でがんばる傾向がある）。

　真紀子が補習校が嫌いになったのは、言語が大きな要因であることは明瞭である。だが、その影響の仕方には２つのプロセスが見られる。１つは、英語力が伸びる一方日本語力の発達が「不十分」なため、補習授業校での勉強が「めんどくさく」おもしろくなくなったという面がある。Ⅰ7-7に続いて、補習授業校のために予習をする様子が描写されるが、「宿題で、『ここを来週やるので読んできなさい』と言われると、必ず木曜の晩から始めて、母と一緒に読んでもらって、もう漢字の横には全部フリガナを打たないと読めないという状態だった」と言う。現地校が週５日制であり、補習校の授業は

土曜日にあることが多い北米地区では、「魔の金曜日」という言葉がよく聞かれる。翌日の補習校のための宿題に追われ、夜遅くまで両親も巻き込んでの騒動となるのが、金曜日の夜なのだ。真紀子の場合は、日本語力がとりわけ「未発達」だったのか、木曜日から予習を始める必要があったということだろう。そこまで苦労しなければならないのであれば、当然楽しいものではありえないだろう[18]。

やっていて苦労する、楽しくない、という個人的な理由に加えて、真紀子の補習校嫌いには、社会的な側面もある。現地校では成績が良いのに、補習校では成績が悪く「劣等感」を感じていた。つまり、勉強そのものが大変だったということに加えて、他の子供と比較してできないという社会的比較上の理由のために、補習校が嫌いになったのである。本人が認めるように、「負けず嫌い」の「性格」であり、ほかの子供に比べてできないというのが一層こたえたのであろう。自尊心を傷つけられることになったようである。

いずれにしても、機能的成員としてふるまうことができる場面を、真紀子が好んだということが言えるだろう。英語力を獲得する一方で、日本語力は未発達であり、英語を主たるコミュニケーション言語とする現地校では良い生徒（good student）であるのに、日本語が使われる補習校では劣等生。言語力が、真紀子の社会文化的アイデンティティを規定していると言うことができるだろう。「アメリカ人」アイデンティティはうまく不断に再生産される一方、「日本人」アイデンティティは再生産がままならず、浸食されてしまっているのである。

真紀子の事例は、海外在住日本人子女や帰国子女の社会文化的アイデンティティ形成における、コミュニケーション能力や文化的知識の影響をよく示している。ある場面に違和感なく参加できるということが、その場面への好意的な同一化（identification）、帰属感につながることがうかがわれるのである。日常生活や学校における自己呈示の際に、コミュニケーション能力は不可欠である。また、自分が効果的に機能しているという感覚は、集団への帰属感を生みだし、社会文化的アイデンティティにつながる。だが、機能的

成員性とアイデンティティとの関係は、前者から後者への一方通行というわけではない。昌子の使用言語の変更は、逆に、「みんなと一緒」になるため、機能的成員となるためであったと言うことができる。集団への帰属感を求め、効果的に機能するために、使用言語の変換が行われたのである。

5 他者の予期と機能的成員性

3節と4節においては、アイデンティティが問題となっている当事者に照準して、コミュニケーションにおける機能的成員性の問題を考えた。次に、相互作用の他の参加者が持っている行動期待を、その基盤となる予期という観点から、機能的成員性と結びつけておきたい。

相互作用においては、人々は一連の予期（expectations）に従って行動している。コミュニケーションが功を奏するためには、コミュニケーションの参加者は、必要とされる知識やスキルを相手が有していて、それらを利用してメッセージを理解したり行動したりするということを予期し、これに依存しなければならない。相手が有していると想定される知識やスキルが、予期の基盤となる。これらの予期が満たされないときに感じられるショックの大きさは、I7-3の梶原夫人の言葉にも見て取ることができる。

民族的に多種多様で、教育制度にも大きな地域差が見られるアメリカ合衆国などに比べて、日本人は相対的に同質性が高く、教育は全国的に同じカリキュラムに従って行われている。このため、日本人の子供の知識やスキルは比較的同質であると考えられている。帰国子女の帰国経験からは、日本では同質性の予期がいかに根強いかが浮かび上がってくる。

黒田清(19AB)は、6歳から10歳までの5年6カ月をS市で暮らした。1980年代後半にアメリカから帰国した彼は、北関東のU町の5年生となった。帰国後の清は、日本語力などのコミュニケーションスキルには目だった問題はなかった。だが、彼の文化的知識は、周囲の人間が予期しているものとはかけ離れたものだったようで、そのためのトラブルが多かった。

母親である黒田夫人（19M）の話によると、地方の小都市に生活する帰国子女の苦労というものに清はすぐに気づいた。中学校に進学するのを機に、自分が帰国子女であることを隠すことに決めたという。「普通の」子供として通す（pass）ことにしたのである（パッシング passingについてはGoffman 1974参照）。5年以上もアメリカに住んでいたという事実を、清は中学校の教師や新しい級友に対して開示しなかった。しかし、清のパッシングは、彼の「常識」不足、基本的な文化的知識の欠如のために危機にさらされることがたびたびであった。例えば、社会科の授業では、「普通の」生徒なら知っている単語を知らずに読めないということがたびたびあった。ある時「利根川」が読めずに、「りこん川」と読んで級友の爆笑を買ったという。清がアメリカに5年以上滞在していたという事実を知らされていなかった教師は、清がふざけているのだと考え、非常に立腹したという。家庭に連絡が行き、そこで母親が海外滞在の事実を説明して、教師も初めて納得したというのである[19]。

このエピソードから、この教師が、生徒の知識やスキルについて、かなり硬直した予期を持っていたことがわかる。生徒はこれこれのことについて知っているはずであり、それを「知らない」（かのようにふるまう）生徒は、まじめにやっていないと考えるのである。生徒が知っているはずの「常識」に属すると思われる情報は、例外なく生徒に持たれているはずであり、アメリカに5年以上いたというような事実のみが、この予期からはずれていることを説明する。しかし、このような事実開示は、逆効果をもたらす可能性がある。一般的に、教師は帰国子女を担当することに不安を感じることが多い。とりわけ、帰国子女があまりいない地方の小都市においては、「帰国子女」であることのコストは倍加される。そもそも、清が中学校に進学したのを機会にパッシングしようと決意したのは、この危険を感じ取ったからこそのことであった。

清のパッシングが生み出した出来事として、もう1つ紹介しておきたい。清がよく母親にこぼしたのだが、彼の英語の成績は抜群なのに、他の教科の成績がそれに比べてあまり良くないのはなぜだろう、と教師や級友にいぶか

られたというのである。日本育ちの生徒の間では、英語ができる生徒はよく勉強する生徒であり、たとえ数学や理科といった理数系の成績はそれほどではなくても、国語や社会といった文科系の成績は良いことが多い。しかし、アメリカ生活の長い清は、このような「普通の」生徒のパタンとはあわなかった。英語の成績だけが飛び抜けて良いために、清はいぶかられそのパッシングも危険にさらされることになったのである。

このように、生徒の知識やスキルについて教師が画一的な予期を持っているということが、帰国子女の適応を困難なものにしているという側面は小さくないものと思われる。教師の大多数が、生徒は文部省が制定する全国一律のカリキュラムに沿って学習してきていると考えているのだろう。異なるカリキュラムに沿って学習してきた子供がいるということすら、想像できないのかもしれない。そのためか、帰国子女のニーズが顧慮されることは少ない。日本のカリキュラムそのものが、別のカリキュラムで学習してきた生徒が、途中からそのカリキュラムに移ってくるということを想定していないのである。

2人の男児をつれてS市に7年あまり滞在した父親が、子供たちが帰国後数学で苦労したことを話してくれた。日本の算数・数学教育ではいろいろな前提が置かれているが、それが明示されることはほとんどないために、彼の子供たちは苦労したというのである。例えば、「数」は、自然数に始まって整数、分数、小数、有理数、無理数、実数、虚数と順番に導入されていく。生徒には、それまでに導入されている範囲で、与えられた問題を解くことが期待されている。例えば、無理数が導入されるのは中学校3年生であり、方程式の解などはこの範囲で求め、虚数解は考慮しない。この父親が言うのには、これに類する語られざる前提が多く、子供たちはそれを理解するのに大変苦労した。それを知らなければ設問に適切に解答することができないような重要な前提であるにもかかわらず、明示されることはほとんどない。このような前提とされる知識を習得するのに、2・3年かかったということである。

昌子が朝の会でのアナウンスがわからなかったというときに、これに類す

るような、明示されない前提があったのではないかと推測される。同様の経験は、多くの帰国子女について報告されている。当然知っているとされている大変重要な知識やスキルが、実は欠落しているということが明らかになるのは、対面相互作用においてであることが多い。そしてその結果、帰国子女は昌子のように当惑を感じることになる。このような知識は、ある社会文化集団の成員ならば持っているだろうと予期されている基本的な文化的知識である。日本人は、基本的な文化的知識を共有していない相手と相互作用を行うという経験をすることが少ない。そのため、基本的な文化的知識に欠けているところがある帰国子女は、相互作用やコミュニケーションに問題を生じることになる。持っていると予期される文化的知識は、一種の状況的な規範となるのである。

周囲の人間が予期する文化的知識は、他者の目から見た帰国子女の社会文化的アイデンティティを浸食する契機となりうるという指摘を行うことができる。相互作用に支障を生じ、知っているはずの知識を欠いているように見える帰国子女は、「ふざけている」とその人間性までも疑われてしまうことになる。「日本人」アイデンティティは、当人の感じているもの（私的アイデンティティ）と周囲の人間の抱いているもの（公的アイデンティティ）の双方において、不断に再生産される必要がある。それがうまくいかなければ、アイデンティティの浸食と呼ぶべき事態を生じてしまうのである[20]。

6 バイリンガルの相互作用

本章では、「日本人」という社会文化的アイデンティティを相互作用場面に引きつけて考える際の糸口となる現象を検討してきた。その中で、アイデンティティの再生産と浸食という見方が有効であるとの主張を行った。本節においては、2つの言語と社会文化に習熟しているバイリンガルの帰国子女が、相互作用において、どのような状況で困難を感じるかを見ていく。相互作用の形式を言語がどのように規定しているかについての興味深い手がかり

が浮かび上がってくる。

　言語が相互作用を規定する形態の1つとして、まず思い浮かぶのが、日本語でコミュニケーションを行うのか、英語で相互作用するのか、という問題である。言語能力や文化的知識に関する本章のこれまでの議論は、この側面を問題としてきた。これと関連するものだが、普通は切り離して考えることができる次元が、メッセージの意味内容である。コミュニケーションで伝達される「意味内容」にはさまざまなものが考えられるが、ここでは「自己」、機能的成員としての「自己呈示」を考えることにしたい。

　相互作用に参加するということは、機能的成員としてふるまうことである。このために、言語能力や文化的知識が必要であることは、本章のこれまでの分析が示すとおりである。本節で考察するのは、相互作用に機能的に参加することは、社会文化的な状況規範の規定を受けることだという点である。同じ内容のことでも、日本語では言いにくいが英語ならさっと言えるという感覚、同時に英語と日本語でコミュニケーションをすることを求められたときに感じられる困惑、そして、英語をしゃべっているときと日本語を話しているときの自分が別の人格であるかのように感じられること、バイリンガルの人間のこれらの経験は、場面で許容されている行動パタンに従うということが、自己呈示のありようを規定するものであることを示していると考えられる。

　帰国子女の「バイリンガル（2言語併用）」度を調べるために、著者は何度も帰国子女にその言語嗜好（選好）をたずねた。著者が調査した帰国子女の大半は、日本語のほうがいいと回答したが、英語の方がいいとこたえたものも中にはいた。しかし、これらの自己報告には、著者が納得できるものもあったが、著者のみならず、やりとりをそばで聞いていた母親も驚かせる場合もあった。「日本語と英語、どちらの言語が好きですか」というような、具体的な相互作用場面を離れた、一般的な質問に対する回答は、その評価や解釈がむずかしいのである。しかし、日英両言語にかなり「馴染んでいる」と思われる帰国子女たちの回答で目立ったのは、どちらの言語がいいかは一概

I 7-8 「日本語だったらウニャウニャになっちゃう」——主張内容と言語使用
[910707J；16BG；056：46〜057：41]

南　：やはり、まだ、あれですか。そのう、日本語、よりも英語のほうが、いいわけですか。
昌子：いいっていうか、ものによっては。あのう、「あ、こう言いたいのに、日本語じゃ言えない」とか、そういうのはわりとあるんですよね。
南　：こう、たとえば、日本語でしゃべってるときと英語でしゃべってるときと、どっちのほうが自分として、しっくりくるっていうか。
昌子：やっぱりものに、なんか、話題によるんですよ。で、たとえば、なんか言いづらいことがあって、「あ、英語だったらさっぱり、サッと言えるのにな。日本語だとなんか、言えないな」とか（笑い）そういうのがあるんですよね。「たとえば」って言われてもけっこうむつかしいですけど。やっぱ文句があるときに、英語だったら、キッて言えるのに、日本語だったらなんか、ウニャウニャ、ウニャウニャになっちゃうとか（笑い）、そういうのあるんですよね。

に言えず、場合によるというものであった。

　昌子とのインタビューにおいて、将来の伴侶に求める条件はなにかという質問をしてみた。昌子の回答は、アメリカ流の「レディー・ファースト」を身につけた人がいいというものであった。しかし、それより重要なのは、英語でコミュニケーションができることであるという。I 7-8のやりとりは、この回答に対して、著者が投げかけた質問とそれに続く部分である。

　将来の伴侶は、英語でコミュニケーションができることが条件であるという言葉を聞いて、帰国して9年以上経過していても、日本語によるコミュニケーションよりも英語でのコミュニケーションのほうが快適であると感じているのだろうかという疑問が起こり、著者の質問となっている。これに対して、「ものによっては」という回答が返ってきた。言いたいことがあるのに、「日本語じゃ言えない」と感じることが「わりとある」のだという。著者は、言語使用の感覚にこだわって、どちらの言語を話しているときに「しっくりくる」のかと表現を変えて聞いている。「やっぱりものに、なんか、話題によるんですよ」と昌子は同じ表現を繰り返している。具体的な話を聞き出そうとする著者に対して、具体例を想起するのに苦労しながら、「文句」があると

第7章 アイデンティティの再生産と浸食   245

きに「英語だったら、キッて言えるのに、日本語だったらウニャウニャ、ウニャウニャになっちゃう」のだと言って笑う。

　この昌子の指摘は大変興味深い。1つの解釈として、「普通の」日本人なら知っている文句の言い方を昌子が知らないということが考えられるが、そうであろうか。どうもそうとは考えがたい。それよりも、「文句」を言うということについての日米社会での違いが根底にあるように思われる。アメリカ社会においては、個人の権利が基盤にあり、それに基づいて、権利が侵害されているときに是正を要求することは正当なこととして認められている。他方、日本ではあまり露骨な苦情申し立ては好まれず避けられることが多い。直接的で強硬な苦情申し立ては、事態の改善を生まないばかりか、相手の反発を買って否定的な結果につながることが少なくない。苦情がうまく取り上げられるためには、それとなく間接的な表現でなされる必要があり、相手側がそれをくみ取って改善するというのが好ましいのである。そもそも、「文句」や「苦情」という表現が否定的なニュアンスを持ち、"claim"の訳語としてこれらしかないということ自体が示唆的と言えるのではないだろうか。

　適切で規範的な行動パタンは、文化的に規定されて (prescribed) いる。個人は、文化的に規定された、時には曖昧である、戦術や資源についての知識に依拠している。言語というツールは、このように文化的に拘束された資源の1つである（このような文化観を展開したものとして、Varenne & McDermott 1998がある）。また、言語には、行動を媒介するはたらきもある。適切な行動がどんなものであるかは、新しい成員（子供）に対して言語という形で提示され伝達される。バイリンガルで2言語が話せるということは、2つの言語文化場面において機能的にふるまうことができる能力を有する（「バイカルチュラル」）ということである。適切な言語や文化的知識は、当該文化の成員にとって利用可能な行動オプションを、拘束したり促進したりするものであることが17-8に見て取ることができる。

　言語の持つ拘束性を示す状況としてとりわけ興味深いものとして、2つの言語使用が混在する相互作用場面がある。相互作用における期待が日米文化

I 7-9 「普通の日本人がいて、外人と一緒にいると混乱しちゃう」——混合相互作用のむずかしさ
[910707J; 16BG; 058:47〜059:57]

南　：ふーん。じゃあその、たとえば大学時代、クラスの子とつきあってても、やっぱりちょっとこう、最後はしっくりこないっていうとこあるわけですか。
昌子：うーん。いや、わりと自分で、合わせちゃうっていうか、自動的に合わせるようになるんですよ。だから、
南　：でも、そしたら、そのあと疲れちゃうとか、
昌子：いやあんまり、
南　：べつにそういうこともないんですか。
昌子：で、国際、あ国際部行けば、またまわりが外人だからそういうふうになっちゃって。ただ、そこで、まざろって言われたら、けっこう苦しい、だから、普通の日本人がいて、外人と一緒にいるとすごい、なかで混乱しちゃうんですね。一度なんか、がいじ、向こうから友達が来て、で、わたしは大学の友達と一緒にいて。それで、もう、ほんの短いあいだなんですけど、一緒に、ま、しゃべらない、しゃべりはしないんですけど、一緒にいたときに、すっごい困ったことがあるんですよ、なんか。なんとなく、すごい、なんていうのか、「外人、にたいしてはこうやんなきゃいけないのに、日本人がいるからこうやんなきゃいけない。あ、どうしよう」とか思って。「一方にあわせると、もう片方を変だと思われるし」とか（笑い）、すごい困ったことがありますけど。そのひ、だから単独にいると別に、自然に、こうあわ、あわせるっていうか。

で大きく異なっていると考えられ、「バイカルチュラルな」人間のなかには、「日本人」と「アメリカ人」が参加する混合（mixed）相互作用場面ではとまどうことがある。昌子がそのような出来事を想起し、報告しているのが I 7-9 である。

「外人」と「普通の日本人」と「一緒にいる」という混合相互作用場面では、昌子は「混乱」するという。「外人に対してはこうやんなきゃいけないのに、日本人がいるからこうやんなきゃいけない。あ、どうしよう」と思ったというのだ。これは、2つの異なる行動期待の体系の交差にとらわれた状況を示している。昌子は、「外人」（おそらくアメリカ人）に対してどのようにふるまうべきかをよく知っており、また日本人がどのような行動期待を持っているかもわかっている。「自動的に合わせるようにな」っているのである。問

I 7-10 「英語でしゃべりだすといきなり人格が変わる」——使用言語と性格
[910707J；16BG；017:57～018:32]

> 南　：じゃあ、やはりこう、アメリカにいるときはこう、自分でもこう、なんか、ちょっと[気持ちを]ひきたて、もっとこう[やるのでしょうか]。
> 昌子：うーん、あんまり意識してはあの、し、意識はしてないんですね。し、自然にそうなっちゃうんですよ。うん、なんか（笑い）、ギャーギャーうるさくなったりして。今んとこ[職場]でも、わりとなんか、日本語でしゃべってると、普通、普通っていうか、日本、日本人で、英語でしゃべりだすといきなりなんか、なんか人格が変わるんじゃないかな。（笑いながら）性格が変わってくるんですね。みんな結構、そう言うんですけどね。だから、そういう、べつに、アメリカ人の前にいるから意識して、こうしなきゃとかそういうのはないんですけどね。

題は、両者が相いれないことであり、「一方にあわせると、もう片方に変だと思われる」、「すごい困ったことがあ」るというのである。その反面、混合相互作用場面でなければ、彼女は、意識せずとも「自然に」合わせることができる。2つの予期の体系が別べつの要求をしてくる混合場面において、平素は無意識に「自然に」行われていることが、意識化されるということなのだろう。

　行動パタンが場面に応じて「自然に」変わるという命題は、文化と行動の関係を考えるときに大変興味深い。発達や社会化と言われるトピックとも関連してくる。I 7-10で昌子は、日本とアメリカとでは、相互作用における自己呈示のしかたが違ったりするのかという著者の質問にこたえている。

　ここでも、「意識はしていない」、「自然に」変わってしまうということが強調されている。同じ職場においても、日本語でしゃべっているときと英語でしゃべるときとでは、「人格」、「性格」が変わってくるというのである。日本語でしゃべっていると「普通」なのに、英語でしゃべりだすと「ギャーギャーうるさく」なるのだという。昌子自身もこの変化が不思議なようだが、同様の印象を持つ帰国子女も多いという。

　昌子は帰国子女受け入れ校として有名なB高校に通い、また職場でも帰国子女の友人が多い。昌子の友人の帰国子女も、日米両文化にかなり深く浸かった (immersed) 人間なのであろう。著者自身も、同様のコメントを多くの

帰国子女から聞いた。使用する言語に応じて行動パタンが変化するという現象は、文化ごとに規定され期待されている行動パタンが存在し、それが言語を媒介として獲得され遂行されるということを示しているように思われる。

本節の3つのエピソードが示しているのは、相互作用場面が、社会文化ごとに独自のコミュニケーション課題 (task) を持っており、そこで使用されている言語は、それと密接に関係しているということである。「意味内容」や「自己呈示」という言葉を使用して、コミュニケーションにおいて「伝達されるもの」を指示したが、コミュニケーションを媒介する言語は、これらと独立ではない。「性格」や「パーソナリティ」と呼ばれているものは、相互作用場面の経験を通じて観察され推論されるものであるが、言語や場面の規定的影響を受けているものなのである。

7章のまとめ

海外生活経験の帰結として、帰国子女は、英語力を獲得しており日本語力には「欠落」がある。これに、生態学的妥当性の高い記述を与えることは容易なことではない。なかでも、本章が問題としたのは、文法知識などの「狭い」言語能力ではなく、文化的知識を含めたコミュニケーション能力であり、機能的成員性であった。

ハイムズのSPEAKINGを援用して、「あなたは日本人ですか」などの直接的な社会文化的アイデンティティ「測定」批判を行ったが、これには、エスノメソドロジー流にレリバンス (relevance) 概念を援用することができたかもしれない。どのような場面で「日本人」であることがレリバントとなるのか、という問いである。例えば、6章の真紀子の例を取ると、アメリカで仕事をしようとした時には、彼女はパスポートを持っているのであり、れっきとしたアメリカ人として応募することができる。だが、人とのつき合いのスタイルは日本的である。エスノメソドロジーの特徴は、真紀子が「日本人」であるというアイデンティティが、相互作用において常にレリバントになっ

ているわけではなく、ある瞬間レリバントになるが、その他の瞬間はそうではなくなるという点に徹底的にこだわる点にある。

　生態学的妥当性のあるアイデンティティ研究とはどのようなものだろうか。アメリカ滞在中も日本帰国後も、子供が「日本人」であるかどうかを、著者がインタビューした親たちが問題としたことは一度もない。Ｉ5-2の牧野氏の「**日本での生活ができるような人間にはならない**」という言葉が、それに一番近いものであろうか。これに類するコメントは他にもなかったわけではないが、すべて具体的な関心や問題点と結びつけての評価である。牧野氏が問題としているのは、「いやなことも我慢してやる」ということであり、和田夫人が心配していたのは、「目的に向かってがんばる」（Ｉ4-4）ということである。また、「自分の考えをはっきり言うまでにいたっていない」息子を「日本をひきずって歩いている」と評した母親もいた（Ｉ4-3）。

　いずれも、具体的な行動のパタンを評価する場面で「日本での生活」や「日本」という表現が使われている。つまり、相互作用場面でのふるまいを反映するものとして、「日本人アイデンティティ」が想定されていると言うことができる。著者の機能的成員性という概念は、この点に着目して、相互作用や対人コミュニケーションの成否を指示するものであった。

　昌子や真紀子の報告は、当事者の視点から、機能的成員性について考察する契機を提供するものとなっている。なかでも、文化的知識が、コミュニケーション能力の基盤となり他者の予期の重要な部分を占めていることが興味深い点として指摘された。

　ただ、本書の議論の限界として指摘しておくべきことの１つとして、海外生活や帰国プロセスで「日本人」がどのように話題になったかを積極的に調べていない点がある。たとえば、「日本語の勉強をさせるために、あなたは日本人なのだからとお子さんに言ったことがありますか」という質問が考えられる。アメリカのパスポートがあるからと母親によく言われたという真紀子の言葉は紹介したが、それ以外では、ヨーロッパに２年間滞在してからＳ市に来た家族が、ヨーロッパでは子供を日本人学校に通わせた理由として、日

本語（母国語）の獲得は重要だからと話したぐらいである。

アメリカでは目がつり上がっているとジェスチャーでいじめられたり、帰国して「アメリカ人」と言われたりすることは多いようである。必要なのは、これらの言動が、子供当人のアイデンティティとどのように関連しているのかを明らかにすることである。「日本人」や「アメリカ人」という言葉が、どのような場面で使用されているかについての体系的な情報が必要とされる。

さらに大きな問題として、子供の「アイデンティティ」を問題とするのが、そもそも可能なものであるのかという疑問がある。エリクソンはアイデンティティの確立を青年期の発達課題としている。「自我」の芽生えや発達と、「アイデンティティ」とが密接に関連するものであるならば、成人と同じ「アイデンティティ」モデルを子供にあてはめることは不適切なのかもしれない。本章の機能的成員性や再生産、浸食といった主張が大人や別の生活経験を有する子供たちに適用できるかどうかは、今後の経験的研究を待つ必要がある。

注
1) 本書の理解では、「政治に関連する領域」とは、個人の利害をどのように調整するかにかかわる領域である。これは、民主主義社会では、公的な言説（public discourse）の世界である。例えば先に引用した文献では、ヨーロッパ在住のトルコ人や母性がどのように表象されているかといった分析が行われている。
2) Schiffrin (1994 : 141-142) によれば、Sは物理的場面であるセッティング（setting）や機会の主観的定義であるシーン（scene）を言う。Pは参加者（participants）であり、話し手・送り手・話者と聞き手・受け手・聴衆・聴者とに分かれる。Eは目標（ends）で、目的やゴール、帰結（outcome）などを指す。Aは行為連鎖（act sequence）で、メッセージの形式や内容のことである。Kは基調（key）で、行為のトーンや伝達の仕方（manner）、Iは手段（instrumentalities）で、言語・非言語・身体的などのチャンネルと発話の形式とが含まれる。Nは相互作用や解釈の規範（norm）のことであり、Gはジャンル（genre）のカテゴリーである。

なお蛇足であるが、ハイムズのSPEAKINGの議論が収められている論文集は邦訳されており、本来なら著者はそこから引用すべきである。だが、この翻訳論文からは各要素が何であるかがわかりづらいため、概説書であるSchiffrin (1994) からの引用となった次第である。
3) イタリアの幼稚園で参与観察を行ったアメリカ人社会学者のコルサロも、自分のイタリア語がうまく通じて幼児たちにほめられ、グループの一員と感じること

第7章　アイデンティティの再生産と浸食　251

ができたという体験を報告している（Corsaro 1996：425）。
4）英検が創設されたのは1963年で、当初は1・2・3級の3レベルだったが、1966年に4級が新設された。また、1987年には準1級と5級、1994年に準2級が新設された（財団法人日本英語検定協会のホームページより）。
5）英検1級は、国連英検が日本で行われるようになるまで、一般的な英語の資格試験としては最難関のものであった。1997年度の2回の試験では志願者が29,995人で合格者1,392人、対志願者合格率は4.6%で、初回以来の通算では3.7%である（財団法人日本英語検定協会のホームページより）。

国連英検は、国際連合公用語・英語検定試験の略称で、「国連公用語6ヵ国語による国際的コミュニケーションを高める」ことを目的としている。特A級、A級、B級、C級、D級、E級の6レベルがあり、特A級は、「日本の英語検定試験中最高水準と見なされているレベル。英語で自由に意思を伝え、討論できる能力と国際人としての常識、マナー、判断力を備えている。筆記（客観テスト・課題作文）と面接（ネイティブとのインタビュー）試験」ということである（超・英語ネットワークのホームページより）。
6）特定の現地校に日本人の子供が多く集中することの弊害については3章で触れた。また、帰国子女の英語力の低下については、海外駐在員の大衆化が原因であるという指摘もある。
7）これは、小学校4年生と1年生の子供を連れて渡米した母親の観察である。なお、言語獲得の「臨界期」仮説では、大脳の一側化が確立される10歳代はじめ（思春期前後）までに第1言語の習得は限られるという（Lenneberg 1967＝1974：193）。著者の調査対象の子供たちの間でも、渡米の時期が10歳の前か後かで、日本語の保持と並んで英語の獲得にも違いが見られるように思われる。
8）ただし、日本の小学校とまったく同じというわけではない。現地語の学習などを時間割に組み込んでいたり、現地の習慣に合わせて早い時期から完全週5日制にしていたりといった違いはある。
9）村田（1972：23）によれば、幼児前期の子供は、「語は事物の記号であり事物の性質そのものとは別ものであるということについて、まだ十分に理解していない。彼らはとかく、語は事物の一種であり、事物が語でよばれるとき、語は事物そのものでなければならない、と考えがちである。したがって、物の属性を写すオノマトペ語が、なお彼らにとっては強い力をもっている」という。また、別著では、「日本語の情態副詞の1つの特徴は、『バタバタ』・『どしどし』のような擬音・擬態の副詞が多いことである。これらは幼い子どもに対して頻繁に用いられ、子どももよく用いるが、子どもはこれらを、オモチャ　ペッタン　シテとか、コレ　パン　シテのように、動詞的に用いることが多く、この傾向は子どもが幼いほど強い」（村田 1984：210）と指摘している。そして、大久保(1967)や村井(1970)、矢田部(1956)の研究をレビューして「擬音語を情態副詞とみるならば、情態副詞はきわめて早い時期に現れるといえる。そして高橋(1969)の言うように、副詞の発達順序は、情態副詞、程度副詞、陳述副詞の順となる」と述べている（1984：211）。村田の他には、幼児言語の特徴としてオノマトペを特に取り上げているも

のは見あたらない（前田 1996、小林他編 1997）。また、擬態語の研究（遠藤 1983、大坪 1989、筧 1993）には、その獲得の順序やメカニズムを論じているものは見あたらない。このために、著者のここでの議論は実証的な裏付けが十分とは言えないものであるが、今後の研究の参考として指摘しておく。なお付言すれば、音声象徴（phonetic symbolism）現象や「正確な言語感覚」を養うものとして、オノマトペがなんらかのかたちで言語獲得の基盤にあるということは、大坪（1989）が指摘しているところである。

10）実は、ゴフマンの研究にも同じ制約がある。観察とフィールドノートという参与観察に典型的な方法でデータを収集しているようだが、その「ふるまい」についてのデータの信憑性には著者は大きな疑問を持っている。Minami (1993) のChapter 4参照。なお、ゴフマンの方法論についてシェグロフ（Schegloff 1988）も著者と類似の批判を行っている。

11）Varenne & McDermott (1998) では、行為や活動が人の将来に影響を持つ（consequential）ものであるかどうか、という点が問題とされている。

12）日本の学校の教科名としては、「国語」が普通である。外国語、あるいは第2言語として教える場合は、「日本語」と呼ばれることになる。このような区別は、海外における日本語学習熱の高まりとともに近年かなり確立されてきているが、80年代の早い段階で日本国内でこの区別を導入したB高校は先駆的存在であると言えよう。

バイリンガルについて言及する場合に、第1言語（母語）と第2言語という区別が行われている。英語では、"first language"あるいは"mother tongue"と"second language"とである。基本的には、この区別は獲得順序という観点からのものである。だが、昌子や真紀子の場合、第1言語である日本語が母語として確立しないうちに英語に接し、これが優勢なものとなったことがあると思われる。そのために、主要言語"primary language"という、言語学などでは使われない用語法を本書では使用している。

13）このインタビューは都合により喫茶店で行われたが、そこで流れていた音楽が録音テープに入り、話し声が聞き取りにくくなっている。相づちなどを忠実に再現しないという方針は他のインタビューのトランスクリプトと同じだが、聞き取りづらい部分を強引に文字にあてはめて理解している度合いが若干大きいかもしれないことを断っておきたい。

14）「親が帰って、夏前ですから」と昌子が言うのを受けて、著者が「寮を出て」からのことかとたずねている。著者は、「母親が（アメリカから日本へ）帰って」と理解したのだが、そうではなくて「母親が（日本からアメリカへ）帰って」ということなのだろう。昌子の姉は当時12年生で、6月の現地校卒業までS市に残る必要があった。そのために、B高校に入学した4月から母親と姉が帰国するまで、昌子は寮生活を送ったのである。

15）昌子は、「今はそうじゃないと思うんですけど」と、当時の状況ではという点を強調している。しかし、昌子の希望的観測と異なり、現在でも日本国内のインターナショナルスクール高校課程修了の資格で受験を認める日本の大学の数は、

15年前からほとんど増加していない。
16) 残念ながら、これが昌子がアメリカに行って何年目のことか特定できない。理由は、「5年生か6年生」という表現に加えて、昌子が言及している学年が日本の学校制度でのものかアメリカの学校制度かがはっきりしないからである。昌子は、アメリカの学年のほうが半年ほど早くなっているので、アメリカの学校で「5年生か6年生」の時というのは、滞米3年目から4年目のことになる。日本の学校で「5年生か6年生」というのは、滞米4年目から5年目ということであり、どちらの学校制度に言及しているかによって最大で2年の幅があることになる。日本語という話題について話していたときの発言であり後者ではないかと推測されるが、特定するような質問はしていないため確実ではない。だが、もし質問したとしてもはっきりと覚えているかどうかは怪しいものである。10年以上前の出来事の想起という記憶のメカニズムにかかわる要因に加えて、そもそも、使用言語の切り替えというものが生じた時点をはっきりと特定できるのかという問題もある。最初に家庭で英語を使ってみて、それが周囲の反対で日本語に戻ったりしたということがあるだろう。また、言いたいことが英語で表現できなくて日本語になったということもあると想定される。使用言語の転換のメカニズムがよくわかっていない以上、その生じた時点を細かく特定することは原理的に不可能であるとも言える。
17) このやりとりは、真紀子が自分をアメリカ人と思っていたと言い、その要因として著者が英語力を示唆したやりとりのあとでなされたものである。その意味で、著者の考えに影響された回答である可能性がある。しかし、真紀子が自分の言葉で語っているところにも見られるように、彼女の考えをかなり強く反映したものであると考えられる。つまり、日本語ができないから日本に帰りたくなかったというのは、彼女自身で感じていたことであると判断できるのである。
18) 機能的成員性という概念の整理が不十分であるとの不満が読者にあるかもしれない。著者自身、満足のいく議論ができているとは考えていない。いろいろな側面を考える必要があると感じているが、その1つが時間的制約である。「日本語の教科書が読める」と言っても、ある「適当な」時間の範囲内でやることができなければ、機能的であると言うことはできないだろう。同級生の大多数が30分もあれば読み終える物語を、その何倍もの時間をかけて読まねばならないようであれば、(そしてその「理解力」も当然問題となるが)とても機能的成員性を満足しているとは言えないだろう。
19) ここまで、「市場」や「ひご」という言葉がわからなかった帰国子女や「押し入れ」や「おでん」を理解できなかった帰国子女、そして、「りこん川」と読んだ清のエピソードを紹介した。これらを、Goffman (1981b) は、「ばかげたへま (boners)」と読んでいる。これは、「知的な理解や、ある公式サークルやそのほかの教養あるサークルで必要とされている達成のなんらかの失敗を示すものである。この証拠は、発話にも他者の発話を理解しなかったことにも見出される。これにより、世界を知らないことや、ある特殊な威厳ある領域についてその人が知らないということが示されることがある」(Goffman 1981b : 209)。

20) 私的アイデンティティが、公的アイデンティティの影響を強く受けていることは、クーリーの「鏡に映った自己looking-glass self」概念にも見られるように、広く認められているところである。先に、機能的成員であるとの判断の基準について、「ある制限時間内で」という点を挙げたが、他者の予期がその所在であると指摘することは可能である。

第8章 結 語──海外帰国子女の生活経験と通文化的人間形成

> 日本では、母親の私は本当に楽です。ここでは、子供が**自然に**日本人として育ってくれるから。
> 　　　　　（3歳と1歳の子供を連れて3年間S市に滞在して帰国した母親の言葉。強調は本人による）

　1章のイントロダクションで述べたように、本書の元となった調査研究は、大変に素朴な問題意識に触発されていた。海外子女たちの「異文化への同化」の程度に関する疑問と、いじめなどの帰国後の「問題」の「原因」に関する問いとであった。

　2章では、どのような家族がどんな目的でS市にやってきているのかを明らかにした。S市の補習授業校に子供を通わせている家族は、駐在員家族と研究者家族、永住組に分けられる。永住予定の家族は日本に帰国する予定を持たないが、総合職と技術者の駐在員家族、および研究者家族は帰国することを前提として渡米している。補習授業校なぎさ学園の存在など、S市における子供の教育に関する情報は渡米前から持っており、滞米期間に応じた帰国後の教育戦略も考えている。他方、なぎさ学園が創立される以前から渡米していた家族は、滞米中の子供の日本語教育については手探り状態であった。

　興味深いケースとして、元海外帰国子女が親となって自分の子供を海外に連れてきているという家族が2組あった。海外経験を生かして国際ビジネスで活躍している父親は子供たちに海外経験を積ませようと積極的であったのに対して、専業主婦となっている母親は海外経験のメリットを強く子供に

うったえることはなかった。子供がアメリカ行きをいやがった時も、「よその家族も海外へ行って、帰ってきたでしょう」という説得をしたというのである。

　子供の滞米経験を規定している要因として、滞米期間、滞米時の年齢、アメリカでの生活の3つを考えたが、これらの関係を見たのが3章である。滞米期間を3年以内、3年から5年、5年以上とに分けて、それぞれの子供たちの生活や「アメリカ化」について描写し分析した。著者の追跡調査の対象者は、全員が現地校と補習授業校という「二重生活」を送っていた。その点で、全日制日本人学校に在籍する他の地域の海外子女とは異なる生活経験を積んでいたと考えられる。

　アメリカ化の度合いは、滞米時の年齢と滞米期間、アメリカ生活といった要因の交互作用によって決まってくる。北村直子のように、日本の学齢に達していない子供で滞米が短期間である場合は、日本語の学習について親があまり気にしないために英語習得が急速に進むことがある。また、生活の日本的側面とアメリカ的側面とのバランスは、1人の子供の滞米中にも変化する。当初は現地校に馴染むことに重点が置かれるが、帰国予定が迫ってくると日本語の学習が強調される。子供の英語習得の進展と日本語スキルの衰退とがこの関心の変化に拍車をかける。いずれにしても、年齢と滞米期間、アメリカでの生活の3要因は相互に影響し合うものであり、子供1人1人について詳細な民族誌的記述を必要とするものである。

　S市での生活経験については、直接研究することができたのは調査当時のものだけであるが、調査以前に帰国した家族とのインタビューや質問紙調査の結果から、かなりの時代差があることが感じられた。子供の日本語教育に関わる側面に関しても、1970年代末の補習校の設立や日本語メディアの発達と大きな変化があった。日本での帰国子女受け入れ体制の整備なども、家族のS市滞在中の教育戦略や日米の生活側面のバランス取りに影響したものと思われる。

　トモヤのような帰国子女にたいするいじめがニュースとなったこともあり、

帰国を控えた家族は子供の学校選びについて慎重に考えている。とりわけ選択肢が広いのが中学生を抱えた家族である。国立や私立の帰国子女受け入れ専門校（タイプ1）や公立の受け入れ校（タイプ2）、私立校（タイプ3）、あるいは、普通の公立校の中から、子供のニーズと将来を考慮して学校が選択されている。高校生になってから帰国する子供の数は少なく、その場合はアメリカで高校を卒業して日本の大学に帰国子女枠で応募することになる。子供が小学生である場合は、地区の公立校に通学させる家族が大多数であった。

　子供たちの帰国後の経験を学校生活に照準して取り上げたのが5章である。「いじめ」や「トラブル」が観察者や報告者の「主観」と深く結びついたものであるとの意識から、できるだけデータソースにこだわった情報提示を行った。父親や母親の見方、教室経験の著者による直接観察、帰国子女中学生の言語報告、帰国子女小学生を担任している教師の報告に依拠しながら、「帰国経験」の質とその特徴を考察した。帰国子女当人の行動やふるまいもさることながら、周囲の人間の「見る目」も帰国子女の安寧を左右する重要なものであることが浮かび上がってきた。その意味で、帰国子女があまり知られていなかった時代に帰国したトモヤや、帰国子女の少ない地方に帰国した橋本美佐代が、「苦労」していることは理解できることであった。

　海外帰国経験の「長期的」な影響を考える手がかりとなるのが、5章7節の笹川教諭のコメントと6章の森本真紀子の事例である。「受験教育に向かない、個性的な帰国子女」という図式が帰国子女受け入れ専門高校の教員から示されたが、これは日米の教育スタイルの差異を感じさせるものであった。日本の公立中学校を経験した帰国子女は「内向的」であり、中学校時代をアメリカで過ごした帰国子女は「外向的」であるという真紀子の命題は、対人関係における自己呈示のパタンを確立する時期としての中学生期の重要性を指摘したものとなっている。

　7章は、本書の知見をアイデンティティという概念枠組みと結びつけようという努力の産物である。社会化は相互作用場面における経験の積み重ねとして達成されているわけだが、それでは、「日本人」という社会文化的アイデ

ンティティは、どのようなレベルで捉えることができるのだろうか。本書では「機能的成員」としての場面への参加を取り上げ、これを可能とする知識やスキル、能力がその根底にあると考えた。そして、アイデンティティは場面との適合感や機能感、「居心地が良い」という感覚によって樹立されていると図式化してみたのである。

このような本書の内容を踏まえて、初発の調査疑問への回答を再度整理しておくと、トモヤと同じ程度にまで現地の社会文化に同化している海外子女は、現在では少なくなっていると言えるだろう。家族は、帰国後のことを考えて海外滞在中も子供に日本語の学習をするようにやかましく言う。海外で日本のメディアに接する機会も増えている。日本の新聞の海外現地印刷や地上波での日本語放送、レンタルビデオなどは著者の調査当時から見られたが、現在では衛星放送やインターネットも普及して、海外在住日本人家族のメディア行動にさらに大きな影響をあたえていると思われる。海外子女数の増加は止まったものの、ある特定の地域に集中する傾向は続いているようであり、海外の現地校でも日本人の級友がいる子供の割合は増加しつつあると推測される。また、在外期間も一般的には短期化しつつある。

さらに大きくトモヤの時代と変化したと思われるのが、帰国後の状況である。まず、受け入れ体制の整備が大きい。1980年代に受け入れ専門学校が相次いで設立されたのに続いて、1990年代には「国際化」が時代の合い言葉となり、教育の分野においても帰国子女がその体現者としてもてはやされるようになってきた。少子化に伴い教育の目玉を作る必要を感じた学校のなかには「国際化」を掲げるところも多かった。また、これまでの帰国子女教育の歴史や年々1万人前後が増加して累積されていく帰国子女の絶対数、そして、日本社会に暮らす外国人の増加も、帰国子女の帰国後の生活を居心地よいものとするのに貢献していると思われる。

そもそも、多数の帰国子女の経験の悪いところばかりを組み合わせたようなトモヤの事例と現実とを比較しようという問いの立て方そのものがあまり意味のないことだったのかもしれない。いずれにしても、1990年代初頭の著

者の調査結果からは、トモヤの程度にまで滞在地の社会文化に同化している海外子女は少なく、また、帰国後にトモヤのような「いじめ」を受ける帰国子女もあまり見られない、という結論が導かれる。

ただ、「いじめ」などとは異なるかたちで帰国子女が苦労しているという可能性は否定できない。また、1990年代後半の状況がどう変化しているかは本書の調査がおよんでいない点である。新聞報道や月刊誌『海外子女教育』などを眺めたりしている限りでは、1990年代前半の著者の調査時から大きな変化はないのではないかと感じているが、今後の研究が必要なところである。

1993年6月にアメリカで、民族誌法を活用して研究を行ってきた研究者と、発達研究者とが一堂に会した研究会が開催された。リチャード・シェーダー (Richard Shweder 1996) やペギー・ミラー (Peggy Miller 1996)、シャーリー・ブライス・ヒース (Shirley Brice Heath 1996)、ウィリアム・コルサロ (William Corsaro 1996) といった質的方法の実践者が、子供や発達について展開してきた研究実践について報告したのである。この会議での報告を元にした論文集が出版されているが (Jessor et al. eds. 1996)、その中でジョン・モデルが全体の総括を行っている (Modell 1996)。

モデルによれば、有意義な出会いが生まれた会議だったが、今後解決されるべき問題点として浮かび上がったものも多いという。妥当性や文化の可視性、文化と環境の関係、描写としての提喩(synecdoche)などの問題が列挙されている。加えて問題となったのが、直接観察が可能なミクロレベルの要素と社会構造というマクロレベルをどのように理論化して結びつけるかという問題である。この問題は、発達研究においてはプラクティスと文脈との関係をどのように特定するかという形をとってあらわれる (Modell 1996: 490)。

このミクロとマクロの連結は、以前は「社会化」概念によって「説明」されていたものであるという。

　一世代前は、社会化という概念のおかげで研究者は、子供やその他の個人が「その社会」の言語や知識、価値、シンボルなどを取り入れる手段を

特定することができた。社会は、斉一であり基本的には葛藤がない性質のものである。そのため、子供が習得すべき認知内容は、統合されたシンボル体系の周辺にほぼ組織されているものとしてたちあらわれ、その習得は情緒的に適切な伝達モードによって動機づけられていると考えられた。

(Modell 1996 : 490)

このような「社会化」観はタルコット・パーソンズの著作に顕著だが、現在では通用しないものである。社会の斉一性、一枚岩性を前提とすることができなくなっており、習得すべき内容がどんなものであるかについても論争の余地がある。要するに、社会化は弁証法的な概念となったというのである。

本書の叙述に一貫しないものが感じられるとすれば、それは、このミクロとマクロのギャップをどう埋めるかという問題に捕らえられているからとも言えるだろう。民族誌やミクロ分析は、「いまここ」で繰り広げられている行動やプラクティスを中心に観察理解して、記述しようとするものである。それに対して、発達研究は、人間有機体の内部に「いまここ」に現れる行動と結びついた「実体」の存在を想定し、それが変化していくありようを捉えようとする。もし人間行動が、ミクロ分析が明らかにしてきたように、「いまここ」という場面や状況の特異性によって大きく規定されているものだとするならば、行動場面を超えた連続性を想定することにどれほどの意義があるのかという疑問が浮かんでくる。あるいは、そこまで懐疑的になる必要はないとしても、研究方法としてどのように「変化」を「測定」することができるのかという問題がつきまとう。

このような議論に対して、発達がマクロレベルのものだろうかという反論が予期される。社会構造をマクロの極に置き、個人や「パーソナリティ」をミクロレベルとする図式が一般的であろう。しかし、「いまここ」に徹底的にこだわるミクロ分析の視点からすれば、「いまここ」を超えるものはマクロ、あるいは少なくともマクロと結びつけようとする試みの一部となるのである。

先の論文集において、ワイズナー (Weisner 1996: 309) は、民族誌法の貢献として、文化的場所 (cultural place) において子供でいること、発達することの理解を高めることを挙げている。本書は、この指摘を一部実現している。民族誌記述をふんだんに盛り込んで、読者にも海外生活経験と帰国経験の一部が理解できるようなものとなっている。

日本で生まれ育った子供が幼稚園に入園すること、アメリカ人の青年が医師になったりマリファナユーザーになったりすることなど、「同一の社会文化」内でのライフステージの移行や専門職への就職、下位文化への参加に際しても、人は多様な「適応」課題をこなしている。行動科学や社会科学が発達や社会化について膨大な研究を産出している所以である[1]。

本書の諸章を通じて、子供たちの海外生活経験と帰国経験を見てきた。異なる社会文化にまたがって、通文化的に人間形成プロセスを経験する子供たちが直面する問題の一端が明らかになった。また、海外経験のない「普通の」子供たちと比較することで、日本の子供たちの人間形成プロセスの特徴もうかがうことができた。

社会化プロセスは相互作用場面の連鎖で構成されている。「同一の社会文化」内であっても、成長や役割の変化に伴って日常生活を送る相互作用場面が変化し、期待される行動が変わる。これは、先の注1で紹介した諸研究も示していることである。だが、発達段階の移行が日米2つの社会文化にまたがる場合は、相互作用場面ごとの期待の落差がさらに大きい。逆に考えれば、日本社会内で相互作用場面が相互に連係しあうように配置されているということが明らかになってくる。本書で研究対象とした海外帰国子女は、その人間形成プロセスにおいて、ある期間をかなり「異質」な状況において過ごした子供たちであり、海外生活や帰国後の生活での「苦労」は、その生活経験が通文化的であるがために生じる、経験の非連続性に由来していると考えられる。そのために、日本人としてのアイデンティティを適切に再生産することができなくなり、アイデンティティの浸食が生じる。通文化的人間形成とアイデンティティの浸食は、結びついているのである。

I 8-1 「日本で生まれたら日本の学校で成長するほうが
　　　　簡単」——通文化的な生活経験の苦労
　　　　[910720J；10AG；009：12〜010：11]

南　　：	また、あの、アメリカの、[S市の]学校に行きたいなあとかゆうときもあります。
沙弥加：	もう、行きたくない（小さな声で）。
南　　：	あ、ほんと。うん、やっぱり、日本の学校のほうがいいですか。
沙弥加：	なんか、日本、で、生まれたのは、日本の学校で成長するほうが簡単やと思うねん。（南：あ、ほんと）で、アメリカで生まれた人はアメリカで成長して。（傍らの母親が笑う）日本にいったらなんか、アメリカいまや、えーと、やってる、学校とかで、えーと、跳び箱とかいま練習してんのに。えーとほら、アメリカとかやったら、なーにも、体操とかせえへんから。
南　　：	そうやね。やっぱり、ちょっとたいへんでした。
沙弥加：	（うなづく）
南　　：	ふーん。あのう、やっぱり、英語よりも日本語でしゃべるほうがいいですか、お友達と。
沙弥加：	なんか、アメリカにいてたほう、いてたら、アメリカ、英語のほうが、しゃべるのは、よかったけど、日本にいったら、もう、アメリカで、英語でしゃべる人なんかいないから、もう、日本語で、でしゃべるほうがいい。

　本章冒頭にその言葉を紹介した母親は、このことを痛切に感じている。また、I 8-1の沙弥加の言葉にもそれが強く見られる。沙弥加は幼稚園の年長組になってすぐに渡米した。S市に4年間滞在後帰国し、小学校4年生となった。I 8-1は、帰国後2カ月半の時点で沙弥加が著者に語った言葉である。

　小学校4年生の子供がこのようなことをはっきりと言い切ったということは、著者にとって驚きであった。生活経験の非連続性、一貫しない行動期待に苦労してきたということが強く感じられた。ここに、「いまここ」を超えた「変化」を見ることができるのではないだろうか。これが本書の結論であり、また、議論の基盤としてきたことである。文脈や行動期待の差異を海外帰国子女が感じている。これを社会文化的アイデンティティという概念で捉え、その基盤として違和感（居心地が良くないと感じること）を想定したのである。

そして、この違和感を当事者の主観とは独立に理解するために、その海外帰国生活経験を丹念に調べ描写した。「いまここ」を超えて、発達や変化、さらには「社会構造」へとつながるものとして、社会文化的アイデンティティを措定したのである。

最後に、本書の分析の帰結として、「海外帰国子女」という新しい捉え方を提示しておきたい。これまで、海外子女と帰国子女を合わせて呼ぶ言葉として、「海外帰国子女」を使用してきた。帰国子女は全員がかつては海外子女であったわけであり、海外子女の大半は将来帰国子女となるのである。帰国子女について理解しようとすれば、その海外経験は当然忘れることはできない。そのような意味で、帰国子女という表現は不十分であり、海外帰国子女という表現のほうが適切であると考えられるのである。また、海外子女の場合でも、帰国後の生活ということが本人や保護者の心の多くを占めている。そのため、「海外子女」と「帰国子女」という2つの別べつの言葉、概念ではなく、「海外帰国子女」という言葉による把握が望ましいという主張をもって、本書の締めくくりとしたい。

注
1) 幼稚園入園については、Hendry (1984)、Peak (1991)、医師になるプロセスはBecker et al. (1961)、Konner (1987)、マリファナユーザーはBecker (1973)、が論じている。ある役割にあった人間がそれをやめるプロセスに着目したユニークな研究として、Ebaugh (1988) がある。

付　論　方法論に関する覚え書き

　本論は、方法と方法論に関して、本書各章で取り扱うには専門的すぎたり、整理が不十分だったりするものを論点ごとに整理したものである。具体的な方法から始めて、次第に方法論、理論へとトピックを移していく。

1　アクセスの取得とインフォームドコンセント

　S市における調査では、調査協力者による紹介に頼って対象家族の数を拡大した。まず、以前になぎさ学園で教員をしており、当時は一時的に教えるのをやめていた母親に話を聞いた。この母親は、S市在住が長く、なぎさ学園創立時からしばらく教員をしていたということで、特にお願いして話を聞かせてもらった。これが1990年の秋のことであったが、この母親に著者の追跡調査計画を話して、近々日本に帰る家族を知っていたら紹介してもらえないだろうかとお願いしたところ、木下家（家族番号04）を紹介してもらうことができた。その後は、次つぎと、母親のネットワークを通じて、追跡調査への協力家族を増やしていった。いわゆる雪だるま式サンプリング（Neuman 1997 : 207）である。

　著者は、なぎさ学園での約1年にわたる観察調査に加えて、小学校1・3・5年生の各学年1クラスずつの児童の家族に書面を配布してインタビュー調査への協力を募った。これらの家族から追跡調査への協力者が得られた場合もある。追跡調査協力の15家族のうち、13家族は紹介を通じてアクセスが得

られたが、2家族は書面への協力呼びかけに応じるというかたちであった。

調査協力の家族を集めるというプロセスで、紹介された家族にインタビューの約束をとりつけるために電話をかけたところ、断られたことが1回あった。母親によると、近々日本に帰る予定はあるが、調査に協力できないということだった。しかし、それ以外は、紹介された家族に協力をしてもらうというスタイルは順調に機能した。印象的な出来事として、母親の1人が、調査者は女性であると思いこんでいたということがあった。著者が約束の時間に玄関口に現れた時には、かなり驚いた様子であった。教育の問題を研究しているのだから、女性に違いないと思いこんでいたというのである。

人を介しての接触でない場合は、反応はあまり芳しくなかった。なぎさ学園の小学校1・3・5年生へ配布した協力要請の手紙（付録3・4参照）だけでは不十分で、学級担任の教師からの呼びかけがあって、ようやく各クラス3分の1ぐらいの家族から話を聞くことができた。帰国してからの問題などを調査の中心テーマとして打ち出していたため、永住予定の家族からも話を聞きたいと依頼の手紙には書いたものの、当面帰国予定がない家族からの反応は少なかった。電話で調査の趣旨をかなり詳しく説明して、ようやく応じてくれた母親もいる。

この調査に関しても、「パーソナルインフルエンス」の効果を強く感じた。なぎさ学園に子供を通わせている母親たちは、子供が遊び友達であるという関係で結びついている。子供の仲良しのお母さんが著者に協力したという話を聞いて、その結果応じてくれたケースが何度もあった。ある家族は、S大学に当時研究のために滞在していた箕浦康子教授と顔見知りだった。著者の調査に協力すべきかどうか迷って教授に相談したところ、協力をすすめられ、応じてくれたということであった。

「コネ」の効果を最も強く感じたのは、日本での学校訪問時であった。教育委員会を通じての観察申し込みや、受け入れ校への「飛び込み」の調査依頼はあまり歓迎されなかった。教室での観察が認められた場合でも、時間は限られていて、しかも校長が途中で様子をのぞきに来るというものだった。著

者のかつての恩師を通じた場合は、逆に、かなり自由に観察してビデオ録画をすることもできた。

　本書は、匿名性の保護にできるだけ配慮した。調査協力者の全員と、調査協力の学校名はすべて仮名とした。ただ、このような手続きによって、匿名性が「完全に」保持されるわけではないという限界はどうしても残る。グッドマンの「藤山学園」がその記述から特定可能であるように、なぎさ学園やＳ大学も、その気になれば比較的容易に特定することができるだろう。また、登場人物も、本人はもちろんのこと、その人間をよく知っているものにとっては、だれのことか容易にわかるであろう。著者は以前、Ｓ市の日本人のコミュニケーション行動についての研究論文（南1995a）を調査に協力してくれた人たちに配布した。その後、このうちの１人から、あそこで引かれていたのは、××さんのことだとすぐにわかったわと言われたことがある。インタビューを、できるだけ忠実に文字化してトランスクリプトとして提示するというスタイルが、匿名性の保持にはマイナスに作用する面があることは間違いない。

　アメリカでの調査は、大学院の学生として行ったため、大学の倫理委員会（Committee on Investigation Involving Human Subjects、略称 Human Subjects Committe）に調査計画を提出して、その承認を受ける必要があった。調査計画に含まれるべき項目は以下のとおりである。

　１．調査地（Facilities）
　２．調査期間（Duration）
　３．調査対象者（Subject Population）
　４．調査の目的と背景（Purpose of Project and Background）
　５．調査プロトコル（Project Protocol）
　６．想定される危険（Potential Risks）
　７．危険防止策（Risk Management Procedure）
　８．期待される貢献（Potential Benefit）
　９．危険－利益比率（Risk-Benefit Ratio）

10. 調査経験（Experience of Investigation）
11. インフォームドコンセント（Informed Consent）

　各項目について簡単な説明を行い、5．調査プロトコルに関してはインタビューガイド（付録1）、11．インフォームドコンセントについては付録3から5を添付した（付録3と4には英訳も添付した）。提出書類は、審査して承認されると、承認のサインがされて返送されてきた。承認の期間は1年間で、1年を越える場合には再申請することが必要であった。この手続きは、医療などの分野の研究を念頭に置いたものであり、著者の仲間である社会学専攻の大学院生で、倫理委員会に承認を求める書類を提出したという学生は少ない。面倒な手続きでもあり、当時はここまでする必要があるのだろうかと感じたこともあったが、振り返ってみれば、いい勉強になったとなつかしく思われる[1]。

　アメリカでの調査では、インフォームドコンセント用紙を使用して家族の同意を得たが、日本ではこのような手続きを取らなかった。追跡調査の家族については、S市でのインタビューの際に署名してもらった同意書がカバーしていると考え、日本で初めてインタビューした家族の場合は、質問紙の末尾に連絡先や氏名を記入することがこれに代わると考えた（付録2参照）。学校訪問に際しては、書面で同意を得るということはなかった。授業観察の許可を得る必要が存在するということは明瞭であり、許可されるということは、曖昧さの余地のないことであると考えた。同意書に署名を求めるという手続きが、なにか問題が起こった場合の「責任」を学校側が負うことを期待しているものと取られると、アクセスの確保にマイナスに働く恐れがあると考えたのである。5章7節に見られるように、このアクセスがインタビューにおいて1つのトピックになったことも少なくない。授業の観察をすることができた場合も、家族の同意があるからとかなり強引に押しかけたかたちになったことが多かった。少数だが、学級担任は同意したものの校長の許可が得られずに授業観察ができなかったというケースもあった。

2 インタビューデータの利用について

　本書の元となった調査研究は、1章2節で述べたように、参与観察法 (participant observation method) を活用したものである。観察とインタビュー、質問紙調査、文献資料研究と、さまざまなデータ収集技法を活用している。なかでも、主要な位置を占めているのがインタビュー法である。参与観察法にとって、インタビューは、観察と並んで2大主要技法であるが、著者の調査においては、その重要性はとりわけ大きなものである。と言うのは、社会化経験の生態学的研究を目標としている著者の調査フィールドは、S市と帰国後の日本における子供たちの生活の全域である。その領域は、学校と家庭とに大別することができるが、家庭での様子を直接観察することは実質上不可能であり、母親や子供の言語報告に頼らざるを得ない。インタビューのために家族を訪問した時は、限られてはいるものの家庭生活を観察する絶好の機会であり、その時の印象などはフィールドノートに記録して貴重なデータとした。また、著者自身や著者の妻が家庭教師をしていた家庭での見聞も、インフォーマルながら補足的な資料となっている。

　S市に住む日本人の子供たちが通っているのは、現地校と日本語補習授業校なぎさ学園とであり、これらは直接観察をすることが比較的容易である。しかし、著者の調査においては、観察の力点はなぎさ学園に置かれ、現地校での観察は、時間的制約などから小学校2校に限定されている。観察につきまとう、別の大きな問題は、ほかのところでも論じたように (Minami 1995)、同じ教室で同じ授業を受けていても、その受けとめ方、つまり「経験」が異なるということである。滞米5年目の児童と渡米後1週間の児童とでは、英語で行われている授業は、まるっきり別物として「経験」されるであろう。これはまた、観察者のコミュニケーション能力の問題でもある。教師のインストラクションが聞き取れなければ、あるいは、ビデオやオーディオテープに記録して後に文字化したりするにしても、それだけの英語の聞き取り能力なくしては、「観察」も成立しないのである。著者が、現地校への観察調査に

2 インタビューデータの利用について

なかなか取りかかることができなかったのも、実はこのコミュニケーション能力上の制約によるところが大きい。

　直接観察につきまとう制約を並べてきたが、これらの理由からインタビュー法の役割が一層大きなものとなっている。観察者が入り込むことがむずかしい場面や状況についての情報が、インタビューによって収集できるのである。インタビュー時点から数年前に生じた、渡米に際して子供がどんな「反応」をして、それに両親がどう「対処」したかについての情報（2章3節）をはじめとして、帰国後の学校をどうするかについて、子供本人がどんな「希望」を持っており、家族としてどんな「決断」あるいは「方針」を立てたかにいたるまで、さまざまな情報がインタビューによって引き出された（本段落で「反応」や「決断」に引用符を付けているのは、これらが一種のグロスであることを強調するためである。これらは、一連の出来事や付随条件などをひっくるめて捉えるためのカテゴリーなのである）。

　「なぎさ学園の宿題は日曜日にやってしまう」とか「うちの子はあまり勉強しない」などの「行動」や「行動パタン」に関するデータも、インタビューから得られたものである。3章で報告されている、「兄弟姉妹の間で使用されている言語」や「よく見るテレビ番組の言語」、「好んで読む本の言語」、「よく一緒に遊ぶ友達」についての情報は、母親による観察を、インタビューで聞き出したものと考えることができる。

　2章から5章まで、子供の状況についてインタビューで報告されたことを、「心配」や「関心」、「問題」として取りまとめている。これは、まさに、インタビュー法というデータ収集技法に必然的に随伴するバイアスを反映している。例えば、「アメリカへ来る前に、お子さんの教育について何か不安がありましたか。詳しくお話していただけませんか」（付録1の問15）は、「不安」の存在を前提としているような質問文であり（このような質問を問16「アメリカでの生活や教育についてどんな情報がありましたか。詳しくお話ししていただけませんか」の前に持ってきているのは、この順番で常に質問したとは限らないとは言え、配慮に欠けていたと反省している）、ニュートラルな質問の場合でも、その回答に

「なにか問題がありませんでしたか」というような追加の念押しの質問をしたことは多い。例えば、「アメリカへ来た当初の生活はどんな感じでしたか。詳しくお話ししていただけませんか」(問14)と聞いて、これへの回答がなされると、「とくに問題などはありませんでしたか」と続けるといったかんじである。

もちろん、困ったことという意味での否定的な事象ばかりが報告されたわけではなく、「うまくいった」や「問題なし」というのも重要なデータである。本書のスタイルが、報告されたことを「心配」や「問題」として、それを詳しく見ていくことで、子供の経験に迫るという手法を取っているということなのだ。これには、インタビューにおいて「報告する」に足りるものがどんなものであるかという理解が関連してくる。「生活習慣の違いから生ずる問題」(付録2の問13)についてたずねた時に牧野夫妻が少しとまどったことに見られるように(Ⅰ5-1参照)、なにがデータとなるのかは、実はインタビューという相互作用場面における「交渉(negotiation)」の結果生み出されているのである。

しかし、インタビューが中心であるからといって、著者による観察に意義がないわけではない。とりわけ、インタビューで得られた言語報告データの内容の評価を行うための、「独立の情報」を提供するという役割は強調しておきたい。記憶や想起に基づく言語報告データにつきまとう正確さ(accuracy)の問題を考えると、研究者による直接観察データの果たす意義は大きい。例えば、3章では、子供の言語使用について、兄弟姉妹間での言語や、よく見るテレビ番組の言語はなにかといった質問にたいする母親の回答をデータとしている。そこでも指摘したことだが、英語で話しているということの印象が強くて、その印象に引きずられて回答するということが考えられよう。「厳密に」24時間のサンプルを取っているわけではなく、あくまで、母親の「印象」に基づくデータといった性格が強いのである。残念ながら、このような家庭内での言動については、研究者が独立に観察する機会は少ない。だが、テレビ視聴の場合には、S市でどのようなテレビ番組が放映されているかと

いった情報が収集可能である。このような知識に照らして、子供が英語のテレビ番組ばかり見ているという回答の信頼性が評価可能となるのだ。

Bernardたち (1984) は、報告データの正確さを調べた研究をレビューしている。その結果、「平均すると、インフォーマントが報告することの約半分はなんらかの意味で不正確である」という結論に達している (Bernard et al. 1984: 503)。たとえば、スコットランド人のゲール語話者の調査によると (Doreian 1981)、ある人とゲール語を話す量は過大に報告される傾向があった。配偶者や子供とゲール語を話す程度をたずねる質問紙への回答では、「いつも」や「たいてい」と回答した人は実際よりもはるかに多かったという。逆に、「言語活動やトピック」に関しては、過小に報告する傾向が見られた。Doreianが、ゲール語で地方のニュースについて話しているのを聞いたことがある人びとは、そんなことはしないと回答したのである (Bernard et al. 184: 502 より引用)。

著者による観察で収集された情報が、報告内容を評価する際の独立情報を提供するということのほかに、これなくしては、インタビューでの報告内容の理解が著者にとっても困難であるという点を指摘することもできる。本書は、インタビュートランスクリプトの提示と分析（解釈）という叙述形態を取っているが、著者が「適切な」文脈情報や背景情報を持っているからこそ、家族の回答を理解することができるのである。シクレルの言葉を借りれば、「インタビューで収集された情報の妥当性は、調査者が教室での実際条件について知悉していることに照らして、問いと回答を文脈づけることができるかどうかにかかっているのである」(Cicourelとの1998年8月の私信より)。

そもそも、インタビューで「適切な」問いを発するためにも、著者の直接観察は必要だった。本書では、なぎさ学園での観察を通じて収集した情報は、直接のデータとしてはほとんど現れてはいない。しかし、教室の後ろにすわって授業を観察しながら、この子供たちはどんなことを考え感じているのだろうかと想像をめぐらせ、オフィスで先生方と（インタビューというよりも）おしゃべりをしながら、追求すべき問いを作り上げていったのであり、その

ようなものとして、なぎさ学園での参与観察研究は、本書の根底をなしていると理解されるべきである。

3 リアリティとの距離

　インタビューデータの重用との関連で論じられるべきことは、リアリティとの距離である。「海外生活経験」や「帰国経験」と一口に言っても、外界からの刺激を各個人がどのように受けとめるかという交互作用によって決まってくるものと考えられる。このような交互作用的な「経験」の捉え方の例として、MacLeod (1995) がある。彼は、同じ公共住宅団地に住んで同じ高校に在籍する2つの若者集団、ホールウェイハンガーズとブラザーズとが、いかに異なる「学校経験」をしているかを詳細に描き出している。本研究の場合は、個別の「帰国経験」の積み重ねの中から、「帰国経験」の「一般像」あるいは「全体像」が浮かび上がってくるということになるのであろう。

　例えば、現地校の教室場面やなぎさ学園の教室場面、帰国してからの小中学校の教室場面の一部を、著者は直接観察することができた。現地校では、英語での教師の指示が聞き取れず、隣りに座っている日本人のクラスメートに聞いたり、わからないからとあきらめて日本語の小説を静かに読んでいるという姿を観察した。もちろん、滞米が長くて高度な英語力を保持する子供で、積極的に授業に参加している姿も見られた。

　本書の2章から6章までは、民族誌的記述からなっているが、海外帰国経験の側面ごとに、著者とリアリティとの距離に違いが出てきている。日本出国時を取り上げた2章は、母親がインタビューで語ってくれたことにほぼ100％依拠している。これは、アメリカ生活決定のニュースの受けとめ方や家族がアメリカ生活のために行った準備など、対象となる出来事が、主として家庭内部で生じているものだからである。もちろん、企業の研修所で行われる駐在員研修や駐在員夫人研修、あるいは在籍学校の教師との話し合いなど、家庭の外での出来事もある。いずれにしても、帰国目前の家族にとって

は「過去」の出来事であり、それについての情報収集は、家族の想起にもとづく言語報告に頼らざるを得ない。ただ、著者自身の留学準備経験が「独立の情報」を提供していることは言うまでもない。

　家族の帰国戦略を取り扱う4章も、母親の話に全面的に依拠している。帰国時期や帰国先、子供たちの学年などを考慮しながら学校を決定する。このような意思決定（decision making）過程は、ミクロとマクロをつなぐものとして、社会学などにおいて重要視されてきた。とりわけ、社会再生産（social reproduction）のメカニズム理解の観点から、進学先の決定がどのように行われるかについての研究が蓄積されている（Cicourel & Kitsuse 1963＝1985、MacLeod 1995、Willis 1977＝1996など）。シクレルたちの研究は、アメリカの高等学校のカウンセラーを対象としており、マクレオドとウィリスは、10代の若者を調査対象としている。いずれも上級学校へ進学すべきかどうかの意思決定が焦点（の1つ）となっているのに対して、本書4章は、公立校か受け入れ校かという意思決定である。その決定の持つ重みは異なり、その決定に到達するまでにかけられる時間も大きく異なっている。

　3章のテーマである海外生活経験は、子供たちが置かれている場面のいくつかを直接観察したという感覚を、著者が持つことができたものである。あいかわらず、母親たちの報告にかなり依拠しているが、現地校や日本語補習授業校の教師からのコメントも聞くことができた。一部の子供だが、現地校や補習校での様子を著者自身が観察することもできた。頭髪がないために帰国してからいじめられるのではないかと両親が心配していた牧野家の長男俊弘が、補習校で授業中も野球帽をずっとかぶっている姿を見て、両親の心配の大きさを実感することができたのは、著者による直接観察の効果の1つと言えるだろう。ただ、S市においては、著者の発問がその「アメリカ生活経験」に影響することのないようにとの配慮などから、子供たちに話を聞くことはしなかった。

　著者による直接観察によって、シクレルのいうところの、当事者の報告とは「独立の情報」を収集することができた「アメリカ経験」ではあるが、本

書3章は、滞米期間の長短と英語力の獲得に照準した構成となっており、著者による観察の比重は小さい。それを少しは補いたいという思いから、5章は、データの種類としては多角的なものになっている。父親の話、直接観察した教室でのやりとり、帰国子女中学生の話、帰国子女を教えている教師の話と、さまざまな視点からの報告を詰め込んでいる。「経験」の現場とその「解釈」との距離が少しはうかがえる構成になっているものと期待している。

6章は、帰国後7年以上経過した「元帰国子女」の自己報告をデータとしている。帰国子女本人が帰国経験をどのように捉えているかを明らかにするためのものである。帰国直後の小中学生にも話を聞いたが、「帰国経験」を語るというよりも、生活の具体的な側面についての問答となる傾向があった。日米の授業形態のどこが違うかという比較をすることができても、それが自分に対してどのような影響を及ぼしているのかを分析して言語化するには、時間が足りないか、成熟度が達していないか、いずれかであるように思われた。逆に言うと、6章の真紀子の報告は、「帰国経験」**そのもの**と言うよりも、「帰国経験」**についての語り**であると言うべきなのかもしれない。具体的な生活経験を綜合した抽象的なレベルでの自己報告が、このような形でしか得られないのかどうかは、方法論上重要な意義を持っている。

7章のトピックであるアイデンティティは、まさにどこにそのリアリティの係留点（anchoring point）を求めるかが問題となる概念である。海外帰国子女の社会文化的アイデンティティは、興味深いテーマであるが、その測定方法も理論化もまだまだ洗練の余地の大きいものである。「私はアメリカ人」と言明する子供がいたとしても、その「アメリカ人」がどのようなものと理解されているかが特定されない限りは、社会科学研究の対象となりにくい。宣言的な自己報告を評価するための枠組みとしてどんなものが考えられるのか、というのが7章の問題意識の1つであった。

4 生態学的妥当性

　海外生活や帰国プロセスの主要な側面や出来事について、その様子や問題点をたずねるというデータ収集方法には、研究の生態学的妥当性（ecological validity）を高めることも1つねらいとしてある。日本人の子供たちの海外生活経験や帰国経験がどんなものであるかを知りたいという、探索的かつ記述的問題関心から出発した著者の研究だが、「自然主義（naturalism）」Lofland & Lofland 1995＝1997）と呼ばれる社会科学方法論の問題意識と共有する部分は大きい。

　調査法という観点から生態学的妥当性の重要性を著者に繰り返して説いたのが、指導教員のシクレル教授である。シクレル教授は、調査を報告する際に調査の年代記を含むことの必要性も訴えている（南 1995b 参照）。本書の1章2節において、やや長めの調査紹介を行った理由である。ただ、理想は、調査仮説の生成や洗練のプロセスを調査の進展と結びつけて報告し分析することだが、著者の年代記はこれを十分に行っていないという不満が残る。

　研究方法と並んで、生活経験そのものを研究テーマとするという本研究の立場も、別の意味で生態学的妥当性を高めるものとなっている。発達研究において「生態学的妥当性」の大切さを強調したのは、ブロンフェンブレナー（Urie Bronfenbrenner 1979＝1996）である。本書の分析の多くが、事例の特徴的な要因を析出するというスタイルを取っているのは、ブロンフェンブレナーの言う「生態学的研究」を志向しているからである。彼は、古典的な実験室実験と生態学的研究を対比して次のように主張する。

　　一時に単一の変数に焦点を当て、他のすべての変数を「取り外そう」とする古典的な実験室実験と違って生態学的研究は、現実的な実行可能性や厳密な実験計画という制約の中で、できるだけ多くの理論的に関連性のある生態学的な対象を「取り入れよう」とする。こうした方法によってのみ、特定の生態学的状況を越えて現象を一般化できるし、発達的視点からは欠

かせない成長する人と彼を取り囲む変化しつつある環境との相互調整のプロセスを理解することができる。例えば、社会化の方略を研究する際には、通常よくなされているような社会階層によって被験者を層化するだけでなく、家族構造や育児の行動場面（家でなされるかセンターでなされるか）によって層化してみると、うまくいくかも知れない。こうした二つ以上の生態学的次元での層化は、一つの生態学的な文脈の範囲を越えた有機体－環境の相互作用パターンを発見したり、記述することが可能となるような体系的に分化した、そしてそれゆえにこまやかなグリッド（網目）を提供してくれる。さらに環境に対する適応という人類の偉大な能力を考えてみれば、これらのパターンはまさに複雑きわまりないものと言えよう。実験計画の古典的な述語に転訛してみると、**生態学的研究では、主効果は［交互作用］（翻訳では「相互作用」）になりやすい。**

(Bronfenbrenner 1979=1996 : 41。強調は原著者による)

発達における「主効果」がさまざまな要因の「交互作用」であるならば、その交互作用の型として各事例を捉えることが、生態学的研究においてまずなすべきことであると、著者は考えている。

　整理すると、生態学的妥当性を高めるためには、1.研究対象、2.データ収集方法、3.事例の分析スタイル、の3つの分野での対応が考えらる。ブロンフェンブレナーの各事例を「交互作用」として捉えよという主張が3番目にあたる。シクレルが提起した「研究対象の日常生活の状況、意見、価値、態度や知識基盤などを自然な生息環境に見られるままに捉えることができるか」(Cicourel 1982 : 15) という問いは、2つ目のデータ収集方法に主として関連するものだが、研究対象(1)も含むものになっている。シクレルの立場は、「自然主義」を方法的にも徹底したものであると考えることができるだろう。

5 本研究の知見の代表性について

　生態学的妥当性と密接に関連するのが、本書の知見の代表性の問題である。ここでは、帰国経験を中心テーマとしている本書5章を例にとって、その議論の代表性、一般化可能性を、方法論と結びつけて論じておきたい。「教室」の比較を「体系的」に行うためには、観察対象の教室をランダムに選び出して、その中で観察する場面を系統的に選ぶ、などといった手続きを取ることが望ましいという批判があると考えられる（例えば、以下の行動観察研究やテキスト参照：Barker & Gump 1964=1982、Schoggen 1989、Alberto & Troutman 1986=1992)。

　このような、研究対象の事例や場面の統計的代表性に関する批判に対しては、サンプリングの際に前提となるサンプリングフレーム情報がないためにそれが不可能であったという反論が可能である。全体の「分布」がおぼろげでもわかっていない場合、なんらかのサンプリングは不可能だ。いずれにしても、著者の調査計画は、少数の帰国子女を集中的に追跡調査するというものであり、対象としている事例の統計的な代表性という点に関して大きな制約があることは認めざるを得ない。

　次に、著者の分析の適切さについて考えてみよう。研究者による観察調査に基づく比較研究としては、恒吉（1992）がある。日米の小学校数校を約1カ月ずつ観察調査している。恒吉本人は、永住を考えてアメリカに渡っていた日本人夫婦の子供として、アメリカで生まれ育ち、その後帰国して日本の小学校の5年生になっている。両国の小学校に児童として在籍した経験が、観察においても活用されているものと思われる。「かくれたカリキュラム(hidden curriculum)」などといって、「児童の学校での社会化体験」（恒吉 1992：36-37）を問題にする場合、教える側の視点や観察者の視点から、教えられ社会化される側の子供の視点にどのように迫るかが鍵となる。子供の行動の観察やインタビュー、質問紙調査など社会科学の調査法として利用されているものを活用することになるが、観察結果を解釈し分析する際に研究者によって

参照されるのが、研究者自身の「社会化体験」であろう。普通の人間は1つの社会文化内でその経験を積んでいるわけだが、恒吉は、日米両文化において「社会化体験」を持っている。これが、恒吉の比較研究の強みである。

参与観察法に基づくその他の民族誌的研究としては、海外の研究者によるものとして、Cummings (1980=1981)、Rohlen (1982=1988)、Hendry (1984)、White (1987)、Tobin 他 (1989)、Peak (1991)、Lewis (1995) などがあり、日本人研究者によるアメリカの学校の調査として、稲垣 (1977)、梶田 (1983)、安彦 (1987) などがある。これらの、参与観察法に基づく研究においても（ただし、引用した日本人による研究が、厳密な意味での「参与観察」と呼べるかどうかは疑問である。子供が「参加」しており、その保護者として関与したというほうが適当かもしれない。その点では、海外の研究で引用したものにも、同様の制約があてはまるものもある）、基本的に事例の数は限られている。少数事例の分析から、「全体像」や行動の「底に潜む (underlying)」とされている「社会文化的特質」を抽出しようとしているのである。

本書5章も、少数の事例を中心に分析を進めている。これは、ブロンフェンブレナーの主張に見られるように、個々の事例や現象をできるだけ多角的かつ包括的に捉えることで、事象の理解に迫ろうという意図からである。個別性 (idiosyncrasy) を踏まえた上で、一般的要因の作用を析出するというやり方が、他の事例にも応用可能な知見を生み出すと考えている。

このようなアプローチがとりわけ必要とされるのが、「いじめ」などの「問題」の取り扱いにおいてである。レイベリング論などが明らかにしてきたように、「問題」現象の理解には、多様な立場からの事例の詳細な検討が必要である (Becker 1973=1978、大村・宝月 1979、南 1983、Damon 1996)。例えば、帰国子女の「適応問題」が「発生」するのは、学校の教室においてであることが多い。これを、当事者および観察者の立場からどう見えるのかをあわせて考察しようとすると、1人の帰国子女についても膨大な量のデータが必要となる。少なくとも、次の3つの種類のデータが可能であり必要となる。1.なにが生じているのか、2.それを帰国子女がどう見ているのか、3.それを教

師がどう見ているのか。

5章2節では、小学校の教室でのやりとりの観察記録が主要データとなっている。これには、「なにが起こっているのか（what is happening）」をまず確定しようという意図がある。その「意味」や「機能」、社会化上のはたらきについては、日米比較の視点から先行研究を手がかりに分析を行った。ねらいは、日米差を浮き彫りにすることである。

しかし、帰国子女が「違い」をどう捉えているかがとりわけ肝心である。2節で登場した小学生の帰国子女から「違い」についての語りを引き出すことができなかったため、中学生とのインタビューデータを提示し分析することにしたのが3節である。授業の「形式」の日米差に照準して議論を行っている（しかし、経験の「語り」はあくまで「語り」にすぎないのかもしれない。小学生には、経験を著者に理解可能な「語り」としてまとめるということができなかったという事情を忘れてはならない）。

学級は、帰国子女の生活世界の大きな部分を占めている。そこで帰国子女がどのようにふるまっているのか、これが著者が知りたかったことである。2節の観察記録に見られるような個々のやりとりで帰国子女がどう行動するかを収集し蓄積することが必要になる。著者もそのための努力を行い、いくつかの授業を観察した。その結果、「帰国子女らしい」行動データを集めることもできた。だが、「帰国子女らしい」行動と、「帰国子女らしくない」、「普通の子とかわらない」行動とが観察できた場合、どう評価すればいいのか。観察状況のサンプリングの問題が生じてくるのである。

教師のインタビューデータは、帰国子女の教室経験の報告でもあり、また、それを構成するものでもある。教師は、個々のやりとりに参加して子供たちと「協同で」場面を構築している。そして、その経験から選択的にエピソードを想起して語る。2人の教師とのグループインタビューという状況が、語りの社会性を増幅する。その中で、4節は、教師が「転校生」として帰国子女を理解しようとしている点を中心に、その問題点などを指摘した。

最後に、本書全体の知見の一般化可能性はどうであるかを考えてみると、

これについては、ほとんどなにも言うことができない。海外生活経験が時代とともに変化してきていることは間違いないと思われる。帰国後の受け入れ体制にしても、かなり充実してきたという認識が帰国子女教育関係者の間では定着しているようである。S市以外での子供たちの海外経験や1990年代後半の帰国経験については、別の研究が待たれるところである。本書の立場は、個別事例を「交互作用」の産物と捉えて、一回性・個別性・歴史性のなかに普遍性を探るというものである。

6 本研究の理論的背景

　これまで、いくつか方法上の論点について本書の立場を補足するコメントを行ってきた。次に、理論との関連でいくつか述べておきたい。著者は、博士論文研究を指導されたシクレル教授（Aaron V. Cicourel）やミーハン教授（Hugh Mehan）を通じて、エスノメソドロジー（ethnomethodology）の影響を受けた質的ミクロ分析の訓練を受けた（このような表現は、エスノメソドロジーの初期の理論的担い手を自認するシクレル教授にとっては、失礼なものかもしれない。ここでは、本研究の理論的背景を示すためにエスノメソドロジーに言及しているのであり、エスノメソドロジーの歴史や内部での立場の相違などは視野に入れていない）。また、ダンドラーデ教授（Roy G. D'Andrade）を通じて認知人類学（cognitive anthropology）、コール教授（Michael Cole）を通じて状況論や文化心理学（cultural psychology）、ベイツ教授（Elizabeth Bates）を通じて心理言語学（psycholinguistics）に接した。残念ながら、本書に明らかなように、先行の理論や学説を整理して著者の立場を明確に位置づけるまでにはいたっていない。だが、本研究は、これらの領域の知見を吸収し活用しようとした試みとして理解されるべきである。

　著者が苦心してきた点の1つは、相互作用やコミュニケーションといったミクロな「いまここ」の現象と、「性格」や「アイデンティティ」といった状況を超越した概念とをどのようにして結びつけるかということである。

フィールド調査を進める中で、著者が観察していた現象に応用可能な考え方がレイブやウェンガーの状況論（Lave & Wenger 1991＝1993）にあるのを感じ、ハイムズのコミュニケーション能力（communicative competence）やガンパーツの言語によるアイデンティティ呈示と結びつけて論じられるのではないかと、Ph.D.論文はその方向で研究をまとめようと試みた（Minami 1993）。しかし、その後ウェンガーの博士論文（Wenger 1990）を読んでみたり、ハイムズやガンパーツを読み直したりしたものの、理論的枠組みを前面に打ち出して議論を組み立てるところまでには到達していない。言語を媒介の道具と見なすヴィゴツキーの理論はどうだろうかと考えたりしているところである。

　本書の理論的背景としてもう１つ指摘しておくべき点は、レイベリング論をはじめとする逸脱行動論の影響である。本書において明示的に言及することはほとんどしなかったが、著者が逸脱行動研究に親しんだ名残りは随所に見て取ることができるだろう。ゴフマンの研究は、逸脱をテーマとしていた時から参考としてきたものである。ただ、その方法論に対してかなり批判的な立場を取るようになったのは、本研究を通じてのことであった。

　また、日本文化論への関心も感じられるだろう。日本人の「国民性」や文化とパーソナリティといったテーマは、社会心理学を専攻とする日本での大学院生時代から著者の興味の一部を占めていた。その関係で、「アイデンティティ」はフィールド調査を開始する以前から、本研究の鍵概念であった。だが、既存の研究を調べれば調べるほど、本研究とどう結びつけられるかがわからなくなっていった。「心理的葛藤」のように個人の内面の心理現象として定義してしまうと、科学的なアプローチがかなり困難なものとなってしまう。アイデンティティを媒介概念とする本書の戦略は、「帰国子女が経験する心理的葛藤」を直接のターゲットとしていないから可能となっているのかもしれない。だが、個人の心理に直接迫ることはどのような方法で可能だろうか、という疑問が著者にはある。言語報告をデータとするならば、そこにはさまざまな過程が媒介するものとして存在しているように思われる。それよりも、客観的な観察が相対的に可能である、相互作用場面における生活

経験をまず明らかにすることが、迂遠と映るかもしれないが、着実な前進が期待できるものであると著者は考えるのである。

7　発達・社会化のメカニズム——なにが習得されるのか

　リアリティとの距離とも、相互作用場面へのこだわり、さらに「アイデンティティ」の生活経験的基盤とも関連することだが、1つの行動場面を超えて各個人に行動パタンの一貫性が見られるとしたら、個人にどんな変化が生じていると考えられるのだろうか、という大きな問題がある。ふるまいが状況に埋め込まれているという立場を著者は取っている。その場、その場で言動は生み出されている。行動を状況外の要因に還元して説明するという立場は極力回避したいと考えている。このようなミクロな再生産主義が、「性格」や「アイデンティティ」といった概念とどういう関係にあるかという点について論じておく必要があろう。

　パーソナリティ体系が成長の過程を経てひとたび「完成」すると、これが社会体系や相互作用場面から相対的に独立したものとして機能するという、従来の個人主義的な見方を著者は取っていない。このような見方に対して批判的な立場を取る研究に多く接してきた著者にとっては、自然な選択である。だが、これに代わる明確なモデルを著者が持っているわけではない。現在、多彩な研究が進行中であり、著者はそれらの成否を見守っているというところである。なかでも、著者が親しく接したのが、認知人類学者のダンドラーデの考えであり、本書の議論は彼の所論を多く下敷きとしている。ここでは、それを簡単に紹介しておきたい。

　ダンドラーデは、個人のサイキは相互に関連するいくつかのシステムからなっているように思われると言う。推論や記憶、知覚といった認知システムは、問題解決という要請に応えるものである。同様に、パーソナリティも、システムとして、人が社会環境および物理環境と良好な関係を維持できるように人を導いている。このために必要なのは、単なる問題解決システムでは

なく、人がうまくやっているかどうかについてのフィードバックを与える情緒システムと、目標構造を提供する動機づけシステムとである（D'Andrade 1995 : 251）。

　本書の3章で論じた言語能力の獲得がダンドラーデのいう認知システムの変化にかかわるものだとするならば、5章7節の勤勉さや7章の「アイデンティティ」は、パーソナリティシステムに関連している。言語習得や学習、変化のメカニズムについては、いろいろな学習経験によって、個人の知識構造が変化していくと考えている。これは、認知科学におけるスキーマ理論に依拠するものである（D'Andrade 1995）。

　本書6章と7章の議論において想定されており、また同時にこれらの事例からその妥当性が支持される命題として以下のものが挙げられる。

　1．人間のタイプについての知識は、命題や規則というよりも、スキーマのような相互に関連する要素のネットワークから成っている。
　2．［知識が行動を生む］行動の基盤と考えられている「性格」や「パーソナリティ」は、人の保持している認知システム（知識）を反映したものであり、行動場面におけるインプットを人が情報処理した結果であるアウトプットに見られる傾向性やパタンを表現している。［また、その自動化がある。］
　3．［学習のメカニズム］人の保持する認知システム（知識）には、外界の構造との対応が見られる。これは、知識が日常生活経験を通じて学習されるものであり、外界のありようは、経験の場であると同時にインプットそのものであるからである。

　これらは、真紀子が帰国子女を2つのタイプに分類する際に利用されているのみならず、彼女自身の経歴、変化を理解する上でも活用されている。後者がとりわけ顕著であるのが命題3であり、これの証拠となるコメントが他の帰国子女や家族にも見られた。社会文化的アイデンティティには、ダンドラーデが、情緒システムについて以下のように述べていることがあてはまると考えることができる。

付論　方法論に関する覚え書き　285

　現在の時点で、基本情緒について合意されていることは、ユニークで情緒と結びついている感覚（sensation）の数は限られており、情緒的な経験はこれらの感覚と状況の認知的な査定（appraisal）との綜合（synthesis）から成っているということだけである。　　　　　　　(D'Andrade 1995 : 220)

　情緒はどんなはたらきをしているのだろうか。私は、別のところで情緒は特別な種類の情報システムであり、認知システムを補完し認知システムとともに進化してきたと主張したことがある。この仮説は、高度な知能を有する生物種は高度に情緒的な存在であるという事実によって支持される。2つのシステムが一緒に進化してきた理由としては、認知システムが、外的世界についての説明（account）を提供するように特化しており、そこで自身がどれほどうまくやっているかについての説明を提供するわけではないということが考えられる。情緒と身体感覚のシステムが、自己にとってものごとがどのようにはこんでいるかの情報をもたらす。つまり、身体感覚が、身体がどのように作用しているかを伝え、情緒システムが、自己が世界との関係でどの程度うまくやっているかを伝える。
　　　　　　　(D'Andrade 1993 : 19-20、D'Andrade 1995 : 229 より引用)

著者は、ダンドラーデが「どの程度うまくやっているか」と表現している点を指すものとして、「機能的成員性」という言葉を使用している。人が自己のふるまいの査定をしており、それを反映するのが情緒やアイデンティティだと考えるのである。
　そして、「日本人」という社会文化的アイデンティティは、ダンドラーデの言うように、スキーマとして活性化される。スキーマがレリヴァントとなって活性化されるのだが、それが思うようにいかなかったとき、「機能的成員」であるとの想定が危機にさらされるのである。うまくいくかどうかが、手続き的知識のレベルの情報に基づいて判断されるのに対して、うまくいかない

ときには、「日本人」スキーマが活性化されて、宣言型知識のレベルで意識化されることになると考えられる。

　変化の問題は、相互作用場面の「外の」要因をどのようにして取り上げるかという問題と結びついている。例えば、「学習」は、なにかそれまでできなかったことができるようになることを捉えようとする概念である。分数のかけ算ができなかったのができるようになる、あるいは、それまでは宿題を指示するアナウンスメントが聞き取れなかったのが聞き取れるようになる、という変化を、学習、あるいは語学力の習得という言葉で呼ぶのである。

　これらの例は、変化が比較的はっきりしている。日常的に子供に接している学校の教師や親には、「変化」を見て取ることができよう。だが、著者のような研究者にとってはどうだろうか。家庭教師をしているというような場合を除いては、学校のテストや通知表を見たり、教師や親の報告に頼って「変化」を知ることになるだろう。

　「変化」の把握の問題が一番先鋭となるのが、6章の森本真紀子の場合のような、「性格の変化」である。「性格」というものは捉えるのがむずかしい。「客観的」に測定することがむずかしいものである。Z市にいた時は、「元気で楽観的だった」、また、「中学校で内向的になった」という自己報告を、著者は信じるしかない。自己報告データに依拠するということは、「変化」があると判定する主体を、研究者から当事者に移すということでもある。

8　人びと自身の説明と社会科学者

　「変化」や「アイデンティティ」の存在論的基盤を、当事者の視点、認知、自己報告に求めるという方法論上の立場は、研究者の主観性、観察の恣意性といった従来しばしば指摘されてきた問題点から社会科学者を解放する可能性を持っている。だが、これは、社会科学者に別の問いを突きつけることになる。

　エスノメソドロジーは、社会成員が行っている世界の理解について多大な

る関心を持っている。6章において、著者は、帰国子女森本真紀子が、自己の「性格」変化についての語りを提示して活用している。このような例は、他にも随所に見られる。ここで、とりわけ、研究者としての著者のユニークな貢献はなんなのだろうかという、エスノメソドロジーの提起する根本的問いに著者も直面することになる。

　この問題に対しては、大きく分けると、語りの内容を「説明（account）」として終始一貫して扱い、それ以上に踏み込まないというやり方と、リアリティを反映するものとして、実態にからめて理解しようという立場とが考えられる。著者の理解では、エスノメソドロジーは前者のアプローチを取っている。これは、方法論上一貫した立場であるように思われるが、その取り扱うことのできる現象が限定されてしまうという不満が残る。「変化」や「アイデンティティ」といった「いまここ」を超える現象に興味がある著者にとっては、「説明」の指示する「リアリティ」を問題としたいのである。16-3の著者の言葉に、この点が明瞭に見られる。調査対象者の行う「説明」を「科学的」説明にしようという立場である。

　スキーマ理論を活用した、ダンドラーデ流の認知システム、パーソナリティシステム論が、どこまでの有効性を持つものであるかが本書の分析の説得力とも関係してこよう。ダンドラーデ理論についての著者の理解や応用も問われることになる。だが、インタビューによって収集した自己報告データに依拠して「発達」や「アイデンティティ」という現象を捉えようとするならば、本書のようなアプローチは必要になってくるものと思われる。

　ここで、本書で取り上げた当事者の「説明」をいくつか整理しておこう。真紀子の「説明」と並んで印象深いのが、海外駐在員の大衆化という「説明」である。これは、ある派遣教員から聞いた考えであるが、海外子女の英語習得が近年遅くなっている原因として挙げられたものである。強力な平等主義に支えられた戦後教育のなかで、大多数の教員は、表向きは家庭の経済力や親の学歴などといった要因を子供とは無関係なものとしている。しかし、仲間内では、家庭の状況を子供の成績や素行と結びつけて語っているのであ

る。この派遣教員のコメントもその1つの現れであると考えることができる。

著者の調査が、この「仮説」の適否を評価することを1つの目標としていたという面はある。派遣経験豊富な教員の体験に基づく「説明」は魅力的であり、社会学的にも興味深いものであった。その際、時代差とともに気になったのが、地域差である。1国の首都に派遣される駐在員と首都ではない地域に派遣される駐在員が、質や層が異なるということは当然考えられる。また、派遣企業の業種による違いもあるだろう。

総体的に考えて、日本からの海外駐在員が増えると、その層が多様化するということは、大学の大衆化などからも予測されることである。だが、「大衆化」が子供の海外帰国経験にどのように影響するか、その関係を見極めることは簡単なことではない。著者の調査では、S市というある1地域を対象としたために、地域差を明らかにすることはできなかった。過去の帰国家族を調査対象に含むように心がけたが、帰国したばかりの家族と比較可能な情報を引き出すことは困難であった。本書2章は、父親の滞米目的（職種）ということを1つの鍵概念としたが、これは、「大衆化」仮説になんらかの形で答えたいという意図が元来あったからである。

インタビューにおいて、真紀子は著者の見解を何度かたずねてきた。彼女の「説明」を「どう思うか」と言うのである。16-3の、真紀子の「説明」を受けての著者の言葉は、著者がフィードバックをしている例である。このような意味で、インタビューデータが、中立客観的なデータであるとは言えないだろう。「観察」しようという試みが相手に影響をあたえるという、いわゆる「観察効果」に加えて、さらに「深い」ところで回答に著者が影響している。7章4節で紹介しているように、「アメリカ人」と自分のことを感じるようになったのは、なぜだったんだろうといぶかる真紀子に、「英語の不自由はなかったか」と1つの仮説を示唆したのは著者だったのである。

人びとが行う「認知活動」を丸ごと理解しようとしたのが、文化人類学から発した認知人類学であった。それを突き進めたのが、ガーフィンケルのエスノメソドロジーである。エスノメソドロジーは、人びとが行う意味付与や

解釈にこだわって、社会科学者の独自の貢献はどんなものかという反省を突きつけている。本書を読み返してみて、著者も、どれほどのことを成し得たのだろうかという思いに捕らわれる。人びとが生活経験の中で感じ考えたことをかき集めたにすぎないのだろうか。だが、それが社会科学のできることだとしたら、今後もこのような営みを継続していくしかないということなのだろう。

注

1）なお、最近ではアメリカの大学での参与観察などの質的調査に対する認識も変化しつつあるということだ。1999年10月末に来日したフレデリック・エリクソン（Frederick Erickson）教授の講演会で、質的調査における倫理問題が話題となった。教授によれば、かつては、参与観察やビデオ録画中心の研究にも、医学研究などと同じ書類や手続きが適用されていた。だが、最近は、社会科学の質的調査では、もっと簡便な手続きで大学の倫理委員会の承認を得られるようになっているとのことだった。

文献

　本文で直接引用していない文献も載録してある。自覚的に引用していない文献からも、間接的に多大な影響を受けたという想いと、その影響に適切に言及できていないのではないかと恐れとからである。日常生活における記憶研究の第1人者であるNeisserは、自身のことを「引用文の出典を再生する能力がない」(Neisser 1982 = 1988: 20) と言っているが、著者も同感である。また、海外帰国子女関係の文献を幅広く集めたものとして、文献リストに資料的意義を持たせるねらいもある。ただ、英文テキストを参照したために、邦訳があってもそれが挙がっていない文献もある。その意味では、「資料的意義」は不十分である。

　なお、調査対象の特定に直接つながるような情報を隠すために、書誌情報を少し省略したものがある。

安彦忠彦 1987.『よみがえるアメリカの中学校：日本の中学校改革への提言』有斐閣.
Alberto, P.A. & Troutman, A.C. 1986. *Applied Behavior Analysis for Teachers*. 2nd. Merrill. = 1992. 佐久間徹・谷晋二監訳『はじめての応用行動分析』二瓶社.
あさひ学園オレンジ校父母の会 1990.『オレンジ校からの帰国生のその後』(第5回特集号：帰国生適応状況追跡調査の結果).
厚木市立森の里中学校 1992.『豊かな国際性をはぐくむ教育活動：日常の地道な実践と地域の特色を生かして』(研究紀要第3号).
有江辰郎 1994. 平成6年度帰国子女中学・高校・大学の入試状況について（子どもの教育Q&A）.『海外子女教育』1994年10月号. 76-80.
東洋 1982. 帰国児のアイデンティティ.『中等教育資料』447：16-21.
Barker, R.G. & Wright, H.F. 1951. *One Boy's Day*. Harper & Row.
Barker, R.G. & Gump, P.V. 1964. *Big School, Small School: High School Size and Student Behavior*. Stanford University Press. = 1982. 安藤延男監訳『大きな

学校、小さな学校：学校規模の生態学的心理学』新曜社.
Bates, E., Bretherton, I., Beeghly-Smith, M. & McNew, S. 1982. Social Bases of Language Development : A Reassessment. *Advances in Child Deveopment and Behavior* 16 : 7-75.
Becker, H.S. 1973. *Outsiders : Studies in the Sociology of Deviance*. Free Press. = 1978. 村上直之訳『アウトサイダーズ：ラベリング論とは何か』新泉社.
Becker, H.S., Geer, B., Hughes, E.C., & Strauss, A.L. 1961. *Boys in White : Students Culture in Medical School*. University of Chicago Press.
Bellah, R.N. 1957, 1985 = 1996. 池田昭訳『徳川時代の宗教』岩波書店.
Bennett, J. 1977. Transition Shock : Putting Culture Shock in Perspective. *International and Intercultural Communication Annual* 4-4 : 45−52.
Bernard, H.R., Killworth, P., Kronenfeld, D., & Sailer, L. 1984. The Problem of Informant Accuracy : The Validity of Retrospective Data. *Annual Review of Anthropology* 13 : 495-517.
Breakwell, G.M., ed. 1992. *Social Psychology of Identity and the Self Concept*. Surrey University Press.
Bronfenbrenner, U. 1979. *The Ecology of Human Development : Experiments by Nature and Design*. Harvard University Press. = 1996. 磯貝芳郎・福富護訳『人間発達の生態学：発達心理学への挑戦』川島書店.
Cicourel, A.V. 1964. *Method and Measurement in Sociology*. Free Press.
―――. 1974a. *Cognitive Sociology : Languge and Meaning in Social Interaction*. Free Press.
―――. 1974b. *Theory and Method in a Study of Argentine Fertility*. Wiley.
―――. 1995, 1967. *The Social Organization of Juvenile Justice*. Transaction.
―――. 1996. Ecological Validity and "White Room Effects" : The Interaction of Cognitive and Cultural Models in the Pragmatic Analysis of Elicited Narratives from Children. *Pragmatics and Cognition* 4 : 221-264.
Cicourel, A.V. & Kitsuse, J.I. 1963. *The Educational Decision-makers*. = 1985. 山村賢明・瀬戸知也訳『だれが進学を決定するか：選別機関としての学校』金子書房.
Coming to America. 1990. （西海岸教育編）. U.S. ジャパン・パブリケーション.
Cole, M. 1992. Culture in Development. In Bornstein, M. & Lamb, M. eds. *Developmental Psychology : An Advanced Textbook*, 731-789. Erlbaum.
Cole, M. & Cole, S.R. 1989. *The Development of Children*. Scientific American.
Corsaro, W.A. 1996. Transitions in Early Childhood : The Promise of Comparative, Longitudinal Ethnography. In Jessor et al. eds. 419-457.
Coyle, A. 1992. 'My Own Special Creation? The Construction of Gay Identity. In Breakwell ed. 187-220.

Crawford, J. 1992. *Hold Your Tongue: Bilingualism and the Politics of "Enlish Only."* Addison-Wesley. = 1994. 本名信行訳『移民社会アメリカの言語事情：英語第一主義と二言語主義の戦い』ジャパンタイムズ.
Cummings, W.K. 1980. *Education and Equality in Japan*. Princeton University Press. = 1981. 友田泰正訳『ニッポンの小学校：観察してわかったその優秀性』サイマル出版会.
カニングハム久子 1988.『海外子女教育事情』新潮社.
Damon, W. 1996. Nature, Second Nature, and Individual Development: An Ethnographic Opportunity. In Jessor et al. eds. 459-475.
D'Andrade, R. 1985. Character Terms and Cultural Models. In Dougherty, J.W.D. ed. *Directions in Cognitive Anthropology*, 321-343. University of Illinois Press.
―――. 1995. *The Development of Cognitive Anthropology*. Cambridge University Press.
D'Andrade, R. & Strauss, C. eds. 1992. *Human Motives and Cultural Models*. Cambridge University Press.
Deaux, K. 1992. Personalizing Identity and Socializing Self. In Breakwell ed. 9-33.
De Vos, G.A. 1973. *Socialization for Achievement: Essays on the Cultural Psychology of the Japanese*. University of California Press.
土居健郎 1971.『甘えの構造』弘文堂.
Dore, R.P. 1973 = 1987. 山之内靖・永易浩一訳『イギリスの工場・日本の工場：労使関係の比較社会学』筑摩書房.
Doreian, N.C. 1981. *Language Death: The Life Cylce of a Scottish Gaellic Dialect*. University of Pennsylvania Press.
同志社国際中・高等学校 1990.『*Over the Rainbow*：本校における帰国生徒教育の歩み』.
Ebaugh, H.R.F. 1988. *Becoming an Ex: The Process of Role Exit*. University of Chicago Press.
江淵一公 1994.『異文化間教育学序説：移民・在留民の比較教育民族誌的分析』九州大学出版会.
Eckert, P. 1989. *Jocks and Burnouts: Social Categories and Identity in the Highschool*. Teachers College Press.
遠藤汪吉 1983.『ことばの心理学』ナカニシヤ.
Erickson, F. 1986. Qualitative Methods in Research on Teaching. In Wittrock, M.C. ed. *Handbookd of Research on Teaching*. 3rd. ed. 119-161. Macmillan.
Erikson, E.H. 1963. *Childhood and Society*. Norton. = 1977; 1980. 仁科弥生訳『幼児期と社会』みすず書房.
―――. 1968. *Identity: Youth and Crisis*. Norton.

ファーカス、ジェニファー・河野守夫 1987.『アメリカの日本人生徒たち:異文化間教育論』東京書籍.
福永佳津子 1993.『帰国ママのチャレンジ生活術』ジャパンタイムズ.
Geertz, C. 1973. *The Interpretation of Culture*. Basic Book. = 1987. 吉田禎吾他訳『文化の解釈学Ⅰ・Ⅱ』岩波書店.
ギルバート真須子 1986.『アメリカの一小学校教師として:教育現場からの報告』龍溪書舎.
Glaser, B.G. & Strauss, A.L. 1967. *The Discovery of Grounded Theory: Strategies for Qualitative Research*. Aldine. = 1996. 後藤隆・大出春江・水野節夫訳『データ対話型理論の発見:調査からいかに理論をうみだすか』新曜社.
Gleason, P. 1983. Identifying Identity: A Semantic History. *Journal of American History* 69: 910-931.
Goethals, G.R. & Reckman, R.F. 1982. The Perception of Consistency in Attitudes. In Neisser, U. ed. *Memory Observed: Remembering in Natural Contexts*. W.H. Freeman. (初出: *Journal of Experimental Social Psychology* 9 (1973): 491-501.) = 1988. 富田達彦訳『観察された記憶:自然文脈での想起(下)』誠信書房.
Goffman, E. 1959. *Presentation of Self in Everyday Life*. Doubleday. = 1974. 石黒毅訳『行為と演技:日常生活における自己呈示』誠信書房.
―――. 1974 (1963). *Stigma: Notes on the Management of Spoiled Identity*. Aronson.
―――. 1981a. Response Cries. In *Forms of Talk*, 78-123. University of Pennsylvania Press.
―――. 1981b. Radio Talk. In *Forms of Talk*, 197-330. University of Pennsylvania Press.
Goodenough, W.H. 1957. Cultural Anthropology and Linguistics. In Garvin, P. ed. *Report of the Seventh Annual Round Table Meeting in Linguistics and Language Study*, 167-173. Georgetown University.
Goodman, R. 1990. *Japan's 'International Youth': The Emergence of a New Class of School Children*. Oxford University Press. = 1992. 長島信弘・清水郷美訳『帰国子女:新しい特権層の出現』岩波書店.
Gorer, G. 1962. Themes in Japanese Culture. In Silverman, B.S. ed. *Japanese Character and Culture: A Book of Selected Readings*, 308-324. University of Arizona Press.
Gumperz, J.J. 1982. *Discourse Strategies*. Cambridge University Press.
―――. ed. 1982. *Language and Social Identity*. Cambridge University Press.
Gumperz, J.J. & Cook-Gumperz, J. 1982. Interethnic Communication in Committee

Negotiations. In Gumperz ed. 145-162.
Hall, S. & du Gay, P. eds. 1996. *Questions of Cultural Identity*. Sage.
ハロラン芙美子 1988.『ティーンエージブルース:ルポルタージュ・米国の教育改革』日本経済新聞社.
濱口惠俊 1982.『間人主義の社会日本』東洋経済新報社.
―――.1987.『「日本らしさ」の再発見』日本経済新聞社.
原子令三 1983. 狩猟民ピグミーと遊牧民ガブラ:アフリカの二つの世界. 大塚柳太郎編『生態人類学』110-124. 至文堂.
Heath, S.B. 1996. Ruling Places: Adaptation in Development by Inner-city Youth. In Jessor et al. eds. 225-251.
Hendry, J. 1984. Becoming Japanese: A Social Anthropolgical View of Child-rearing. *Journal of the Anthropological Socieyt of Oxford* 15: 101-117.
日高博子 1976.『シンガポールの日本人学校』講談社.
平林憲法 1989. From Los Angeles:知っておきたい子どもの教育(1).『海外子女教育』5月号. 58.
Hogg, M.A. & Abrams, D. 1988. *Social Identifications: A Social Psychology of Intergroup Relations and Group Processes*. Routledge. = 1995. 吉森護・野村泰代訳『社会的アイデンティティ理論:新しい社会心理学体系化のための一般理論』北大路書房.
Holland, D. & Quinn, N. eds. 1987. *Cultural Models in Language and Thought*. Cambridge University Press.
本田靖晴 1986.『ロサンゼルスの日本人』学習研究社.
保坂展人 1994a.『いじめの光景』集英社.
―――.1994b.『学校は変わったか:こころの居場所を求めて』集英社.
星野命他 1990.『帰国子女の心理臨床的研究』東京学芸大学海外子女教育センター.
Hymes, D. 1972. Models of the Interaction of a Language and Social Life. In Gumperz, J.J. & Hymes, D. eds. *Directions in Sociolinguistics: The Ethnography of Communication*, 35-71. Holt.
異文化体験教育研究会 1990.『子どもの異文化体験に関する学際的研究』伊藤忠記念財団.
稲垣忠彦 1977.『アメリカ教育通信:大きな国の小さな町から』評論社.
井上治男 1989.『帰国子女の日本語教育:ことばとの格闘』同時代社.
乾侑・園一彦 1977.『海外駐在員の子女教育:影を落とす進学競争』日本経済新聞社.
石浜みかる 1988 (1982).『カリフォルニアの素敵な学校』新潮社.
石川好 1983.『カリフォルニア・ストーリー』中央公論社.
―――.1988.『ストロベリーロード』早川書房.
石山茂利夫 1988.『生徒刺傷:公立中学で何が起こっているか』講談社.

石附実・鈴木正幸編 1988.『現代日本の教育と国際化』福村出版.

磯田一雄 1985.『子どもたちのマジソン：アメリカの学校生活体験記』教育出版.

伊藤和彦 1991. 平成三年度帰国子女中学・高校・大学の入試状況について.『海外子女教育』9月号. 96-99.

岩間浩 1992.『小さな大使の異文化体験：アメリカの学校・日本語補習校の実際』学苑社.

Jessor, R., Colby, A., & Shweder, R.A. eds. 1996. *Ethnography and Human Development: Context and Meaning in Social Inquiry*. University of Chicago Press.

梶田正巳 1983.『ボストンの小学校：ありのままのアメリカ教育』有斐閣.

筧壽雄編 1993.『オノマトピア』勁草書房.

海外子女教育振興財団 1989a.『帰国子女の外国語保持に関する調査研究報告書』.

―――――. 1989b.『帰国子女の外国語保持に関する調査研究報告書2』.

海外子女教育振興財団編 1991.『海外子女教育振興財団20年史』海外子女教育振興財団.

神谷英子 1990. 教師の役割と隠れたティーチング：ある日本語補習授業校を例として.『海外子女教育』10月号. 54-56.

金子真・宮原洋一 1986.『1年生の教室から』大月書店.

加藤幸次 1988.「開かれた」日本人学校の創造. 石附・鈴木編. 98-127.

加藤恭子 1985（1975）.『アメリカへ行った僚子』朝日新聞社.

キャッツ邦子 1989a. 日本人地区における現地住民の声(1).（新ニューヨーク教育事情第6回）.『海外子女教育』10月号.

―――――. 1989b. 日本人地区における現地住民の声(2).（新ニューヨーク教育事情第7回）.『海外子女教育』11月号.

川端未人 1986. 帰国子女教育の実践：学校の指導体制. 東京学芸大学海外子女教育センター編. 64-76.

河合優年 1989. 異文化の中での3歳児. 小嶋秀夫編『乳幼児の社会的世界』116-140. 有斐閣.

河合泰子 1991.『帰国主婦こころの手帖』彩流社.

川崎市海外帰国子女教育連絡協議会・川崎市教育委員会 1985.『川崎市の海外帰国子女教育』4.

―――――. 1989.『川崎市の海外帰国子女教育』6.

川崎市宮前・麻生区海外帰国子女受入推進地域研究会 1985.『川崎市宮前・麻生区海外帰国子女受入推進地域研究』1.

帰国子女の会フレンズ 1988.『海外帰国子女シンポジウム：異文化体験をどう生かすか』.

―――――. 1989.『海外帰国子女シンポジウム：私たちにとっての「海外の教育と

は」』.
木村恵子 1987.『小さな地球人たち』日本評論社.
北澤毅・古賀正義編 1997.『〈社会〉を読み解く技法：質的調査法への招待』福村出版.
Kitsuse, J.I., Murase, A.E., & Yamamura, Y. 1984. *Kikokushijo*: The Emergence and Institutionalization of an Educational Problem in Japan. In Schneider, J. W. & Kitsuse, J.I. eds. *Studies in the Sociology of Social Problems*, 162-179. Ablex.
小林春美・佐々木正人編 1997.『子どもたちの言語獲得』大修館書店.
小林哲也 1978.『在外・帰国子女の適応に関する調査報告』京都大学比較教育学研究室.
―――. 1981.『海外子女教育・帰国子女教育』有斐閣.
小林哲也編 1983.『異文化に育つ子どもたち』有斐閣.
小林哲也・江淵一公編 1993.『多文化教育の比較研究：教育における文化的同化と多様化』九州大学出版会.
神戸大学教育学部附属住吉中学校 1984.『明日に虹を：帰国子女教育学級開設15周年記念』.
―――. 1990.『あなたの隣で：世界へ続く道』(帰国子女教育20周年記念).
小島勝 1988.「帰国子女」のアイデンティティ形成と帰国後の経験および支えになった人・グループ・事柄．小林哲也代表『科学研究費報告書 帰国子女の適応に関する追跡研究』115-179. 京都大学教育学部.
―――. 1993.『第二次世界大戦前の在外子弟教育論の系譜』龍谷学会.
―――. 1995. 海外子女子女教育の社会学．竹内洋・徳岡秀雄編『教育現象の社会学』168-186. 世界思想社.
国際基督教大学高等学校 1989.『新しい地平を求めて：ICU高校の教育』.
Konner, M. 1987. *Becoming a Doctor: A Journey of Initiation in Medical School*. Penguin.
子安文 1987.『私のミュンヘン日記：シュタイナー学校を卒業して』中央公論社.
子安美知子 1975.『ミュンヘンの小学生：娘が学んだシュタイナー学校』中央公論社.
―――. 1980.『ミュンヘンの中学生：シュタイナー学校の教室から』朝日新聞社.
Kunieda, M. 1983. Japanese School Children in New York: Their Assimilation Patterns. Ed.D. dissertation. Columbia University.
Kange, A. & Westin, C. 1985. *The Generative Mode of Explanation in Social Psychological Theories of Race and Ethnic Relations*. Research Group on Ethnic Relations, Social Cognition and Cross-Cultural Psychology, Dept. of Educ. and Center for Research in International Migration and Ethnicity. Report No.6. University of Stockholm.

Lave, J. & Wenger, E. 1991. *Situated Learning: Legitimate Peripheral Participation.* Cambridge University Press. = 1993. 佐伯胖訳『状況に埋め込まれた学習：正統的周辺参加』産業図書.
Lenneberg, E.H. 1967. *Biological Foundations of Language.* Wiley. = 1974. 佐藤方哉他訳『言語の生物学的基礎』大修館書店.
Lewis, C.C. 1995. *Educating Hearts and Minds: Reflections on Japanese Preschool and Elementary Education.* Cambridge University Press.
Liebkind, K. 1992. Ethnic Identity: Challenging the Boundaries of Social Psychology. In Breakwell ed. 147-185.
Lofland, J. & Lofland, L.H. 1995. *Analyzing Social Settings: A Guide to Qualitative Observation and Analysis.* 3rd. ed. Wadsworth. = 1997. 進藤雄三・宝月誠訳『社会状況の分析：質的観察と分析の方法』恒星社厚生閣.
前田富祺・前田紀代子 1996.『幼児語彙の統合的発達の研究』武蔵野書院.
マーハ、ジョン C.・八代京子編 1991.『日本のバイリンガリズム』研究社出版.
マーハ、ジョン・湯浅育子 1993. 社会的純潔さとバイリンガリズム：ケーススタディ.『国際基督教大学学報 3-A：アジア文化研究』31-43.
松下恭子 1972.『子どものモスクワ』岩波書店.
MacLeod, J. 1995. *Ain't No Makin' It: Aspirations and Attainment in a Low-income Neighborhood.* Westview Press.
Matza, D. 1964. *Delinquency and Drift.* Wiley. = 1986. 非行理論研究会訳『漂流する少年：現代の少年非行論』成文堂.
Mehan, H. 1979. What Time Is It, Denise?: Asking Known Informtion Questions in Classroom Discourse. *Theory into Practice* 18: 285-294.
―――. 1980. The Competent Student. *Anthropology & Education Quarterly* 11: 131-152.
Middleton, D. & Edwards, D. 1990. Conversational Remembering: A Social Psychological Approach. In Middleton, D. & Edwards, D. eds. *Collective Remembering,* 23-45. Sage.
Miller, P.J. 1996. Instantiating Culture through Discourse Practices: Some Personal Reflections on Socialization and How to Study It. In Jessor et al. eds. 183-204.
Minami, Y. 1992. Identity and Social Structure: Two Classroom Socialization Practices in Japanese Schools. Paper presented at American Sociological Association Annual Meeting in Pittsburgh, 22 August.
―――. 1993. Growing up in Two Cultures: The Educational Experiences of Japanese Students in America and their Return to Japan. Ph.D. dissertation. University of California.
―――. 1995. Trans-cultural Development and Shadowing.『コミュニケーション

紀要(成城大学大学院文学研究科)』第9輯. 145-159.
南保輔 1983.「レイベリング論」から「相互作用論」へ:レイベリング論の自己増幅過程. 東京大学大学院社会学研究科修士論文.
_____. 1995a. 海外在住日本人母親のコミュニケーション行動.『コミュニケーション紀要(成城大学大学院文学研究科)』第10輯. 101-152.
_____. 1995b. A.V.シクレルの方法論の展開. 船津衛・宝月誠編『シンボリック相互作用論の世界』145-159. 恒星社厚生閣.
_____. 1995c. 教室での相互作用. 船津衛・宝月誠編『シンボリック相互作用論の世界』212-224. 恒星社厚生閣.
_____. 1996. 帰国子女の「適応問題」:分析単位に関する一考察.『成城文藝(成城大学文芸学部)』第155号. 111-81.
_____. 1997. 言語能力の帰属と異文化間コミュニケーション:聴覚・視覚・触覚情報が発話の解釈に及ぼす効果についての実験的研究.『コミュニケーション紀要(成城大学大学院文学研究科)』第11輯. 79-120.
_____. 1998a.「日本人」という公的社会的アイデンティティ:帰国子女の「日本人」意識を考えるために.『成城文藝(成城大学文芸学部)』第161号. 160-148.
_____. 1998b. 日本の学校への帰還:海外家族の帰国戦略.『コミュニケーション紀要(成城大学大学院文学研究科)』第12輯. 141-171.
Minoura, Y. 1979. Life In-between: The Acquisition of Cultural Identity among Japanese Children Living in the United States. Ph.D. dissertation. University of California, Los Angeles.
箕浦康子 1984.『子どもの異文化体験:人格形成過程の心理人類学的研究』思索社.
_____. 1990.『文化のなかの子ども』東京大学出版会.
宮智宗七 1990.『帰国子女:逆カルチュア・ショックの波紋』中央公論社.
宮地敏子 1987.『サムライハットニューヨークを行く』国土社.
_____. 1988.『サムライハット詰襟を着る』国土社.
宮川充司 1989. アメリカの子どもが日本の幼稚園に. 小嶋秀夫編『乳幼児の社会的世界』141-160. 有斐閣.
Modell, J. 1996. The Uneasy Engagement of Human Development and Ethnography. In Jessor et al. eds. 479-504.
文部省 1983.『海外勤務者子女教育に関する総合的実態調査報告書:昭和57年度』.
森俊太 1997. インタビュー調査とリアリティ構成:日本人留学生の社会構築. 北澤・古賀編. 45-71.
宗像恒次編 1994.『海外生活者のメンタルヘルス:こころのトラブルを防ぐ本』法研.
村井潤一 1970.『言語機能の形成と発達』風間書房.
村田孝次 1968.『幼児の言語発達』培風館.
_____. 1972.『幼稚園期の言語発達』培風館.

．1984.『日本の言語発達研究』培風館.
ムトーヒロコ 1994 (1985).『妻たちの海外駐在』文藝春秋.
中島和子 1991. 何のためのバイリンガル教育か.『言語』20-8：62-68.
中根千枝 1967.『タテ社会の人間関係：単一社会の理論』講談社.
Nakane, C. 1970. *Japanese Society*. University of California Press.
中西晃 1986. 帰国子女教育の制度：帰国児童・生徒の受け入れの実態（調査結果の分析と考察）. 東京学芸大学海外子女教育センター編. 169-192.
中西晃他 1989.『青少年時代の異文化体験が人格形成に及ぼす影響』(中・高校生の国際感覚に関する研究報告書) 東京学芸大学海外子女教育センター.
中務八千代 1993. アメリカで英語を学ぶ日本人児童のバイリンガル度について.『海外子女教育』4月号. 36-39.
Neisser, U., ed. 1982. *Memory Observed : Remembering in Natural Contexts*. W.H. Freeman. = 1988. 富田達彦訳『観察された記憶：自然文脈での想起（上・下）』誠信書房.
Neuman, W.L. 1997. *Social Research Methods : Qualitative and Quantitative Approaches*. 3rd ed. Allyn and Bacon.
Norman, W.T. 1963. Toward an Adequate Taxonomy of Personality Attributes : Replicated Factor Structure in Peer Nomination Personality Ratings. *Journal of Abnormal and Social Psychology* 66 : 574-583.
西村俊一 1988. 日本と世界の国際学校. 石附・鈴木編. 72-97.
お茶の水女子大学附属中学校 1988.『帰国子女教育がもたらしたもの：帰国子女教育学級10年のあゆみ』(昭和63年度教育研究協議会紀要).
　　　　　．1994.『帰国生はこうして学ぶ：帰国子女教育学級15年のあゆみ』(第3回帰国子女教育研究協議会).
岡田光世 1993.『ニューヨーク日本人教育事情』岩波書店.
Okamura, F. 1981. Mother Tongue Maintenance and Development among Japanese Children Living in the United States. Ph.D. dissertation. University of California, Los Angeles.
大久保愛 1967.『幼児言語の発達』東京堂出版.
奥村和子・桜井厚編 1991.『女たちのライフストーリー：笑顔の陰の戦前・戦後』谷沢書房.
大村英昭・宝月誠 1979.『逸脱の社会学：烙印の構図とアノミー』新曜社.
小野博 1994.『バイリンガルの科学：どうすればなれるのか？』講談社.
大野はるみ 1984.『たった一人の日本人生徒：受験期を海外ですごした二年間』泰流社.
大阪府教育委員会 1989.『帰国児童・生徒教育の手引き』.
大阪府豊中市立第十一中学校 1978-1989.『帰国子女教育研究』(研究紀要第1-12号).

大阪府豊中市立上野小学校 1991.『世界に目が向けられる仲間づくり』(研究紀要第24号).
大沢周子 1986.『たったひとつの青い空:海外帰国子女は現代の棄て児か』文藝春秋.
大坪併治 1989.『擬声語の研究』明治書院.
小沢理恵子 1995. 帰国子女のアイデンティティ. 佐藤編. 87-119.
Peak, L. 1991. *Learning to Go to School in Japan : The Transition from Home to Preschool Life*. University of California Press.
Reischauer, E.O. 1988 = 1990. 福島正光訳『ザ・ジャパニーズ・トゥデイ』文藝春秋.
Rohlen, T.P. 1982. *Japan's High Schools*. University of California Press. = 1988. 友田泰正訳『日本の高校:成功と代償』サイマル出版会.
Rohlen, T. & Le Tendre, G. eds. 1996. *Teaching and Learning in Japan*. Cambridge University Press.
Russell, N.U. 1996. The Kumon Approach to Teaching and Learning. In Rohlen, T. & Le Tendre, G. eds. 248-271.
斎藤耕二 1983. 児童・青年期における異文化体験と日本社会への適応:帰国子女のカルチャー・ショック調査から. 星野命・斎藤耕二・菊池章夫編『異文化との出会い』24-42. 川島書店.
＿＿＿＿＿＿. 1988. 帰国子女の適応と教育:異文化間心理学からのアプローチ.『社会心理学研究』3-2:12-19.
斉藤こずゑ 1996.「話者」はどのように獲得されるか. 正高信男編『赤ちゃんウォッチングのすすめ:乳幼児研究の現在と未来 (別冊発達)』19:82-92.
斎藤祥男 1980. 日本企業の海外経営と海外駐在員の子女教育:その実証的研究の成果と対応(上・下).『世界経済評論』24-5:45-50; 59 & 24-6:83-89.
＿＿＿＿＿＿. 1982. 国際経営人材育成の基礎:現地調査から国際人の実像をさぐる.『世界経済評論』26-10:58-63.
坂田直三 1992. 受入れ校からみた帰国子女の異文化体験:同志社国際高等学校の場合を中心に.『異文化間教育』6:34-45.
Sampson, E.E. 1989. The Deconstruction of the Self. In Shotter & Gergen eds. 1-19.
真田真治 1977. 基本語彙・基礎語彙.『語彙と意味 (岩波講座日本語9)』87-132. 岩波書店.
佐藤郡衛 1997.『海外・帰国子女教育の再構築:異文化間教育学の視点から』玉川大学出版部.
佐藤郡衛編 1995.『転換期にたつ帰国子女教育』多賀出版.
佐々信行 1993-94. ヴァージニアだより.『海外子女教育』4月号-3月号.
＿＿＿＿＿＿. 1994-95. ヴァージニア日記.『海外子女教育』4月号-3月号.

Schegloff, E.A. 1988. Goffman and the Analysis of Conversation. In Drew, P. & Wootton, A. eds. *Erving Goffman: Exploring the Interaction Order*, 89-135. Polity Press.
Schiffrin, D. 1994. *Approaches to Discourse*. Blackwell.
Schoggen, P. 1989. *Behavior Settings: A Revision and Extension of Roger G. Barker's* Ecological Psychology. Stanford University Press.
千石保・鐘ヶ江晴彦・佐藤郡衛 1987.『日本の中学生：国際比較でみる』日本放送出版協会.
篠田有子 1984.『母と子のアメリカ』中央公論社.
Shotter, J. & Gergen, K.J. eds. 1989. *Texts of Identity*. Sage.
Shotter, J. & Gergen, K.J. 1989. Preface and Introduction. In Shotter & Gergen eds. ix-xi.
Shweder, R.A. 1990. Cultural Psychology—What Is It? In Stigler, J.M., Shweder, J.M., & Herdt, G. eds. *Cultural Psychology: Essays on Comparative Human Development*, 1-61. Cambridge Universit Press.
―――. 1996. True Ethnography: The Lore, the Law, and the Lure. In Jessor et al. eds. 15-52.
Shweder, R.A. & Much, N.C. 1991. Determinations of Meaning: Discourse and Moral Socialization. In Shweder, R.A. *Thinking through Cultures: Expeditions in Cultural Psychology*, 186-240. Harvard University Press.
Smith, R.J. 1971. Review of *Japanese Society*, by Chie Nakane. *American Anthropologist* 73: 1318-1319.
祖父江孝男 1986.『文化人類学：世界の民族と日本人』放送大学教育振興会.
Spradley, J.P. 1972. Foundations of Cultural Knowledge. In Spradley, J.P. ed. *Cuture and Cognition: Rules, Maps and Plans*, 3-38. Waveland Press.
Strauss, C. 1992. What Makes Tony Run? Schemas as Motives Reconsidered. In D'Andrade & Strauss eds. 197-224.
菅野盾樹 1986.『いじめ＝〈学級〉の人間学』新曜社.
鈴木久司 1992.『帰国子女の叫び：光と影の中で……「神様、助けて」』北海道教育社.
鈴木正幸 1988. 海外子女・帰国子女の教育. 石附・鈴木編『現代日本の教育と国際化』128-150. 福村出版.
多賀幹子 1995.『帰国子女の就職白書：ニッポンの社会に出てみたら』研究社出版.
多賀たかこ 1988.『はいすくーる落書』朝日新聞社.
高橋巌 1969.『幼児の言語と教育』教育出版センター.
たかしまてつお 1986 (1984).『カリフォルニアのあかねちゃん』三修社.
竹長義正 1984.『帰国子女のことばと教育』三省堂.

―――. 1991.『帰国生徒の言語教育』三省堂.
Tannen, D. 1982. Ethnic Style in Male-female Conversation. In Gumperz ed. 217-231.
Tobin, J.J., Wu, D.Y.H., & Davidson, D.H. 1989. *Preschool in Three Cultures: Japan, China, and the United States*. Yale University Press.
Tocqueville, A. 1969. *Democracy in America*. trans. by Lawrence, G. Doubleday.
トクヴィル, A. 1987. 井伊玄太郎訳『アメリカの民主政治』講談社.
時津倫子 1998. アイデンティティ概念の検討.『早稲田大学教育学部学術研究（教育心理学編）』46：25-38.
東京学芸大学海外子女教育センター編 1986.『国際化時代の教育：海外子女教育の課題と展望』東京学芸大学海外子女教育センター.
東京学芸大学海外子女教育センター編 1989.『昭和63年度在外教育施設における指導実践記録』第11集.
東京都海外子女教育研究会編 1987.『海外日本人学校事情：派遣教師達の体験記』大蔵財務協会.
東京都生活文化局 1988.『ホームステイを中心とした国際交流についての調査研究報告書』.
鳥越皓之 1988.『沖縄ハワイ移民一世の記録』中央公論社.
唐須教光 1993.『バイリンガルの子供たち』丸善.
豊中市帰国児童生徒教育研究会・豊中市立第十一中学校編 1988.『世界をつなぐ子どもたち』（海外生活体験文集）.
豊中市立第十一中学校 1988.『国際理解教育のありかたを求めて』（帰国生徒教育研究報告会研究紀要）.
Tsukada, M. 1991. *Yobiko Life: A Study of the Legitimation Process of Social Stratification in Japan*. Institute of East Asian Studies, University of California.
恒吉僚子 1992.『人間形成の日米比較：かくれたカリキュラム』中央公論社.
Vogel, E.F. 1979. *Japan as Number One: Lessons for America*. Harvard University Press. ＝1979. 広中和歌子・木本彰子訳『ジャパンアズナンバーワン：アメリカへの教訓』TBSブリタニカ.
Walls, T.K. 1987. *Japanese Texans*. Institute of Texan Cultures, University of Texas. ＝1997. 間宮國夫訳『テキサスの日系人』芙蓉書房出版.
Wardhaugh, R. 1992. *An Introduction to Sociolinguistics*. 2nd. ed. Blackwell. ＝1994. 田部滋；本名信行監訳『社会言語学入門（上・下）』リーベル出版.
渡部淳編 1989.『世界の学校から：帰国生たちの教育体験レポート』亜紀書房.
渡部淳 1990.『海外帰国生』太郎次郎社.
渡部淳・和田雅史編 1991.『帰国生のいる教室：授業が変わる・学校が変わる』日本

放送出版協会.
Weisner, T.S. 1996. Why Ethnography Should Be the Most Important Method in the Study of Human Development. In Jessor et al. eds. 305-324.
Wenger, E. 1990. *Toward a Theory of Cultural Transparency: Elements of a Social Discourse of the Visible and the Invisible.* Institute for Research on Learning.
White, M. 1987. *The Japanese Educational Challenge: A Commitment to Children.* Free Press.
―――. 1988. *The Japanese Overseas: Can They Go Home Again?* Free Press.
Willis, P. 1977. *Learnig to Labour: How Working Class Kids Get Working Class Jobs.* = 1996. 熊沢誠・山田潤訳『ハマータウンの野郎ども』筑摩書房.
Woodward, K. 1997. Introduction. In Woodward ed. *Identity and Difference*, 1-6. Sage.
山本雅代 1991.『バイリンガル:その実像と問題点』大修館書店.
矢野真和 1976. 生活時間研究:その適用と展望.『教育社会学研究』31:142-152.
矢田部達郎 1956. 子どもの言語能力の発達. 石黒修他編『ことばの講座6』創元社.
横浜市教育委員会 1989.『世界にひらく心:国際理解教育関係校実践報告』.
―――. 1990.『平成2年度横浜帰国児童生徒教育ガイド』.
横川真理子 1990. 公立学校における日米格差:アメリカ・F郡の実状を通して.『海外子女教育』4:48-49; 5:48-49; 6:48-49; 7:48-49; 8:48-49; 9:52-53.

付　録

付録1　　S市での帰国前調査のインタビューガイド

付録2　　S市からの帰国家族への郵送調査で使用した質問紙

付録3　　S市において調査協力を要請するために家族に配布したあいさつ状

付録4　　S市において調査協力を要請するために家族に配布したおねがい状

付録5　　S市において調査協力家族に署名してもらった趣意書と同意書

付録1　S市での帰国前調査のインタビューガイド

以下は、アメリカS市に滞在中に接触することができた家族の母親との帰国前インタビュー調査で使用した質問項目のリストである。実際にインタビューで以下の質問文をそのままたずねたとは限らず、質問の順番も話の自然な流れに沿って入れ換えた。

――――――――――――――――――――――――――――

家族名：
家族番号：
1．アメリカへの到着年月日：
　　父親：
　　家族：
2．以前の海外在住経験：
　　父親：
　　家族：
3．父親：
　　氏名：
　　生年月：
　　出生地：
　　渡米時の年齢：
　　最終学歴：
　　専攻：
4．母親：
　　氏名：
　　生年月：
　　出生地：
　　渡米時の年齢：
　　最終学歴：
5．結婚されたのはいつですか。
　　いつ：
　　どこで：
6．子供：
　　氏名：

生年月：
出生地：
性：
渡米時の年齢：
日本での教育歴：

7．アメリカへ来ると聞いた時の気持ちはいかがでしたか。
8．アメリカ生活への準備はどうでしたか。どんな情報をどうやって集めましたか。詳しくお話ししていただけませんか。
9．アメリカへ来る前の英語力はどうでしたか。お父様・お母様・お子さんそれぞれについて詳しくお話ししていただけませんか。
10．学生時代は、英語は好きでしたか。
11．アメリカへ来る前に、研修などに行かれましたか。
12．アメリカへ来てからのお住まいはどちらでしたか。英語学校などに行かれましたか。
13．現在の英語力はどうですか。おつきあいは、日本の方とアメリカの方とどちらが多いですか。趣味などの習い事はなにかなさいましたか。新聞やテレビは英語のものもご覧になりますか。詳しくお話ししていただけませんか。
14．アメリカへ来た当初の生活はどんな感じでしたか。詳しくお話ししていただけませんか。
15．アメリカへ来る前に、お子さんの教育について何か不安がありましたか。詳しくお話ししていただけませんか。
16．アメリカでの生活や教育についてどんな情報がありましたか。詳しくお話ししていただけませんか。
17．お子さんは、アメリカではどちらの学校に通われましたか。
いつ：
18．お子さんは、現地校にどのようになじまれましたか。詳しくお話ししていただけませんか。
英語：
友人：
成績（ESL）：
読書：
19．補習授業校についてはどうやって知りましたか。
20．アメリカへ来る前に、S市に補習校があることはご存じでしたか。お子さんを通学させるつもりでしたか。詳しくお話ししていただけませんか。
21．アメリカへ来る前に、海外子女教育財団について知っていましたか。行かれましたか。詳しくお話ししていただけませんか。
22．お子さんは、海外子女教育財団の通信教育を受講されたことがありますか。詳し

くお話ししていただけませんか。
23. お子さんに将来何になって欲しいですか。詳しくお話ししていただけませんか。
24. お子さんの教育について、どんな方針をお持ちですか。詳しくお話ししていただけませんか。子供のしつけは、家庭と学校どちらがすべきだとお考えですか。お子さんには、どういう子供になって欲しいですか。
25. お子さんには大学教育や大学院教育を受けて欲しいとお考えですか。それは、日本あるいはアメリカのどちらを望まれていますか。
26. お子さんの日本語力について心配されましたか。もし、心配があった場合、これまでどんなことをなさいましたか。
27. お子さんの教育に関して、お父様はどれだけ協力的でしたか。たとえば、学校への送り迎えなどなさいましたか。あるいは、お子さんの宿題を見たりされましたか。こちらにきて家族で過ごす時間が増えましたか。お父様は、土曜日はお休みでしたか。帰宅は大体何時ごろでしたか。
28. アメリカ滞在中、日本へ何回帰国されましたか。詳しくお話ししていただけませんか。
29. 一時帰国中に、お子さんは体験入学されましたか。詳しくお話ししていただけませんか。
30. 帰国に際して何か不安がありますか。お子さんの学校についてどんなことを考えていらっしゃいますか。
31. 帰国後の日本の生活について、お母様ご自身の心配が何かありますか。
32. アメリカ生活は楽しかったですか。詳しくお話ししていただけませんか。
33. なぎさ学園は期待通りの成果をあげてくれましたか。なにか注文がありますか。現地校についてはいかがですか。詳しくお話ししていただけませんか。
34. アメリカに来て、お子さんの性格が変わったとか何か気づかれたことがありますか。詳しくお話ししていただけませんか。

付録2　S市からの帰国家族への郵送調査で使用した質問紙

　　　　質問紙は、B4サイズの用紙4枚に以下の質問を適当な空間を付
　　　して印刷したものである。調査地を「S市」としたほかは、すべて
　　　原文のままである。

海外からの帰国体験に関する調査（1991年4月）

　回答は各設問の下空白にご記入ください。設問は回答の目安程度にお考えになっ
て、思い付かれるままにお気軽におこたえください。なお、書ききれない場合は、裏面
をご使用ください。お子さんに関する記述は一人一人に分けて、どのお子さんのこと
かわかるようにお書きください。
　また、首都圏・中京圏・関西圏にお住まいの方で面接インタビューに応じていただ
ける方は、記入がご面倒なら以下の項目につきましてもお目にかかった際にうかがわ
せていただきますので、お名前、ご住所、お電話番号のみをお知らせください。

1. (ア) S市に滞在したのはいつからいつまでですか。お父様とご家族で異なる場合、
       分けてお書き下さい。
   (イ) S市以外にも居住された方はその時期と滞在地もおしえてください。
2. (ア) お父様のS市でのお勤め先はどちらでしたか。
   (イ) また、S市でのお住まいはどちらでしたか。
3. (ア) 帰国されてからのお住まいはどちらですか。
   (イ) それはアメリカへ行かれる前と同じところでしょうか。
   (ウ) 日本での居住地がかわった方は行かれる前はどちらにお住まいでしたか。
   (エ) お住まいをかわられたのはなぜですか。
4. 　　 お子さん一人一人の出生年月、出生地、性別をおしえてください。
5. 　　 帰国後、お子さんのためにどんなことをなさいましたか。順を追ってお書き
       ください。
6. (ア) お子さんの通われた学校を順番にすべておしえてください。
   (イ) また、どのような理由で各学校を選ばれましたか。その理由もおしえてくだ
       さい。
7. (ア) 帰国されてから、お子さんは日本の学校へうまくなじめましたか。
   (イ) 学力面で一般生徒に比べて遅れがありましたか。
   (ウ) どんな分野・科目で遅れがありましたか。

(ニ) その遅れを克服するためにどんな対策・方法をとられましたか。
8. 友人、担任の先生や給食・掃除当番、クラブ活動、制服等の学校の規則など学校生活になじんでいくうえでどんな苦労がありましたか。お子さん一人一人についておしえてください。
9. (ア) 帰国後、お子さんはどんなお友達と仲良くしてらっしゃいますか。アメリカへ行く前からのお友達でしょうか。それとも帰ってきて新しくできたお友達でしょうか。
　　(イ) 新しいお友達はどんな方ですか。やはり海外で暮らしたことのあるお子さんでしょうか。
10. (ア) 帰国に際して、お子さんが日本の社会・学校へうまくとけ込めるようになにか準備をなさいましたか。どんな準備をなさいましたか。
　　(イ) それはうまくいったでしょうか。
　　(ウ) こうしてよかった、あるいはああしておけばよかったということがあれば教えてください。
11. (ア) 滞米中は日本へは何回お帰りになりましたか。
　　(イ) それはいつでお子さんが何年生の時ですか。
　　(ウ) 体験入学はなさいましたか。
　　(ニ) それはいかがでしたか。
12. (ア) お子さんの英語力は帰国時にくらべていかがですか。上達されてるでしょうか、忘れてらっしゃるでしょうか。
　　(イ) 英語力保持のためになにかなさいましたか。
13. 日米の生活習慣の違い等から生ずる問題のなかで、帰国当初お子さんが特に戸惑われたのはどんな点ですか。またその後どのように克服されましたか。
14. (ア) ご両親の目から見て、アメリカへ行く前と後とでお子さんは性格的になにか変わられましたか。
　　(イ) おじい様・おばあ様をはじめとする親戚の方、また昔の先生や近所の方はお子さんの変化等についてなにかおっしゃいましたか。
15. (ア) お父様は、帰国後すんなりと日本の職場に復帰ができたでしょうか。
　　(イ) 仕事上のこと、同僚の方との関係等いかがでしたか。
　　(ウ) もしなにか苦労されたことがありましたらおしえてください。
16. (ア) お母様の適応はいかがでしたでしょうか。特に大変だったこととかありましたでしょうか。
　　(イ) 親戚の方や昔のお友達と会われていかがでしたか。
17. 家族皆さんの日本社会への適応は一口で言えばいかがでしょうか。お子さん、お父様、お母様各人についておしえてください。
18. お子さんの現在の近況（学習面・生活面）をお知らせください。帰国当初と現在の様子との違い、その経過などを合わせてお知らせいただければ幸いで

す。
19. アメリカはご家族皆さんの中で現在どんな形で残っていますか。例えば、ご家族のどなたかがあちらでのお友達で現地の方と手紙をやり取りしたりしていますか。
20. (ア) 現在の時点でアメリカに暮らしたという経験はご家族皆さんにとってどういう影響・意義があったとお考えですか。
    (イ) 機会があればもう一度アメリカに住んでみたいとお考えですか。また、それはなぜですか。
21. その他お気づきになったこと・感じられたこと・お考えになったこと・これから帰られる方に言ってあげたいこと等何でもご自由にお書きください。

ご協力大変有難うございました。同封の封筒にてご返送ください。上記のことがら等につきましてさらに詳しく電話あるいはお会いしてお話ししていただける方は下にお名前、ご住所、お電話番号をお書きください。後ほどこちらより連絡させていただきます。

付録3 S市において調査協力を要請するために家族に配布したあいさつ状

所属大学のレターヘッド入りの便せん(レターサイズ)に、下記の文面を印字した。所属大学を「S大学」としたほかは、すべて原文のままである。なお、付録3-5の現物のイメージをよりよく理解するためには、森が調査で使用した依頼文が参考になる(森 1997：56-57)。

あいさつ

　近年、政治経済を始めとして、あらゆる分野において世界各国の相互依存関係が深まるとともに、日本の国際的諸活動も著しく進展し、海外に長期間在留する邦人の数も年々増加しつつあります。これにともなって、その同伴する小・中学校段階の子供の数も増加の一途をたどり、平成2(1990)年度には世界で約5万人、北アメリカ地区だけでも約2万2千人にのぼっています。

　私共は、日本国外に長期間滞在しそこで学ぶこれら子供たちのおかれている状況をまずよく理解したいと思っております。子供たちが異国の地で積みかさねている体験をよく理解することが、いま求められています。子供たちの直面している苦労を緩和する道もこのような理解があってはじめてひらかれようというものです。

　このような考えにたって、私共はカリフォルニアに滞在する日本人の子供達の調査をすすめています。調査はお子さんの学校での様子をみせていただき、ご家族の方からお話をうかがわせていただくというものです。

　調査はアメリカ合衆国の連邦法および [　　　S大学　　　] の内規に則しつつ、同時に日本の慣行も順守しておこなわれます。調査結果は調査者の博士論文として英語でまとめられ、[　　　S大学　　　] へ提出されますが、調査にご協力いただいた方のお名前はけっして公表されません。

　この調査の趣旨をご理解の上、格別のご協力を賜りますようお願い申し上げます。

　　　　　　　　　　　　　　　　S大学
　　　　　　　　　　　　　　　　東京大学大学院社会学研究科
　　　　　　　　　　　　　　　　　　　　　　南　保輔
　　　　　　　　　　　　　　　　Yasusuke Minami
　　　　　　　　　　　　　　　　[著者の当時の住所と電話番号]

付録4　S市において調査協力を要請するために家族に配布したおねがい状

　　所属大学のレターヘッド入りの便せん（レターサイズ）に、下記の文面を印字した。日本語補習授業校と校長先生の名前を仮名としたほかは、原文のままである。

おねがい

　なぎさ学園の坂口校長先生をはじめ担任の諸先生方のご理解をえて、私共はこれまでなぎさ学園について調べてまいりました。一つの日本人補習授業校の教育やしくみについて、いろいろなことが明らかになってまいりました。

　海外子女教育の一つの柱を補習授業校とすると、もう一つの柱は家庭教育です。お子さんの家庭での様子や家庭の教育方針についても、私共は知りたいと考えています。

　調査の趣旨に共鳴し、お話を聞かせていただける保護者の方を募集しています。話をしてもいいという方は下記にお名前等をご記入の上、お子さんにわたしてなぎさ学園までお返しください。こちらからお電話させていただき、日時をうちあわせたいと思います。

　なお、今回は小学校三年生と五年生を対象とし、三年一組と五年一組の方にお願いしております。

調査に協力します。

　　　年　　月　　日　　　お名前＿＿＿＿＿＿＿＿＿＿

　住所＿＿＿＿＿＿＿＿＿＿＿＿＿　電話番号＿＿＿＿＿

付録5　S市において調査協力家族に署名してもらった趣意書と同意書

所属大学のレターヘッド入りの便せん（レターサイズ）に、下記の文面を印字した。オリジナルでは1枚に納めるためにフォントはかなり小さくしたが、ここでは、読みやすさを考えて大きめにしてある。所属大学名を"S University"としたほかは、原文のままである。

To the families participating in the Japanese Abroad Project

Modern Japan is experiencing an "internationalization" in every field. For example, science, technology, politics and economy, to name a few. The number of Japanese people who are staying abroad is increasing every year. Simultaneously, the number of children accompanying their family is also increasing. In 1990, there are forty-nine thousand school-age children in the world, twenty-two thousand in North America.

We think it is necessary to understand the experiences of the children who stay and study abroad. Their experiences are valuable to help other people understand what it is to live in foreign cultures and to return to Japan. The experiences of Japanese who live abroad are invaluable for both the U.S. and the Japanese governments in order to form effective policies which will enhance children's smooth adaptation to life in the U.S. and readaptation to their life in Japan.

With the above concerns in mind, we are conducting research on Japanese children in California. We are looking for families who will help us do the research. The research consists of talking with parents and observing the child at school.

If you agree to take part in this study, the following will happen:

1. Your child's behavior will be observed from time to time in his/her regular classroom and in recess. These observations will continue for the duration of the study, which is expected to end in June, 1992.

2. From time to time, your child will be videotaped and/or audiotaped while interacting with his/her teachers, school mates, and/or the researcher. These tapes will be done for research purposes only and will be kept entirely confidential.
3. The teachers of your child at Japanese and American school will be asked to comment on your child. The videotapes may be shown to them.
4. From time to time, you, parent/guardian will be interviewed about your child and your educational policies. This may (or may not) be tape recorded. You are free to skip any questions you do not want to answer and to refuse to have any (or all) of the interview recorded.

The research will follow guide-lines established by United States Federal laws and the requirements of [S University]. The study will simultaneously follow the customs and conventions of Japanese society. The research will be reported in the Ph. D. dissertation which will be written in English by the researcher and be submitted to [S University]. The names of the participants will never appear in the dissertation, nor will they be revealed even to the supervisor of the research, Professor Aaron Cicourel. If further information concerning the specific nature of this project is desired, Dr. Cicourel may be contacted by calling ×××-××××.

Participation in research is entirely voluntary. You and/or your child may refuse to take part or withdraw at any time from this study.

We cordially hope you will participate in the project.

Sincerely,

Yasusuke Minami
Dissertation Student

PLEASE SIGN THE FOLLOWING AND HAVE YOUR CHILD RETURN IT TO SCHOOL

I agree to participate and give permission for my child _____ to take part in the research project conducted by Yasusuke Minami.

_____   _____

Parent/Guardian Signature   Date

あとがき

　本書は、著者のPh.D.論文（Minami 1993）を日本語に直し、加筆し修正したものである。ギアツ（Geertz 1973 = 1987：viii）が言っているように、どの程度改訂するかが大きな問題となったが、いろいろと試行錯誤したために、本書出版までにかなりの時間を要することとなった。

　このような背景のために、本書にはまだかなりの難点が残っている。その1つが、英語の原文を日本語に直したものを初稿とした影響が随所に見られることである。できるだけ読みやすい日本語とするように努力したが、それでも不自然な表現が残っていると感じられるところも少なくないだろう。

　本書においては、調査協力者や調査に協力してくれた学校、教職員の名前は基本的に仮名とした。このため、この場で名前を挙げて謝意を表することはできないが、これらの方がたや機関の協力がなければ、本書の元となった調査研究も本書もあり得なかった。大いなる感謝を表明する次第である。なぎさ学園での最初の観察を行ってから、本書完成までに10年以上の年月が経過している。早く完成させないと内容が時代遅れになってしまうとおっしゃっていた、当時のなぎさ学園の校長先生の言葉が耳に残っている。しかし反面、本格調査からでも7年以上経過しており、プライバシーを侵害するといった危険が少なくなっているだろうという期待はある。もちろん、ご本人が読まれればわかるだろうし、その知人の方にも、記述されている人物がだれであるか比較的容易に推測できるだろう。いずれにしても、若干臆病な私には、少し「時代遅れ」の方が安心して出版できるという気持ちがある。

　本書が完成するまでにこのような時間がかかった理由の1つに、著者がこのような形の論文の書き方に慣れていなかったということも挙げられる。著

者としては、本書はモノグラフであると考えている。エスノグラフィー（民族誌）と言いたいところであるが、著者として、エスノグラフィーというスタイルで書くと意識したことはないし、留学先の大学院の方法論の授業でも、エスノグラフィーの書き方を教わってはいない。その書き方を体系的に勉強しだしたのは、学生指導の必要性に駆られるようになったここ2、3年のことである。

　本書をほぼ完成して以後、後期ゴフマンの著作 *Forms of Talk* を読む機会があった。読んでいて感じたことは、付論でも言及したように、いかに強く本書がゴフマンの影響を受けているかである。その他の学問的な恩恵や影響については、付論で少し言及したのでそちらを見ていただきたい。ここでは、著者のアメリカでの大学院時代の指導教員でありPh.D.論文の指導をされたアアロン・シクレル教授と、本書の出版を強くすすめ出版社との橋渡しをしてくださった上に本書草稿のすべてに目を通してコメントをされた宝月誠教授とに特にお礼を申し上げたい。石黒広昭さんは、ビデオを使用したビデオ分析の研究会に誘って下さり、有益なディスカッションの場を提供しその相手を務めてくださった。時津倫子さんは、草稿を読んでコメントや質問を寄せてくださった。さまざまな方がたのコメントや助言にもかかわらず、いろいろな難点がまだ残っているが、これらが著者の責任であることは言うまでもない。また、1993年秋の購入以来、ほぼ毎日著者の研究活動と教育活動の手足を務めてくれたマッキントッシュのパワーブック180の働きは忘れるわけにはいかない。

　本書出版に際しては、1999（平成11）年度の成城大学研究成果刊行補助金の交付を受けた。著者のアメリカ留学に際してはフルブライト奨学金を受けた。1990年度の日本での予備調査の際には、所属S大学から旅費を支給された。S大学からは、学費免除やティーチングアシスタントシップなどの援助も受けた。本書執筆のプロセスでは、本書4章を含めてその他の論文を大学の紀要などに発表したが、その際には成城大学特別研究費の助成を受けた。本書が、これらさまざまな学恩や助成に少しでも報いるものとなっていれば著者

としてこれに勝る喜びはない。

　最後に、留学生活の大半をともにすごし本書研究のほぼ全過程を支えてくれた妻美穂子と、本書完成の直前に誕生した将来の海外帰国子女予備軍である息子朋輔に感謝する。

　　　新しい千年紀を目前にした師走に富士をながめつつ
　1999年12月

南　保輔

■事項索引

【ア行】

アイデンティティ　20,23-25,54,69,74,
　91,117,190,209,210-214,216,225,
　229,230-233,238,239,242,248-250,
　254,257,258,261,263,275,281-287
――の浸食 → 浸食を見よ
アフタースクール　62,85,86
アメリカ化　7,14-18,49,50,54,55,59,
　77,88,91,105,179,180,256
ESL (English as Second Language)
　62,64,67-70,72,88,308
意思決定　25,225,274
いじめ　4,5,7,8,14-16,20,27,62,
　102-105,112,120,125,160,162,179,
　193,194,255-257,259,274,279
逸脱(逸脱行動)　145,156,191,282
違和感　15,136,157,165,210,262
インターナショナルスクール(国際
　学校；外国人学校)　24,98,109,114,
　116,225,226,228,229,231,252
インフォームドコンセント　265,268
受け入れ校　8,12,14,15,20,26,53,85,
　92,99,103,109,112,115,117-119,
　166,199,202,204,225
――タイプ1　93,94,104,108,
　113,115,116,169,203,257
――タイプ2　95,115,145,203,257
――タイプ3　93,96,97,108,
　113,114,116,257
英検(実用英語検定試験)　217,251
英語漬け　66,89
永住組　31,46,83,266
江川家(江川氏；江川夫人)　136,137,175
SAT (Scholastic Aptitude Test)　98
エスノメソドロジー　248,281,286-288
お泊まり会　86
オノマトペ →「擬態語」を見よ

【カ行】

海外帰国経験　6,14,17,20,22,33,42,
　47,166,179,198,210,257,261,273,288
海外経験　7,21,23,26,51,91,144,
　159,175,216,261,263
海外子女教育振興財団　36,82,120,
　164,218,308
外向(外向的)　187,188,197,201,
　202,205,207,257
外国人学校 → インターナショナルス
　クールを見よ
外国人子女　118
学習習慣　78,107,168,173,174
学習塾　39,50,129,163,164
かくれたカリキュラム　278
学級運営　136,137,226
学級(クラス)のまとまり　139,140,
　143,156
学校文化　136
家庭教師　63,66,82,84,164
漢字　17,18,40,65,74,219,236
帰国経験　20,21,26,46,135,144,160,
　163,174,198,206,239,273,275
帰国子女(の)資格　97,108,119
帰国子女枠(帰国子女入試)　93,107,
　109-111,114-116,121
擬態語(オノマトペ)　223,224,251,252
北村家(北村氏；北村夫人)　12,60-65,
　71,86,89,175
機能的成員(機能的成員性)　24,25,
　69,71,210,212,215,224,225,229-232,
　235,238,239,243,248,249,253,258,285
木下家(木下氏；木下夫人)　81,265
ギフティッドプログラム(ギフティッド
　学級)　84
教育水準　33,34,46,47
教室経験　123,124,135,144,145,
　174,257,280
教室行動　146,148
教室の秩序　144
公文式　50
言語運用能力(言語能力)　24,64,67,
　210,216,220,224,243,248,284
言語報告　19,211,212,232,
　257,269,271,274,282
現地校　6,7,11,12,20,38,39,45,49,

事項索引　321

　　　　　　52,61,65-67,76-82,84,86,94-96,
　　　　　98,107,108,120,145,186,235,236,
　　　　　238,251,256,269,273,274,308,309
　──編入時の問題　　　　　　　52
現地採用教員　　　　　11,13,26,27
語彙　　　　　　　18,219,223,230
国際学校 → インターナショナルスクー
　ルを見よ
個人主義　　　　　　　159,197,283
個人的要因　　　　　　　　　22,91
個性　　　　　　　　　169,171,172
コミュニケーション能力　182,229,
　　　　　　　231,238,248,270,282
孤立　　　　　　　　　　　141,156
混合相互作用　　　　　　　　　246

【サ行】
財団 →「海外子女教育振興財団」を見よ。
再生産　　　　　210,211,213,215,230,
　　　　　　　　238,242,261,274,283
再適応　16,22,123,124,160,165,192,215
参与観察(参与観察法)　　4,6,142,167,
　　　　　　　　　　269,273,279
自己主張　　　　　　　　　　　　6
自己呈示　　　　14,17,158,238,243,
　　　　　　　　　　　247,248,257
思春期　　　　　　　　162,175,199
自然主義　　　　　　　　　276,277
実践　　　　　　　　　143,150,215
ジャパニーズクラス　　　　62,72,73
集団志向　　　　　　　191,197,199
集団主義　　　　　　　　　137,159
主要言語　　　　　　88,179,225,236
状況的要因　　　　　　　　22,91,166
状況の定義　　　　　　　　　　19
使用言語　　18,88,234,239,253,270,271
　親に話しかけるときの──　　　56
　兄弟姉妹の間での──　　18,56,71
　好んで読む本の──　　　　　　71
　よく見るテレビ番組の──　　　57
祥子(木下祥子)　22,81,84-86,145-148,
　　　　　　　　　　166,211,212,232
情緒　　　　　　　　　　　137,188
浸食(アイデンティティの浸食)　54,80,
　　　　　91,117,210,215,216,238,242,261

性格 → 態度を見よ
生活経験　　　　　4,9,20,23,24,49,87,
　　　　　　123,131,145,161,179,210,217,219,
　　　　　　224,230,250,262,273-275,281,283
生活習慣　　　　123,124,129,135,158,
　　　　　　　　　　　165,271,311
生態学的妥当性　　18,19,55,71,218,
　　　　　　　　　　248,249,276,277
正統化　　　　　　　　　　　168
宣言型知識　　　　　　218,219,286
潜在的なカリキュラム　　　　　170

【タ行】
第1言語　　　　　　　　　251,252
体験入学　　　　　16,22,80,85,88-90,
　　　　　　　　147,148,174,176,311
対人関係　　　　　6,163,187,188,197,
　　　　　　199,200,204,205,257,309
態度(性格)　　105,107,113,124,131,144,
　　　　　　161,163,168,176,180,183,184,188,
　　　　　　189,201,206,247,283,286,309,311
第2言語　　　　　　　　　　71,252
タテ社会　　　　　　　　　194,201
単身赴任　　　　　　　36,43,46,99
談話
　──戦略　　　　　　　　213,227
　──データ　　　　　　13,20,124
中学校経験　　　　174,186,189,197,
　　　　　　　198,202,203,205,257
中学校生活　　　　　23,125,145,174,
　　　　　　179,180,182,183,189-191,
　　　　　　195,197,199,201,204,211,234
通信教育　　　　　6.50,82-84,234,308
通文化的　　　　　　　213,261,262
D小学校　　　　　　　　61-64,69,72
適応(適応問題)　　4,8,9,18,20,87,88,
　　　　　　91,92,123,124,126,128,153,
　　　　　　165,166,172,175,192,241,261,279
転校生　　　　　　9,22,124,149-155,159,
　　　　　　　　　160,162,174,176,280
同化　　　　　　5,6,8,15,18-21,50,54,
　　　　　　　　234,255,258,259
動機づけ(モティベーション)　19,23,79,
　　　　　88,125,167-169,171,172,260,284
同調　　　　188,189,191,195,198,199,204

TOEFL (Test of English as Foreign Language) 98
匿名性の保護 267
敏男(和田敏男) 75-77,79-81,85,86
俊弘(牧野俊弘) 126-129,133,134,274
トモヤ 3-7,13-17,21,49,88,102,105,111,112,166,256-258

【ナ行】
内向(内向的) 180,187,188,193,195,197,201,202,205,257,286
直子(北村直子) 61,64-66,71,75,85,175,256
なぎさ学園 9-12,27,31,37,39,40,46,49,52,75-77,80,83,255,265-267,270,273,309
習い事 12,81,82,127,135
二重生活 20,22,49,51,80,82,87,135,165,256
日本語の授業 94
日本語補修授業校 → 補修授業校を見よ
日本人学校 7,9,38,96,108,120,219,220
日本人論(日本文化論) 4,282
人間形成 21,176,199,204,261

【ハ行】
バイリンガル(2言語使用) 68,69,242,243,245,252
――教育 62,73
派遣教員 10,27,95,114,118,287
橋本家(橋本氏；橋本夫人) 161,162
畠山家(畠山氏；畠山夫人) 40,42,43,45
パッシング 240,241
付属校 96,108-111,120
文化的知識 24,210,219,220,223,227,230,238,239,241,243,245,248,249,308
文化モデル 149,174
分析単位 51
ヘルプ 12,62
補習授業校(補習校；日本語補習授業校) 6,9,10,20,27,30,31,38-40,45,65,79,82,86,94,96,102,135,136,218,219,235-237,255,256,269,274

【マ行】
真紀子(森本真紀子) 174,179-183,185,187-195,197-202,205-207,210,212,232,234,236-238,248,249,253,257,275,287,288
牧野家(牧野氏；牧野夫人) 125-129,131,133,134,163,165,175,249,271,274
昌子(沖田昌子) 225,227,228,230,232,234,241,244-246,249,252
魔の金曜日 79,238
美枝子(江川美枝子) 21,136,137,142,152,154-157,159,161,163,164,175
美佐代(橋本美佐代) 161,162,164,166,257
民族誌(民族誌データ) 14,19,20,23,25,256,261
モティベーション → 動機づけを見よ
元帰国子女 40,43,51,120,179,183,189,204,206,230,255,275

【ヤ行】
優子(北村優子) 61-66,71,75,85,89,161,163,175
友人関係(友人問題) 52,53,66,123,124,133-135,137,160-163,165,175,204
友人選好 24,55,59,65,71,88
裕太(江川裕太) 149-151,153-155,157-159,161

【ラ行】
ライフイベント 54
レイベリング論 279,282

【ワ行】
和田家(和田氏；和田夫人) 75-77,100,102,105,249

■人名索引

【ア行】
エリクソン(Erikson, E.H.) 216,250
エリクソン(Erickson, F.) 289
小野博 68
ウィリス(Willis, P.) 113,274

【カ行】
カミングス(Cummings, W.K.) 142-144,154
ガンパーツ(Gumperz, J.J.) 213,215,224,227,231,232,282
キツセ(Kitsuse, J.I.) 27,115,225
グッデナフ(Goodenough, W.H.) 69,232
グッドマン(Goodman, R.) 4,6,7,96,115,119,267
クロフォード(Crawford, J.) 62
ゴフマン(Goffman, E.) 17,89,252,253,282
コール(Cole, M.) 199,281
コルサロ(Corsaro, W.A.) 251,259

【サ行】
シェグロフ(Schegloff, E.M.) 252
シクレル(Cicourel, A.V.) 19,225,272,276,277,281
シフリン(Schiffrin, D.) 250

【タ行】
タネン(Tannen, D.) 214,215,230
ダンドラーデ(D'Andrade, R.G.) 55,176,187,207,281,283-285,287

ツカダマモル(Tsukada, M.) 168,173
恒吉僚子 9,144,278

【ナ行】
中根千枝(Nakane, C.) 4,27,167,201

【ハ行】
ハイムズ(Hymes, D.) 212,248,250,282
バーナード(Bernard, H.R.) 272
濱口惠俊 159
ブロンフェンブレナー(Bronfenbrenner, U.) 47,55,276,277,279
保坂展人 27,120
ホワイト(White, M.I.) 4,167

【マ行】
マクレオド(MacLeod, J.) 273,274
箕浦康子(Minoura, Y.) 6,9,27,199,204,235,266
ミラー(Miller, P.J.) 215,259
村田孝次 251
モデル(Modell, J.) 259

【ラ行】
レイブ(Lave, J.) 212,282
レネバーグ(Lenneberg, E.H.) 251
ロリーン(Rohlen, T.P.) 167,279

【ワ行】
ワイズナー(Weisner, T.S.) 261

著者紹介

南　保輔（みなみ　やすすけ）

大阪府生まれ。東京大学文学部および同大学院社会学研究科で社会心理学を中心に学び、カリフォルニア大学S校で社会学と認知科学を修める。1993年 Ph.D.
現在　成城大学文芸学部助教授　yminami@seijo.ac.jp
研究関心は、ミクロコミュニケーション、人間形成（発達・社会化）、研究法など

主要論文など

- 「A.V.シクレルの方法論の展開」船津衛・宝月誠編『シンボリック相互作用論の世界』恒星社厚生閣（1995年）
- 「言語能力の帰属と異文化間コミュニケーション：聴覚・視覚・触覚情報が発話の解釈に及ぼす効果についての実験的研究」『コミュニケーション紀要（成城大学大学院文学研究科）』第11輯（1997年）
- 「『日本人』という公的社会的アイデンティティ：帰国子女の『日本人』意識を考えるために」『成城文藝（成城大学文芸学部）』第161号（1998年）

Understanding Identity of Japanese Children Overseas and Reentering
——Their Life Experiences and Inter-Cultural Development——

現代社会学叢書

海外帰国子女のアイデンティティ——生活経験と通文化的人間形成

2000年3月30日　　初　版第1刷発行　　　　　　　　〔検印省略〕

定価はカバーに表示してあります

著者© 南　保輔／発行者　下田勝司　　　　　　　印刷・製本 中央精版印刷

東京都文京区向丘1-5-1　　郵便振替 00110-6-37828
〒113-0023　TEL (03)3818-5521　FAX (03)3818-5514　　株式会社　発　行　所　東信堂

Published by TOSHINDO PUBLISHING CO., LTD.
1-5-1, Mukougaoka, Bunkyo-ku, Tokyo, 113-0023, Japan

ISBN4-88713-353-1 C3336　¥3800E

― 東信堂 ―

書名	シリーズ/副題	編著者	価格
開発と地域変動 ―開発と内発的発展の相克	現代社会学叢書	北島滋	三二〇〇円
新潟水俣病問題 ―加害と被害の社会学	現代社会学叢書	飯島伸子・舩橋晴俊編	三八〇〇円
在日華僑のアイデンティティの変容 ―華僑の多元的共生	現代社会学叢書	過放	四四〇〇円
健康保険と医師会 ―社会保険創始期における医師と医療	現代社会学叢書	北原龍二	三八〇〇円
事例分析への挑戦	現代社会学叢書	水野節夫	四六〇〇円
海外帰国子女のアイデンティティ ―生活経験と通文化的人間形成	現代社会学叢書	南保輔	三八〇〇円
福祉政策の理論と実際 ―福祉社会学研究入門	入門シリーズ	三重野卓編	三〇〇〇円
ホームレス ウーマン ―知ってますか、わたしたちのこと		E・リーボウ 吉川徹・轟里香訳	三二〇〇円
倉敷・永島／日本資本主義の展開と都市社会 ―繊維工業段階から重化学工業段階へ・社会構造と生活様式変動の論理		布施鉄治編	一五〇〇〇円(三分冊)
地域共同管理の社会学		中田実	四四六六円
戦後日本の地域社会変動と地域社会類型 ―地域開発と環境		小内透	七九六一円
白神山地と青秋林道 ―保全の社会学		井上孝夫	三二〇〇円
社会と情報1・2・3・4・(以下続刊)		「社会と情報」編集委員会編	一七〇四八〜二一〇〇〇円
生活様式の社会理論 ―消費の人間化 [増補版]		橋本和孝	三四九五円
現代資本制社会はマルクスを超えたか		A・スウィンジウッド 矢澤修次郎・井上孝夫訳	四〇七八円
現代日本の階級構造 ―理論・方法・計量・分析		橋本健二	四三〇〇円
再生産論を読む ―バーンスティン、ブルデュー、ボールズ＝ギンティス、ウィリスの再生産論		小内透	三二〇〇円
経済学の方向転換 ―広義の経済学事始		関根友彦	三七〇〇円
タルコット・パーソンズ	シリーズ世界の社会学・日本の社会学	中野秀一郎	一八〇〇円
ゲオルク・ジンメル ―最後の近代主義者	シリーズ世界の社会学・日本の社会学	居安正	一八〇〇円
ジョージ・H・ミード ―現代分化社会における個人と社会	シリーズ世界の社会学・日本の社会学	船津衛	一八〇〇円
―社会的自我論の展開	シリーズ世界の社会学・日本の社会学		

〒113-0023　東京都文京区向丘1-5-1　☎03(3818)5521　FAX 03(3818)5514　／振替00110-6-37828

※税別価格で表示してあります。

―― 東信堂 ――

空間と身体――新しい哲学への出発	桑子敏雄	二五〇〇円
知ること生きること――現代哲学のプロムナード	岡田雅勝	二〇〇〇円
哲学・世紀末における回顧と展望	本間謙二編	二〇〇〇円
教養の復権	H・ヨナス 尾形敬次訳	八二六〇円
必要悪としての民主主義――政治における悪を思索する	伊藤勝彦	二五〇〇円
情念の哲学	伊藤勝彦	一八〇〇円
愛の思想史〔新版〕	伊藤昭彦編	三二〇〇円
荒野にサフランの花ひらく	坂井宏彦	一八〇〇円
精神史としての哲学史	伊藤勝彦	二三〇〇円
21世紀への哲学的挑戦	角田幸彦編	二九〇〇円
歴史哲学としての倫理学	角田幸彦編	二八〇〇円
バイオエシックス入門〔第二版〕	今井道夫・香川知晶編	二七一八円
今問い直す脳死と臓器移植〔第二版〕	澤田愛子	二五〇〇円
ダンテ研究Ⅰ	浦一章	二〇〇〇円
ルネサンスの知の饗宴〈ルネサンス叢書1〉	佐藤三夫編	七五七三円
ヒューマニスト・ペトラルカ――ヒューマニズムとプラトン主義〈ルネサンス叢書2〉	佐藤三夫	四四六六円
東西ルネサンスの邂逅――南蛮と稲葉氏の歴史的世界を求めて〈ルネサンス叢書3〉	根占献一	四八〇〇円
原因・原理・一者について〈ジョルダーノ・ブルーノ著作集3巻〉	加藤守通訳	三六〇〇円
芸術理論の現在〈芸術学叢書〉	谷川渥編	三二〇〇円
絵画論を超えて――モダニズムから〈芸術学叢書〉	藤枝晃雄編	三八〇〇円
現代芸術の不満	尾崎信一郎	四六〇〇円
幻影としての空間――図学からみた東西の絵画	藤枝晃雄	三四九五円
美術史の辞典	小山清男他	三七〇〇円
都市と文化財――アテネと大阪	中森義宗・清水忠訳他 P・デューロ	三六〇〇円
責任という原理	関隆志編	三八〇〇円
	H・ヨナス著 加藤尚武監訳	四八〇〇円

〒113-0023 東京都文京区向丘1-5-1 ☎03(3818)5521 FAX 03(3818)5514 振替00110-6-37828

※税別価格で表示してあります。

━━━━━東信堂━━━━━

大学の自己変革とオートノミー―点検・創造から創造へ	寺﨑昌男	二五〇〇円
大学教育の創造―歴史システム・カリキュラム	寺﨑昌男	二五〇〇円
大学の授業	宇佐美寛	二五〇〇円
作文の論理―〈わかる文章〉の仕組み	宇佐美寛編著	一九〇〇円
大学院教育の研究	潮木守一監訳 ﾊﾞｰﾄﾝ･R･ｸﾗｰｸ編	五六〇〇円
高等教育システム―大学組織の比較社会学	有本章訳 ﾊﾞｰﾄﾝ･R･ｸﾗｰｸ	四四六六円
大学史をつくる―沿革史編纂必携	寺﨑昌男・別府中野編	五〇〇〇円
大学の誕生と変貌―ヨーロッパ大学史断章	喜多村和之	三二〇〇円
新版・大学評価とはなにか―自己点検・評価と基準認定	横尾壮英	一九四二円
大学設置・評価の研究	飯島戸田・西原編	三〇〇〇円
大学評価の理論と実際―自己点検・評価ハンドブック	H･R･ケルズ 喜多村舘坂本訳	三二〇〇円
大学評価と大学創造―大学自治論の再構築に向けて	細井・林喜編 千賀・佐藤	二五〇〇円
大学力を創る:FDハンドブック	寺崎・ｾﾐﾅｰ･ﾊｳｽ編	二三八一円
私立大学の財務と進学者	丸山文裕	三五〇〇円
短大ファーストステージ論	舘鳥正夫編	二〇〇〇円
夜間大学院―社会人の自己再構築	新堀通也編著	三二〇〇円
現代アメリカ高等教育論	喜多村和之	三六八九円
アメリカの女性大学:危機の構造	坂本辰朗	二四〇〇円
日本の女性学教育	内海崎貴子編	二〇〇〇円
幼稚園淘汰の研究	児玉邦二	二〇〇〇円
国際成人教育論―ユネスコ・開発・成人の学習	H･S･ボーラ 岩橋・猪飼他訳	三五〇〇円
高齢者教育論	松井・山野井・山本編	二二〇〇円

〒113-0023　東京都文京区向丘1－5－1　☎03(3818)5521　FAX 03(3818)5514／振替 00110-6-37828

※税別価格で表示してあります。